交通运输信息化科技丛书

交通运输行业数据中心建设与大数据运用

林　榕　等　编著

人民交通出版社股份有限公司
China Communications Press Co.,Ltd.

内 容 提 要

本书在充分借鉴行业内外数据中心研究成果的基础上，通过对大数据、云计算等技术热点的探讨，使读者对交通运输行业数据中心的相关知识、需求定位及应用管理有一定认知。主要内容包括：数据中心概述、数据中心的构建与运维、新一代数据中心的发展趋势、行业信息资源规划及目录体系、行业数据中心建设以及行业数据中心发展趋势等。

本书可供交通运输行业从事信息管理及数据管理的工作人员参考。

图书在版编目(CIP)数据

交通运输行业数据中心建设与大数据运用 / 林榕等编著. — 北京 : 人民交通出版社股份有限公司, 2018.8

ISBN 978-7-114-14952-8

Ⅰ. ①交… Ⅱ. ①林… Ⅲ. ①交通运输业—信息化建设—研究—中国 Ⅳ. ①F512.3-39

中国版本图书馆 CIP 数据核字(2018)第 177867 号

书　　名：交通运输行业数据中心建设与大数据运用
著 作 者：林　榕　等
责任编辑：潘艳霞
责任校对：宿秀英
责任印制：张　凯
出版发行：人民交通出版社股份有限公司
地　　址：(100011)北京市朝阳区安定门外外馆斜街 3 号
网　　址：http://www.ccpress.com.cn
销售电话：(010)59757973
总 经 销：人民交通出版社股份有限公司发行部
经　　销：各地新华书店
印　　刷：北京市密东印刷有限公司
开　　本：720×960　1/16
印　　张：20.25
字　　数：356 千
版　　次：2018 年 11 月　第 1 版
印　　次：2018 年 11 月　第 1 次印刷
书　　号：ISBN 978-7-114-14952-8
定　　价：120.00 元

编 委 会
Editorial Board

前　言

Preface

近年来，交通运输行业电子政务蓬勃发展，它连接部级和省级各业务部门并覆盖全国用户的业务应用系统，已经渗透于交通运输业务管理工作流程的主要环节，核心业务信息化支撑率已达到90%以上。围绕政务公开、行政监督、社会服务的各类信息系统已经成为实现行业高效管理的重要渠道。在大力发展现代交通运输业新形势下，交通运输行业电子政务及各类平台仍将处在重要的快速上升发展期。特别是物联网、云计算等新技术的提出，人们希望通过对数据资源的挖掘，向精准管理要效益。因此，业务应用系统将进一步深化，数据信息将呈现爆炸式增长。

交通运输业作为国民经济和社会发展的基础性产业，涉及公路、水路、航空、城市客运、铁路等各个领域，不同交通运输方式协同运营的一个重要前提，就是相关部门、运营企业能够充分共享各类信息资源。而经过长期的信息化建设，各交通领域内的信息系统数量越来越多，系统之间存在着不同程度的“信息孤岛”现象，信息资源共享交换的效率难以提升。同时，各类交通业务系统和业务数据的持续“堆积”，也加重了交通运输管理工作的负担。

本书在充分借鉴行业内外数据中心研究成果的基础上，通过对大数据、云计算等技术热点进行探讨，使读者对交通运输行业数据中心的相关知识、需求定位及应用管理有一定的认知。我们希望未来通过交通运输行业数据中心的建设，能够把交通运输信息化发展过程中形成的一个个“信息孤岛”

连接起来，打破信息资源垄断和部门之间的信息壁垒，实现从单个业务系统逐步向行业内平台及跨行业平台建设的转变，最大限度地实现资源共享，提升使用效率，以加速服务型政府的建设，提升政务工作的信息采集及处理能力，为加快推进“综合交通、智慧交通、绿色交通、平安交通”的发展提供有力的支撑。

作　者

2017 年 3 月

目录
Contents

第1章　数据中心概述

大数据(Big Data)是继云计算、数据中心、物联网之后IT产业又一次颠覆性的技术变革,对国家治理模式、行业组织的决策、组织结构和业务流程、个人生活方式都将产生巨大的影响。

大数据其实是计算机信息技术发展到今天产生的应用必然结果,是数据从量变到质变的全球性革命,本质是应用。但大数据不是凭空而来,需要依托庞大的计算机和网络处理平台,而这个平台在全球信息化的今天,并非是某个跨国机构或者行业可以保证的,甚至无法是某个国家独立完成的,因此云计算应运而生。

云计算的核心是业务模式,本质是数据处理技术,依托的是数据中心。数据是资产,云为数据资产提供了保管、访问的场所和渠道。如何盘活数据资产并实现数据大集中的数据中心建设,使其为国家治理、行业决策乃至个人生活服务,是大数据的核心议题,也是云计算内在的灵魂和必然的升级方向。

云计算的前身可以说是大大小小的数据中心经过网格计算和并行计算后最终的进化结果,数据中心在某种程度上是今天云计算的数据基础和综合数据网络化的结果,因此我们有时候会称云计算为云计算数据中心。

本书将按照信息化发展的历史脉络,从讨论当今大数据内涵及应用开始,进而阐述数据中心与大数据之间的关联,深入剖析大数据在今日云计算环境下的特点和技术关键点。

本书的核心是讨论交通运输行业数据中心的构建、运维以及新一代行业数据中心发展趋势。重点是依托交通运输行业信息化发展历史进程和现状背景,规划和构建未来交通运输行业大数据的应用、数据中心建设需求、定位和总体规划设计内容。

1.1　数据中心概述

大数据的各项成果属于数据信息的应用层面,其软硬件的基础平台就是数据中心。对于大多数人来说,“数据中心”是个略带神秘色彩的地方,没有窗户的高墙、恒定的温度和湿度、排列整齐的机架、跳跃闪烁的指示灯,海量的数据在这里穿梭,关键的业务在这里运行,这一切都充满科幻的色彩。但实际上,数据中心离我们每个普通人并没有那么遥远,甚至可以说是紧密相连的。当你在拥挤繁忙的街道上通过智能手机终端了解交通出行信息时,整个交通运行的实时信息都在交通运输行业数据中心内完成。当你在互联网上冲浪搜索信息时,请求都被搜索引擎的数据中心接收、处理和返回。如果说信息是血液,网络是血管,那么数据中心就是最关键的心脏,是信息世界的核心所在。

1.1.1 数据中心的概念

维基百科对“数据中心”的定义是,一整套基础设施,用以安置计算机以及诸如通信系统、存储系统等相关设备,数据中心一般有冗余的供电设施、冗余的通信链路、环境控制设施(如空调、灭火装置)以及安全设备。百度百科对“数据中心”的定义是,以外包方式让许多网上公司存放它们的设备(主要是网站)或数据的地方,是场地出租概念在因特网领域的延伸。谷歌在“*The Datacenter as a Computer*”一书中,将“数据中心”解释为:数据中心是多功能的建筑物,能容纳多个服务器以及通信设备。这些设备被放置在一起是因为它们具有相同的对环境的要求以及物理安全上的需求,并且这样放置便于维护,而并不仅是一些服务器的集合。

具体来说,数据中心是在一幢建筑物内,以特定的业务应用中的各类数据为核心,依托 IT 技术,按照统一的标准,建立数据处理、存储、传输、综合分析的一体化数据信息管理体系。信息系统为企业带来了业务流程的标准化和运营效率的提升,数据中心则为信息系统提供稳定、可靠的基础设施和运行环境,并保证可以方便地维护和管理信息系统。

如图 1-1 所示为数据中心的逻辑示意图。一个完整的数据中心由基础层、存储层、服务层及应用层这四个逻辑部分组成。

基础层也是我们经常意义上理解的物理基础设施和设备,主要包括建筑、电力设备、环境调节设备、照明设备、监控设备(这些系统是保证计算机设备正常、安全运转的必要条件,还有计算设备主要包括服务器、存储设备、网络设备、通信设备等,这些设施支撑着上层的业务信息系统)。

存储层的建设可以理解为两个方面,一方面是数据的标准化建设,另一方面是基础数据库和数据仓库建设。

服务层最重要的职能是实现和完成数据的交换任务,负责实现应用层各类不同应用系统彼此之间的数据交换、数据访问和管理监控。服务层建立的最终目标,是实现各业务系统数据的互通和共享,解决数据孤岛问题,最大化实现用户业务系统数据整合目标。

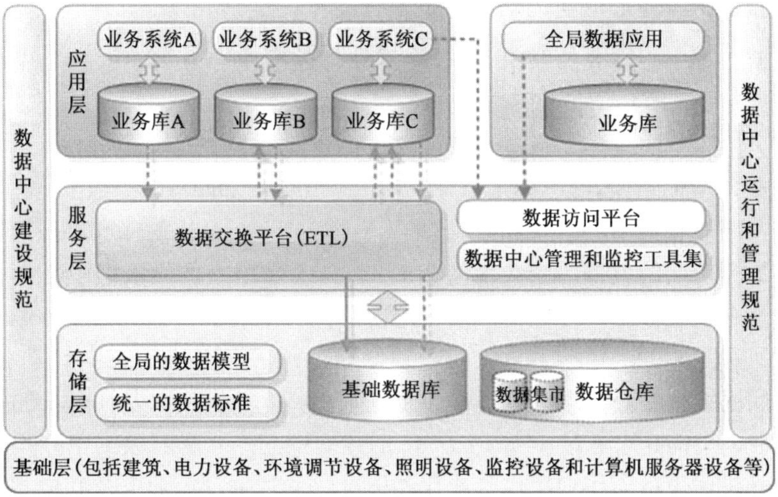

图 1-1 数据中心的逻辑示意图

应用层是为政府、企业或公众提供特定信息服务的软件系统,信息服务的质量依赖于底层支撑系统和计算机设备的服务能力。只有整体统筹兼顾,才能保证数据中心的良好运行,为用户提供高质量、可信赖的服务。

可见,数据中心的概念既包括物理的范畴,也包括数据和应用的范畴。数据中心容纳了支撑业务系统运行的基础设施,为其中的所有业务系统提供运营环境,并具有一套完整的运行、维护体系以保证业务系统高效、稳定、不间断地运行。

1.1.2 数据中心的分类与分级

各类数据中心的业务各异,其地位、规模、作用、配置和分类方法也有很大的不同,目前主要从以下两方面进行分类。

1)根据数据中心服务的规模分类

数据中心按照规模划分,可以分为大、中、小型数据中心,但这也只是一个相对的概念,没有严格的量化标准。在我国,从规模上来分,省、部级以上级别(或相当级别)的企业与机构所建立的数据中心一般属于大型数据中心;省辖市级(或相当级别)的企业与机构所建立的数据中心一般属于中型数据中心;县辖级

(或相当级别)的企业与机构及小型企业所建立的数据中心一般属于小型数据中心。

2)根据数据中心服务的对象和范围分类

根据数据中心服务的对象和范围,常常将数据中心分为企业数据中心和互联网数据中心。

(1)企业数据中心(Corporate Data Center,CDC)

企业数据中心,国内也称EDC(Enterprise Data Center),泛指由企业与机构所有和使用的数据中心,他们的目的是为自己的组织、合作伙伴和客户提供数据处理和数据访问的支撑。企业内部的IT部门或合作方负责数据中心设备的运行维护。企业型数据中心是一个公司的内部网、互联网访问、电话服务的核心。

(2)互联网数据中心(Internet Data Center,IDC)

互联网数据中心是指由服务提供商所有,并向多个客户提供有偿的数据互联网服务(如Web服务或VPN服务等)的数据中心。互联网数据中心是一种利用电信级机房设备向用户提供专业化和标准化的数据存放业务及其他相关服务的中心。用户可以享受数据中心的主机托管、整机租赁、虚拟主机等服务,也可以租用数据中心的技术力量来搭建自己的互联网平台。国际互联网设施包括传统的电话服务商和相关的商家,云计算数据中心即属于此种类型。

国际正常运行时间协会(Uptime Institute,UI)将数据中心分为如下四个等级:

(1)基础级

这一级的数据中心有电力配送和制冷设备,也许有发电机或架空地板。然而,数据中心内设备属于单模块系统,因此具有多处单点故障。为了预防这些故障,需要手动关闭数据中心内的设施。一般来说,平均每年关闭一次;在特殊情况下,可能发生更频繁的关闭。此外,这一级数据中心的可用性只有99.671%,自然故障以及对各个部件的错误操作都会导致整个数据中心运行中断。

(2)冗余部件级

顾名思义,这一级的数据中心包含一部分冗余部件,因此运行中断的可能性低于第一级数据中心,可用性为99.741%。配备的发电机为单回路设计,因此仍具有单点故障的可能。此外,对基础设施和关键电路维护时仍需要关闭相关设备。

(3)可并行维护级

这一级的数据中心有了显著改善。自然故障或操作错误会引起数据中心运行中断;然而,保护性的和程序式的维护、维修和元件替换,增加或者减少与处理能力相关的部件,对部件和系统进行测试等活动已经不需要中断硬件设备。因此,数据中心的可用性得到提升,为99.982%。此外,当客户的业务需求允许增加成本进行更高级保护时,第三级数据中心通常可以升级到第四级数据中心。

(4)容错级

这一级的数据中心要求所有计算机硬件具备双电源输入,并且任何活动均不会引起关键负载的中断。因此可用性得到大大提升,为99.995%。此外,基础设施的容错能力也能够容错至少一次最糟糕情况,如设备故障等。云计算数据中心应属于第四级数据中心。

另一种数据中心的分类和分级方式是按照数据中心的占地面积进行划分,具体内容如表1-1所示。

2011年我国数据中心规模划分表　　表1-1

数据中心规模	细分	面积划分(m^2)	数量比例(%)	面积比例(%)
小型数据中心	小型	<200	72.7	19.8
中型数据中心	中型	200~500	18.6	19.0
中、大型数据中心	中、大型	500~2000	6.8	23.2
大型数据中心	大型	2000~10000	1.5	19.9
超大型数据中心	超大型	>10000	0.4	18.1
总计	—	—	100	100

按照表1-1,我国数据中心数量主要集中在中小型数据中心上,但是技术应用前沿主要体现在大型数据中心上,中型数据中心和大型数据中心的投资额基本一致,当前趋势来看,超大型数据中心的数量会逐年递增,小型的数据中心将逐渐萎缩。

1.2　数据中心的发展过程

早期的数据中心可以追溯到20世纪50年代,数据中心是存放大型主机的机房。当时的大型主机主要用于科学研究或国防军事领域。这些大型主机的主要器件以晶体管和电子管为主,占地面积大,价格也十分昂贵。为了充分利用大型主机的资源,多个用户通过终端和网络连接到主机上来共享计算资源。

20世纪70年代以后，随着大规模集成电路的快速发展，计算机价格迅速下降，性能也飞速提升。发展到20世纪80年代，计算机向微型机的方向不断演进，只要购买一台廉价的个人计算机，即可完成很多计算任务。在这一阶段，计算机的发展由集中走向分布，小型机房得到了快速的发展。

进入20世纪90年代，客户端/服务器的计算模式得到了广泛应用，用户安装客户端软件后，通过互联网或局域网与服务器相互配合完成计算任务。在这种计算模式中，数据中心存放服务器（个人计算机所占的比重超过了大型机）并提供服务。互联网将全球的计算机整合在一起，使得数据中心的发展又从分散逐渐走向了集中。互联网的蓬勃发展掀起了建设数据中心的高潮，不但政府机构和金融电信等大型企业扩建自己的数据中心，中小企业也纷纷构建数据中心，提供协同办公、客户关系管理等信息服务系统以支持业务的发展。

2010年前后，网上银行、网上证券和娱乐资讯等网络服务逐渐普及，网络用户数量的不断攀升也促进了各种规模数据中心的涌现，数据中心的发展进入了鼎盛时期，数据中心的建设规模和服务器数量每年都在以惊人的速度增长。

随着我国国民生活水平的不断提高，出行信息服务以及各级交通运输主管部门对交通动态出行信息、交通流变化状况、港口货物装卸情况、“两客一危”的道路运输安全监管情况等的掌握，都需要大量的信息服务和大数据平台支撑，对交通运输行业数据中心的需求越来越迫切，同时也给交通运输行业数据中心建设带来了新的挑战。以往的数据中心往往只简单地追求计算能力与性能，而当前的经济环境使我们更加注重数据中心的成本及提倡绿色、节能、低碳的理念。新一代的绿色数据中心通过自动化的管理方式、虚拟化的资源整合方式，结合新的能源管理技术，来解决数据中心日益突出的管理复杂、能耗严重、成本增加及信息安全等方面的挑战，以实现高效、节能、环保、易于管理的数据中心。

1.3 行业数据中心现状

交通运输是我国经济发展的基础，大力推动信息化建设对于促进交通运输又好又快发展具有重要意义。近年来，在国家和各级交通运输部门共同努力下，以示范、试点工程建设为依托，不断提高信息资源开发利用水平，在交通运输动态信息采集与监控、交通信息资源整合开发与利用、交通运行综合分析辅助决策及交通信息服务四个方面取得了较好的成效，初步构建了部省两级交通数据中心框架，形成了一批行业基础数据库，数据服务能力得到有效提升。与此同时，交通政务内网、政务外网、行业专网的架构基本形成，交通信息化建设与管理的组织机构初步建立，制订了交通信息化标准建设方案，颁布了交通基础数据元集、信息资源目录体系总体框架等一系列标准规范和指南，为行业数据中心建设奠定了良好的基础。

针对交通运输行业数据中心的层级划分，《公路水路交通信息化"十一五"发展规划》提出建设部省两级数据中心；《公路水路交通运输信息化"十二五"发展规划》明确要求加快行业基础信息资源建设，形成部、省、市三级交通数据中心体系。交通运输行业具有业务指导型特点，部省或部、省两级、市三级数据中心不影响数据中心的定位，对数据中心建设应用也没有影响。参照其他行业数据中心建设与应用经验，侧重于部、省两级，再向下延伸到市，可构成部、省、市三级数据中心体系。其中交通运输部级数据中心是交通运输数据中心的国家级节点，在为部机关服务的同时，还要为全行业提供数据交换和信息服务。因此，部级数据中心的建设与省级数据中心是密切关联的。

1.3.1　部级数据中心现状

部级数据中心初步建设了高效集约的部级业务系统基础支撑环境，实现网络、存储和计算资源的统一分配和调度管理；初步扩展了部级数据交换共享平台，满足行业内外信息交换共享的需求。在此基础上，将进一步构建行业共享数据资源库，实现对公路、航道、港口、营运车辆、船舶、经营业户、从业人员等基础数据与行政许可、执法、信用评价、应急等主题数据的汇聚，为行业管理和业务协同提供综合信息服务。

部级数据中心的主要建设内容分三大部分，分别是数据工程、基础支撑环境、运维管理。其中，数据工程包括数据架构、数据资源库、目录服务系统、交换共享平台、数据服务平台、数据质量服务体系、数据标准规范体系内容；基础支撑环境包括机房运行环境、调试环境、网络、安全、服务器和存储设备等内容；运维管理包括综合运维管理平台、运维管理机构、人员及相关管理制度等内容。

1.3.2　各省行业数据中心初步建成

"十一五"至"十二五"期间，各省全面推进交通运输信息化建设，以交通信息化示范工程和推广工程为依托,有效整合了省级交通运输信息资源。交通信息资源整合开发与利用和交通信息服务取得了较好的成效,公路水路交通信息化发展开始进入协同应用和综合服务的新阶段。

总体而言,全国各省(区、市)交通运输部门基本建设了网络、服务器、存储设备、操作系统与数据库管理系统、应用服务器等数据中心软硬件基础设施,为各类应用提供集约化的软硬件环境,形成了一批省级行业基础数据库,省级层面交通运输数据得到有效整合,为部级数据中心建设奠定了良好的基础。

1.3.3 省级交通运输数据服务体系初步形成

省级交通运输数据中心的建设,为交通运输省、市、县三级行业管理提供了有效的数据支持,有力保障了省厅与业务局的数据共享与交换,为各省厅行业管理、规划与决策提供了强有力的数据支撑,为运输企业的客、货运输提供全方位的交通运输信息服务,为公众提供更多实时、准确的交通出行信息查询服务,为交通应急事件处理提供及时有效的数据支持。

1.3.4 省级数据中心组织管理情况

全国各省(区、市)交通运输部门除广西外均建立了信息化组织管理机构,如信息中心或通信信息中心,但广西结合部批复立项的"广西壮族自治区交通信息资源整合与运行监测服务系统"专门成立了项目建设办公室,挂靠在自治区港航管理局下面。由此可见,未来全国各省(区、市)建设的数据中心均有明确的组织管理机构,部分省(区、市)的信息化主管部门明确了数据中心建设与管理职责,有专门的管理人员和技术团队,负责省级数据中心的运行维护和日常管理工作,为部级数据中心建设涉及的省级数据汇聚和交换管理提供机构和人员支撑。

1.4 新一代数据中心发展趋势

1.4.1 云计算简介

云计算已经越来越成为我们身边不可或缺的科技服务内容,如我们经常使用的互联网搜索服务、在线的免费办公自动化服务、大量经过渲染的 3D 电影、每天的天气预报服务等,其实都和云计算息息相关。

云计算开启了人类通过服务模式享受数据信息带来的便捷服务内容。在未来的人类社会进程中,云计算将越来越多地渗透到我们生活的各个方面,购买低廉高速便捷的云计算服务将称为我们的一种习惯。如图 1-2 所示为云服务与传统服务的类比。

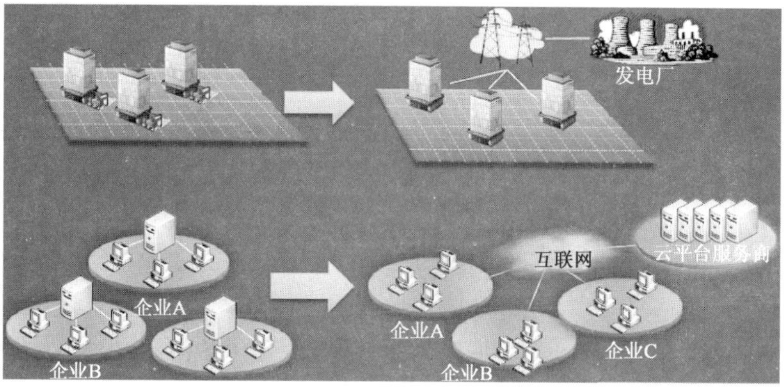

图 1-2　云服务与传统服务的类比图

1.4.2　云计算体系结构

在面对云推理、云进化以及软计算等一系列问题时,云计算可以充分利用其特有的网络环境和计算机相关技术予以解决,这种解决的途径就是云计算的体系结构。在这种基础架构之中,对于外部客户的需求而言,云计算主要是指可以灵活定制的云计算的服务层次,一般也指云服务的概念,所以从这个概念上讲,云服务仅仅是云计算的一个层面。对外部客户而言,云服务较为容易理解,会对云计算和云服务造成一定的混淆。其实云服务仅仅指服务的功能和内容,而云计算涉及的层面包括技术层面、网络层面、服务层面等多个内容,综合构成了云计算的体系结构。

对于云计算的体系结构而言,首先云计算之所以强大在于其强大的服务器扩展功能,通过虚拟技术,可以较为容易地连接和取消一个节点服务器,同时利用云计算的架构,综合服务器的集群特性,为客户提供较好的超级计算和存储能力。云计算的体系结构一共可以分为四个层面,分别是业务层、管理层、虚拟层以及物理层。其中的业务层有时也被称为服务层,就是人们通常所俗称的云服务的层面。如图 1-3 所示为云计算的体系结构。

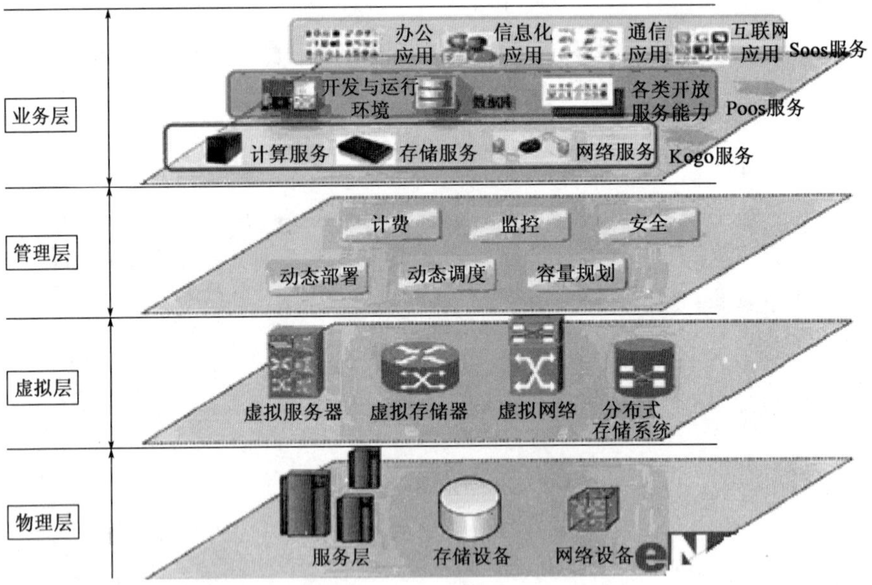

图 1-3　云计算体系结构

1) 业务层

云计算的业务层面包括三个基本内容:基础架构即服务(Infrastructure as a Service,LaaS 服务),平台即服务(Platform as a Service,PaaS 服务),软件即服务(Software as a Service,SaaS 服务)。

(1) LaaS

部分客户需要计算服务、磁盘存储服务以及数据库或者信息资源服务,LaaS 主要面向的是需要进行海量数据计算的客户需求、需要对海量数据进行存储的客户需求,以及需要提供网络使用服务的客户要求。这部分服务属于高端客户需求,国际上较为成功的案例为 Amazon 的 AWS(Amazon Web Service),还有 IBM 公司、HP 公司以及 VMware 公司等,但是在实际运行中比较具有代表性的还是 Amazon 的 AWS。

(2) PaaS

PaaS 类型主要涉及平台的开发和运行、数据库系统的使用以及各种开放的服务环境等。

(3) SaaS

SaaS 是应用最广泛的平台,是完全的软件信息服务,包括 OA 系统、信息化应用、信息化平台、客户的通信应用以及具体的互联网应用等。在已有平台服务的基础上，允许用户自行开发应用软件系统（如办公系统OA、报表服务、数据挖掘服务等内容），并通过服务商的网络云服务模式，在全球布局推广。一个比较典型的案例是FaceBook的平台应用。

长期以来，在软件发展问题上一直存在着营销和发展的困境。一方面，软件的研发需要投入大量的人力和物力；另一方面，软件盗版侵权问题严重，严重阻碍了软件产业的正常发展。在软件运营问题上，SaaS软件即服务理念是一种非常好的创新和突破，与其说云计算问题解决了技术上的重大突破，不如说是在软件运营模式上面的重大进展。这种软件的发展运营模式很好地解决了软件发展过程中的多方利润共赢的问题，是现代软件发展，特别是大型软件项目发展的新思路和发展趋势。

SaaS将通过公司化的集中化管理（一般而言是具有较大规模的信息化公司，如HP、Dell、Google、IBM等公司），通过多年的网络服务部署和构架，建立了一定规模的信息化服务硬件基础平台设备。在此平台上，部署软件产品，并根据用户申请和定制的方式，向付费租赁用户提供软件服务，租赁客户无须购买软件产品和租赁硬件和通信设备。

2）管理层

云计算的管理层面的核心功能应该包括计费服务、网络流量监控、网络安全控制、网络动态部署、容量规划等，实际上是提供了一种云计算的管理机制，即基础架构。这种基础架构也可以理解为是一种运营基本模式的信息化管理机制，当客户根据自己的需求支付相关费用后，云服务的监控和计费系统开始启动并快速响应，从而保证客户需求的及时反馈。

3）虚拟层

虚拟层的构建是服务器的物理拓扑的虚拟化过程，首先在服务器中不再依托原有的集中的服务器阵列的管理运行模式，而是通过一定的物理链路（一般是在一个云服务提供商的网络布局构架下）连接位于不同地理位置的服务器，从而构建出在物理上分布而在管理上集中的虚拟化模式，这种虚拟化可以包括服务器虚拟化、存储器虚拟化、网络虚拟化以及数据库分布管理虚拟化等业务。应该说，虚拟层是不对外部服务的，而是云服务企业的云战略布局，由于建设时间长、投资大，所以一般只有一定实力的软硬件综合性信息系统集成商才具备这样的实力和能力。另外，虚拟层还担负着部分客户准入的授权管理、认证管理和登录管理功能，以方便客户可以较为灵活地配置和管理自己的网络资源和服务资源。但是很多情况下，往往由云计算服务商间接代为管理。

4）物理层

物理层是实际的网络基础设备，包括服务器设备、交换设备、路由设备、存储设备和网络链路设备等，为虚拟层提供物理信息化支撑平台。

1.4.3 云计算的技术层次

云计算的技术层次由四部分共同组成，如图 1-4 所示，包括服务接口、服务管理中间件、虚拟化资源及物理资源四个方面。每一部分的基本内容如下：

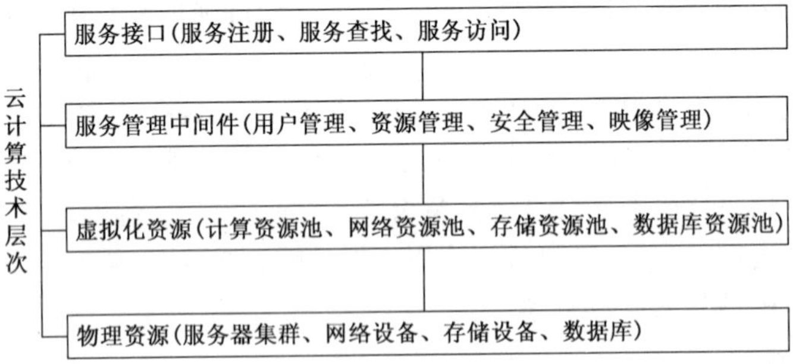

图 1-4　云计算的技术层次

1）基本硬件资源

该部分是云计算的基础设施硬件资源，通常意义上讲是指网络服务器（集群）、主干交换设备、路由设备、干线链路连接、磁盘阵列存储等设备，还包括如 PC 机以及手持移动终端设备等。它是对已有网络集成体系的更大范围的构建，最终能够通过分布式的计算，实现具体客户海量信息访问和存储的目的。

2）硬件资源的虚拟化管理

通过网络链路层的连接，依托分布于不同地点的服务器资源，通过统一化的软件控制平台实现服务资源的虚拟化管理手段，在管理中可以实现环境的虚拟化、系统的虚拟化以及平台的虚拟化。

3）中间件管理

与传统意义上网络系统平台集成方案不同的是，云计算所面对的是不同硬件设备、操作系统、数据库、软件开发平台、软件编译环境兼容的复杂性实际情况。中间件是一组软件组件和应用计算机软件，包括具体的相关服务内容，它为上述的系统兼容性提供了一种解决途径和思维方式。通过中间件，人们可以更大范围地构建遍及全国和全球的网络通信体系。

4) 相关的服务接口

除了通过中间件完成多系统兼容性问题之外,还必须在云计算管理体系内部构建出用户准入、用户管理、服务注册的机制和使用方法,该方法被统一称为云计算的服务接口。

1.4.4　云计算的发展前景

云计算应用是趋势,云计算的本质是基础设施架构、平台系统或者软件服务的虚拟化高效应用,是后台资源优化整合的新境界,但并非全新概念。虚拟化技术和高速网络是云计算的基石,丰富的应用方案则是推动需求的重要条件。在现阶段,技术标准不统一,应用选择较少,用户对安全、隐私、可靠性等方面的顾虑以及法律问题是云计算应用推广的主要障碍。

当前我国政策环境持续利好,中长期前景光明。中央和地方政府的双重支持是产业发展的重要推动力。鼓励发展云计算的国家级政策频出,各地方政府更是极力推崇,纷纷牵头主导建立各类云计算中心。从目前部分项目的实施来看,效果比较乐观。

云计算在物联网领域的应用与在其他领域的应用没有本质区别。从用户角度,对云计算应用的需求有两个条件:一是应用行业的实时信息处理需求增长迅猛,依靠扩容升级传统 IT 设施的办法愈发不经济;二是市场上具备竞争力的云计算方案供应充足,在成本、可靠性、易用性、安全性、知识产权保护等方面满足用户需求。从这个角度讲,注重时效性和海量数据处理的物联网对云计算应用的需求,与电子商务、在线软件服务等对云计算应用的需求具有相同特性,没有本质区别。

目前,国外厂商在基础设施和关键领域的优势地位难以撼动。国内厂商在 CPU、高性能服务器、存储产品、数据库、虚拟化软件、操作系统等基础设施领域与国外厂商差距巨大,甚至在某些领域的市场占有率接近空白。除了小部分产品在政府公共机构和要害经济部门可以保持一定份额外,国内厂商在基础设施和关键领域短期内很难突破。

国内厂商的机会主要在软件服务应用,主要包括安全、地理信息服务、中小企业应用软件、电子商务、电子政务、网络安全等应用领域。国内厂商的优势在于对客户需求的深刻理解,灵活的服务,具有竞争力的价格。我国的云计算目前已经与国际达成共识,(从互联网角度来讲)我国已经涌现出一些云计算发展企业，提供基础服务的运营商拥有广大客户，可以在一些重点城市铺设云服务器。总体来讲，云计算产业的发展势头还是很好的，更重要在于抓住示范应用，整合产业链上下游，构建云计算全产业链。目前我国已经在北京、甘肃、成都等六地部署了云计算中心，物理网络环境和服务环境已经基本搭建完成，如图 1-5 所示。

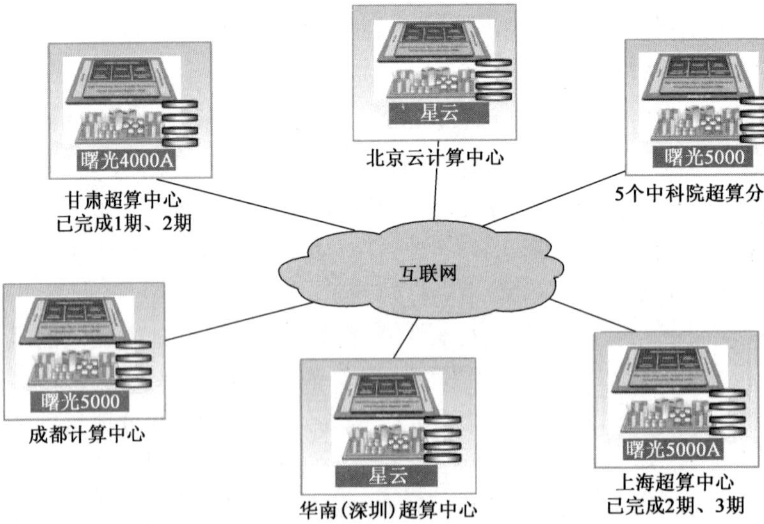

图 1-5　我国目前部署的云计算中心示意图

1.4.5　数据中心与云计算数据中心的差异

1）传统意义上数据中心的定位

传统意义上的数据中心主要服务的目标是为特定对象提供数据存储、计算、灾备、数据融合及共享、数据挖掘和分析。因此其设定的对象是专一的，服务内容是具体的建设组织机构，无法达到以服务的形式向公众提供灵活的数据信息支撑。

传统数据中心在扩展上受到系统设计、机房设计及网络设计的影响，对于机房扩容来说是一个系统性的工程，特别是在空间和电力能源有限的情况下，要实现扩容是无法完成的事情，然而，云计算数据中心可以在总体空间和电力提供不变的情况下通过提高单机架的容纳能力及降低 PUE 等方式实现“扩容”。此种能力具有很强的优势，特别是在土地紧张和电力紧张的城市。而云计算数据中心的模块化扩展能力也解决了传统数据中心扩容难的问题。

2）云计算数据中心的差异性

我们所说的云计算数据中心与传统数据中心的区别，主要集中在虚拟化程度、计算存储及网络资源的松耦合程度、自动化管理程度、绿色节能程度等几个要素。这是因为，传统数据中心基本没有实现虚拟化，而云计算数据中心最基本的是其内所有服务器、存储都是经过虚拟化的，此举比同规格传统数据中心机房内IT设备利用效率提高60%以上。因此，虚拟化是云计算不同于传统数据中心最重要的前提，一般数据中心运行初期负荷很小，增长也很缓慢。由于虚拟化的定制式灵活服务，使得云数据中心一经使用，负荷就将达到较高的水平。

云计算数据中心的所有计算、存储及网络资源都是松耦合的，可以根据数据中心内各种资源的消耗比例而适当增加或减少某种资源的配置。这样能使得数据中心的管理具有较大的灵活性，使得资源配置优化，按照客户需求进行配置。而传统数据中心计算、存储及网络资源是紧耦合的，也就是说其内的IT建设是烟囱式的，根据客户需求一个项目建设一套系统，扩展起来要对系统进行重新设计。

自动化管理是传统数据中心没有的功能。云计算数据中心的自动化管理使得在规模较大的情况下，实现较少工作人员对数据中心的高度智能化管理。此特性一方面能降低数据中心的人工维护成本，另一方面能提高管理效率，提升客户体验。在绿色节能方面，一般情况下，传统数据中心的PUE（Power Usage Effectiveness的简写，是评价数据中心能源效率的指标，是数据中心消耗的所有能源与IT负载使用的能源之比）在1.8～2.5之间，而云计算数据中心一般低于1.6，目前世界上最先进的云计算数据中心可以低达1.1甚至以下。对于规模化的数据中心，能源成本是其持续运营要考虑的非常重要的因素。

因此，结合上述的观点，我们可以认为传统数据中心是云计算的重要组成部分，为云计算提供非常重要的物理和逻辑层面的数据支撑。如图1-6所示，数据中心可以被定位在平台服务层面和基础设施建设两个层面，是云计算的有机组成。

1.4.6 云计算数据中心网络架构设计内容及需求

1）云计算数据中心网络架构设计原则

（1）高可用性：为了保障对云计算终端用户提供最安全、最可靠的数据存储中心，网络平台必须确保高可靠的网络接入服务，实现“永远在线”的网络连接。

(2)易用性:网络平台需有不同终端、接入方式的良好兼容性,使计算服务范围最大化,同时降低、简化对用户终端的设备的要求,使用户能以"任何终端、位置、方式"获得云计算服务。

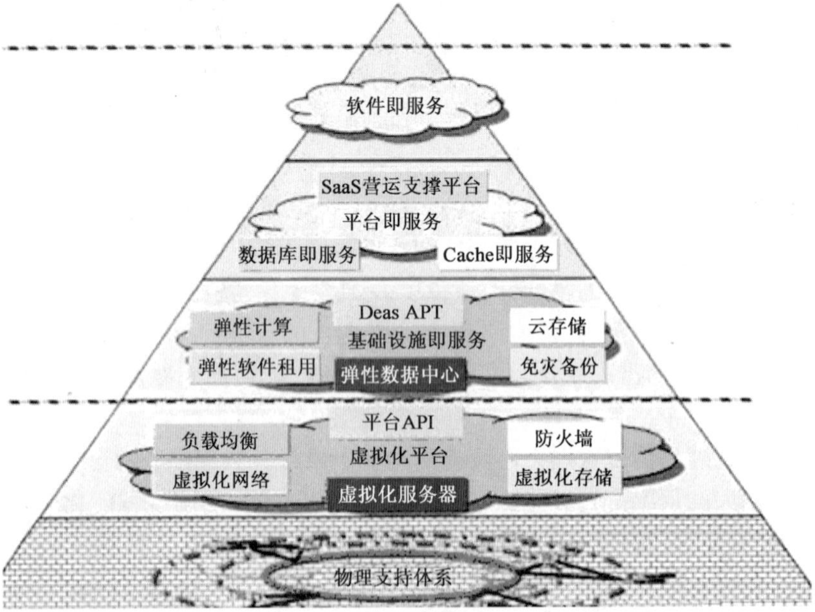

图1-6　数据中心在云计算体系中的位置示意图

(3)可扩展性:网络平台必须适应云计算发展,具备可扩展性,能灵活接入新云计算中心、新终端,快速提供服务。

2)云计算数据中心网络的大二层架构

下一代网络平台使用大二层架构,如图1-7所示,分为外联层和核心层。随着云计算数据中心网络规模的扩大、更大的流量带宽需求,网络中间不会再有使转发性能变低的瓶颈汇聚层。如今可以说,云计算数据中心典型架构均为图1-8所示的千兆接入、万兆核心的两层扁平化网络结构。

3)云计算对下一代网络技术的需求

(1)服务器之间的东西流量将成为主流,网络二层流量需求增加。

(2)虚拟机和物理服务器数量增加,导致网络二层拓扑将不断变大。

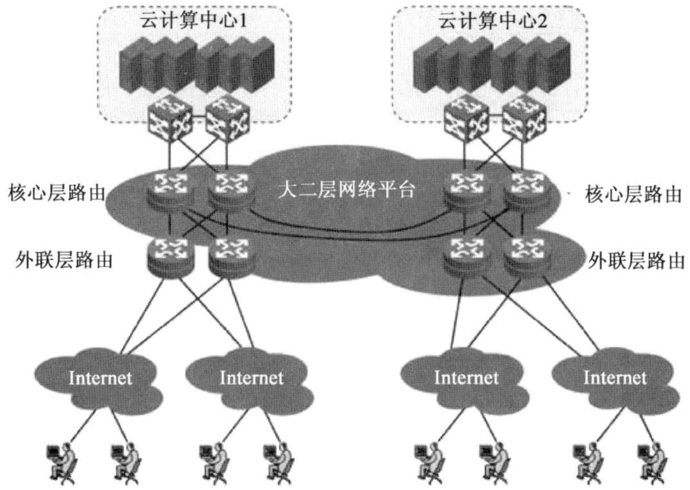

图 1-7　云计算数据中心的大二层网络架构设计

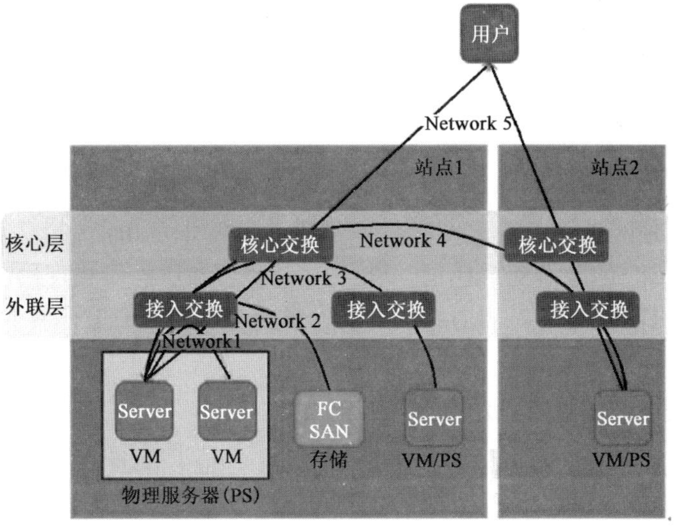

图 1-8　云计算数据中心的网络互访

(3)数据中心内部通信的压力增大,对网络带宽和延迟有了更高的要求。

(4)扩容需求、灾难备份和虚拟机迁移,数据中心多站点间网络大二层要求互通。

(5)数据中心多站点的网络链路复杂性提高。

1.4.7 云计算数据中心网络虚拟化

云计算中的虚拟化应包括计算的虚拟化、存储虚拟化和网络的虚拟化。随着计算和存储的虚拟化不断实现,网络虚拟化技术的必要性和重要性不断凸显,在未来十年中必会成为网络技术发展的重中之重,其发展及变化也必将成为引领数据中心网络的演进方向。

1)网络多虚一

(1)控制层面虚拟化:是将所有设备的控制平面合而为一,使之成为一个主体,统一处理整个虚拟交换机的工作,统一管理与接口扩展的需求。从结构控制,平面虚拟化又分为纵向即不同层次设备虚拟化和横向同一层次设备虚拟化。

(2)网络层面虚拟化:使用了 TRILL 和 SPB 协议,在二层网络转发时,对报文进行外层封装,以 Tag 方式在 TRILL/SPB 区域内部转发,此区域网络形成一个大的虚拟交换机,实现对报文的透明转发。

2)网络一虚多

传统的网络一虚多技术包括互联网的 VLAN 技术、IP 的 VPN 技术、FC 的 VSAN 技术等,目前出现的较新的技术是 CISCO 的 VDC,最多实现 4 个 VDC 将物理资源独立分配。

3)网卡的虚拟化

还有一种网络的虚拟化补充技术是服务器网卡的 IO 虚拟化技术即 SR-IOV,是由 PCI SIG 工作组提出的。SR-IOV 就是要在服务器物理网卡上建立多个虚拟 IO 通道,并使其能够直接一一对应到多个虚拟机的虚拟网卡上,以提高虚拟服务器的转发效率。

4)数据中心内虚拟机之间的网络互访

如图 1-8 所示的 Network3 链路,通过 VM(Virtual Machine,虚拟机)之间的互访技术,完成网络虚拟化的任务。在数据中心,服务器一虚多后内部 VM 之间的互访会更频繁,其在技术上分为物理服务器本地互访和交换机 VM 互访。前者通过 Vswitch(软件交换机)解决一台服务器内部的 VM 网络互访,但是缺点是不易管理,同时占用服务器 CPU,降低了效率;后者是真正意义上的云网络接入末端,将网络深入服务器内部,使网络形成统一管理和统一交换的平台,将成为云计算网络 VM 互访的主流技术。

在管理层面,交换机 VM 本地互访是把网络中所有与交换、寻址有关的内容都虚拟化成为一台逻辑的交换机，进而对其进行统一管理；在数据层面，交换机为每个VM提供一个虚拟接口，使用服务器网卡的虚拟化SR-IOV或者增加交换机做软件驱动，主流的技术体系标准如802.1Qbg和802.1Qbh。VM之间互访技术，会以硬件交换机进入服务器内部为最终方向，或是在网卡上实现，或是直接在主板上加装转发芯片。

1.4.8 数据中心网络跨站点的二层互访和多站点选择

1）数据中心网络跨站点的二层互访

在集中云计算数据中心，存在三个或以上多站点服务器集群计算。在分散云情况下，会有虚拟机的迁移变更（VMotion）的需求，此时则需要数据中心网络的跨站点二层互访。二层网络互访的实现有三种方式，即采用光纤直连的星形或者环形拓扑、使用MPLS技术搭建网络、使用安全加密机制的IP互联网。从性价比、成本节约和可靠性设计的角度看，多站点的光纤直连优势明显，但因目前光纤直连都是各企事业为某种业务单独建立，缺少公用标准的建立。

2）数据中心网络多站点选择

在云计算数据中心多站点网络里，用户访问服务器存在多站点的选路问题。多站点的选择方案有两种：一种是DNS技术，应用全局负载均衡GSLB技术和虚拟机迁移技术实现；另一种是基于IP的路由转发，利用LSIP（Locator/ID Separation Protocol，位置标识/身份标识分离协议）技术实现路由选择，它提供了一种数据包路由方法，可以在不改变终端软件的前提下实现虚拟机在服务器之间的无缝迁移。

1.4.9 云计算数据中心后端存储网络

1）传统的存储网络

传统的存储方式包括DAS、NAS、SAN、FC SAN，其中DAS（Direct Attached Storage）是直连磁盘存储，NAS（Network Attached Storage）是网络共享文件服务器，上升到数据中心级别，则出现SAN（Storage Area Network），通过FC或者TCP/IP网络，将磁盘阵列注册于服务器，模拟成直连存储，FC SAN则是目前最主流的霸主技术。

2)前后端融合 FCoE

互联网与 FC 的融合,就是 FCoE(Fiber Channel over Ethernet)以太网的光纤通道,边界依然是接入交换。在服务器物理网卡到接入交换这部分,通过接入交换机,将 FC 的数据承载在某个 VLAN 中进行传输。FCoE 技术标准可以将光纤通道映射至以太网,同时在以太网信息包内插入光纤通道信息,让服务器和 SAN 存储设备之间的光纤通道请求和数据,通过以太网连接来进行传输,即在以太网上传输 SAN 数据。FCoE 后端融合网络同时支持 LAN 和 SAN 数据传输,可以减少数据中心设备和线缆数量,同时降低供电和制冷负载。收敛成统一的网络后,不仅可减少支持的点数,降低管理负担;同时能够保护现有投资,提供了一种以 FC 存储协议为核心的 I/O 融合方案。

1.5 大数据时代下的数据中心

1.5.1 大数据概述

1)大数据的定义

全球知名咨询公司麦肯锡称:“数据,已经渗透到当今每一个行业和业务职能领域,成为重要的生产因素。人们对于海量数据的挖掘和运用,预示着新一波生产率增长和消费者盈余浪潮的到来。”“大数据”在物理学、生物学、环境生态学等领域以及交通运输、金融、通信等行业存在已有时日,却因为近年来互联网和信息行业的发展而引起人们关注。越来越多的政府、企业等机构开始意识到数据正在成为组织最重要的资产,数据分析能力正在成为组织的核心竞争力。

根据维基百科引用美国学者 White 于 2012 年 5 月出版的《Hadoop:The Definitive Guide》(云计算权威指南)对大数据的定义是:大数据(Big Data),或称巨量资料,指的是所涉及的资料量规模距达到无法透过目前主流软件工具在合理时间内达到撷取、管理、处理并整理成为帮助企业经营决策更积极目的的资讯,见图 1-9。

著名研究机构 Gartner 是这样定义大数据的:“大数据”是需要新处理模式才能具有更强的决策力、洞察发现力和流程优化能力的海量、高增长率和多样化的信息资产。从数据的类别上看,“大数据”指的是无法使用传统流程或工具处理或分析的信息。它定义了那些超出正常处理范围和大小、迫使用户采用非传统处理方法的数据集。

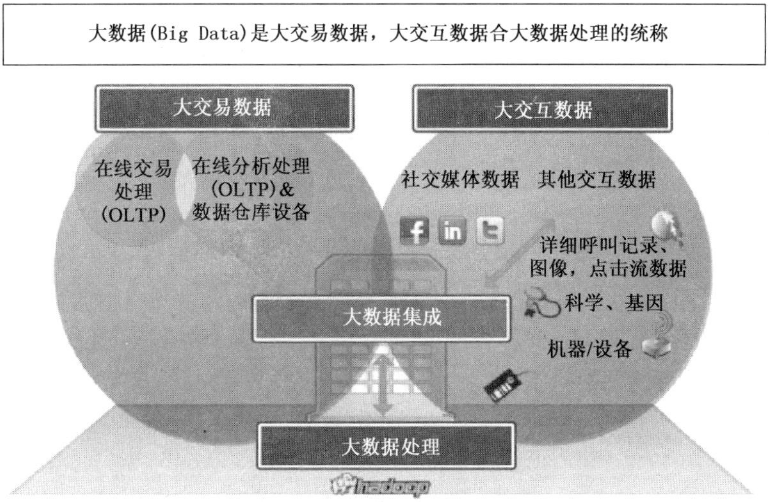

图1-9　大数据的定义

亚马逊网络服务(AWS)、大数据科学家 John Rauser 提出一个简单的定义："大数据就是任何超过了一台计算机处理能力的庞大数据量。"研发小组对大数据的定义是："大数据是最大的宣传技术、是最时髦的技术，当这种现象出现时，定义就变得很混乱。"Kelly 说："大数据是可能不包含所有的信息，但我觉得大部分是正确的。对大数据的一部分认知在于，它是如此之大，分析它需要多个工作负载，这是 AWS 的定义。当你的技术达到极限时，也就是数据的极限。"

大数据不是关于如何定义，最重要的是如何使用。最大的挑战在于哪些技术能更好地使用数据以及大数据的应用情况如何。这与传统的数据库相比，开源的大数据分析工具例如 Hadoop 的崛起，这些非结构化的数据服务的价值在哪里？

2)大数据的特点

大数据同过去的海量数据有所区别，其基本特征可以用4个"V"来总结(Volume、Variety、Value、Velocity)，即大量化、多样化、价值密度低、快速化。如图1-10、图1-11所示。

(1)大量化：数据体量巨大。从 TB 级别，跃升到 PB 级别。

(2)多样化：数据类型繁多，如网络日志、视频、图片、地理位置信息等。

(3)价值密度低。以视频为例，连续不间断的监控过程中，可能有用的数据仅有一两秒。

(4)快速化：处理速度快。1s 定律。这一点也是和传统的数据挖掘技术有着本质的不同。物联网、云计算、移动互联网、车联网、手机、平板电脑、PC 以及遍布地球各个角落的各种各样的传感器，无一不是数据来源或者承载的方式。

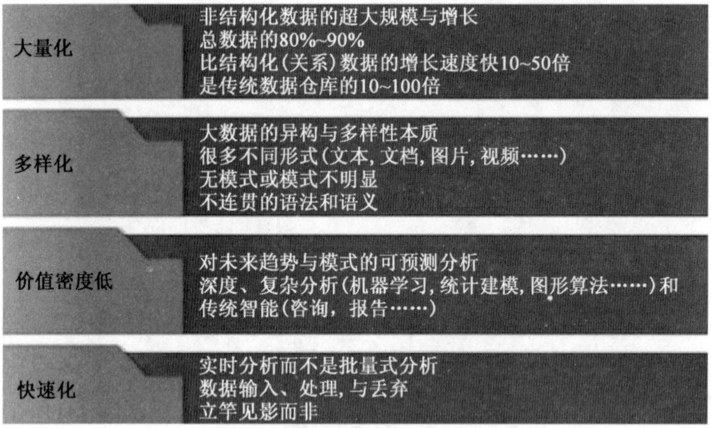

图 1-10　大数据主要特点示意图

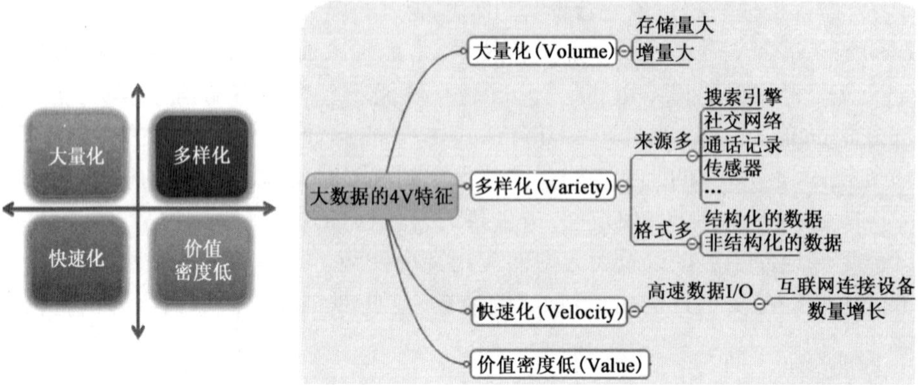

图 1-11　大数据概念图

拥有巨大的数据本身并不能创造出多大价值，需要一定的技术手段进行处理分析才能获取其智能的、深入的有价值的信息。大数据技术是指从各种各样类型的巨量数据中，快速获得有价值信息的技术。解决大数据问题的核心是大数据技术。目前所说的“大数据”不仅指数据本身的规模，也包括采集数据的工具、平台和数据分析系统。大数据研发目的是发展大数据技术并将其应用到相关领域，通过解决巨量数据处理问题促进其突破性发展。因此，大数据时代带来的挑战不仅体现在如何处理巨量数据从中获取有价值的信息，也体现在如何加强大数据技术研发,抢占时代发展的前沿。

1.5.2　大数据的相关技术及处理步骤

1)大数据的相关技术

(1)数据采集

ETL 工具负责将分布的、异构数据源中的数据如关系数据、平面数据文件等抽取到临时中间层后进行清洗、转换、集成,最后加载到数据仓库或数据集市中,成为联机分析处理、数据挖掘的基础。

(2)数据存取

数据存取包括云存储、分布式文件存储等形式,并通过关系数据库、NOSQL、SQL 等数据库应用系统来实现数据调用。

(3)数据处理

自然语言处理(Natural Language Processing,NLP)是研究人与计算机交互的语言问题的一门学科。处理自然语言的关键是要让计算机"理解"自然语言,所以自然语言处理又叫作自然语言理解(Natural Language Understanding,NLU),也称为计算语言学(Computational Languistics)。一方面它是语言信息处理的一个分支,另一方面它是人工智能(Artificial Intelligence,AI)的核心课题之一。

(4)统计分析

统计分析包括假设检验、显著性检验、差异分析、相关分析、T 检验、方差分析、卡方分析、偏相关分析、距离分析、回归分析、简单回归分析、多元回归分析、逐步回归、回归预测与残差分析、岭回归、logistic 回归分析、曲线估计、因子分析、聚类分析、主成分分析、因子分析、快速聚类法与聚类法、判别分析、对应分析、多元对应分析(最优尺度分析)、bootstrap 技术等。

(5)数据挖掘

数据挖掘包括分类(Classification)、估计(Estimation)、预测(Prediction)、相关性分组或关联规则(Affinity grouping or association rules)、聚类(Clustering)、描述和可视化(Description and Visualization)、复杂数据类型挖掘(Text、Web、图形图像、视频、音频等)。

(6)模型预测

模型预测包括预测模型、机器学习、建模仿真等环节。

(7)结果呈现

通常可利用云计算等方式,采用标签云、关系图等各种形式对分析预测的结果进行呈现。

2)大数据的一般处理步骤

(1)第一步:数据采集

大数据的采集是指利用多个数据库来接收发自客户端(Web、APP或者传感器形式等)的数据,并且用户可以通过这些数据库来进行简单的查询和处理工作。比如,电商会使用传统的关系型数据库MySQL和Oracle等来存储每一笔事务数据。除此之外,Redis和MongoDB等NOSQL数据库也常用于数据的采集。

在大数据的采集过程中,其主要特点和挑战是并发数高,因为同时可能会有成千上万的用户进行访问和操作,比如火车票售票网站和淘宝,它们并发的访问量在峰值时达到上百万,所以需要在采集端部署大量数据库才能支撑。并且如何在这些数据库之间进行负载均衡和分片的确是需要深入的思考和设计。

(2)第二步:导入与预处理

虽然采集端本身会有很多数据库,但是如果要对这些海量数据进行有效的分析,还是应该将这些来自前端的数据导入一个集中的大型分布式数据库,或者分布式存储集群,并且可以在导入基础上做一些简单的清洗和预处理工作。也有一些用户会在导入时使用来自Twitter的Storm来对数据进行流式计算,来满足部分业务的实时计算需求。

导入与预处理过程的特点和挑战主要是导入的数据量大,每秒钟的导入量经常会达到百兆,甚至千兆级别。

(3)第三步:统计与分析

统计与分析主要利用分布式数据库,或者分布式计算集群来对存储于其内的海量数据进行普通的分析和分类汇总等,以满足大多数常见的分析需求,在这方面,一些实时性需求会用到EMC的GreenPlum、Oracle的Exadata,以及基于MySQL的列式存储Infobright等,而一些批处理,或者基于半结构化数据的需求可以使用Hadoop。

统计与分析这部分的主要特点和挑战是分析涉及的数据量大,其对系统资源,特别是I/O会有极大的占用。

(4)第四步:大数据挖掘

与前面统计和分析过程不同的是,数据挖掘一般没有预先设定好的主题,主要是在现有数据上面进行基于各种算法的计算,从而起到预测(Predict)的效果,实现一些高级别数据分析的需求。

比较典型的算法有用于聚类的Kmeans、用于统计学习的SVM和用于分类的 NaiveBayes，主要使用的工具有 Hadoop 的 Mahout 等。该过程的特点和挑战主要是用于挖掘的算法很复杂，并且计算涉及的数据量和计算量都很大，常用数据挖掘算法都以单线程为主。整个大数据处理的普遍流程至少应该满足这四个方面的步骤，才能算得上是一个比较完整的大数据处理。

1.5.3　大数据的发展趋势

大数据市场正在爆炸性增长，不仅表现在市场舆论方面，更是体现在真实的收入上。大数据行业的市场规模庞大，面对的不仅是机遇，还有挑战。

（1）数据资源化

数据的资源化是指大数据在企业、社会和国家层面成为重要的战略资源。大数据时代，大数据将成为新的战略制高点，成为机构的资产，成为提升机构和公司竞争力的有力武器。

（2）大数据隐私问题

大数据对于隐私将是一个重大挑战，现有的隐私保护法规和技术手段难以适应大数据环境，个人隐私越来越难以保护，有可能会出现有偿隐私服务，数据“面罩”将会流行。预计几年内将会颁布关于大数据隐私的标准和条例。

（3）大数据与云计算等深度融合

大数据处理离不开云计算技术，云计算为大数据提供弹性可扩展的基础设施支撑环境以及数据服务的高效模式，大数据则为云计算提供了新的商业价值，因此从 2013 年开始，大数据技术与云计算技术必然进入更完美的结合期。总体而言，云计算、物联网、移动互联网等新兴计算形态，既是产生大数据的地方，也是需要大数据分析方法的领域。

（4）大数据分析的革命性方法

在大数据分析上，将出现革命性的新方法。就像计算机和互联网一样，大数据可能是新一波的技术革命。基于大数据的数据挖掘、机器学习和人工智能可能会改变小数据/小世界里的很多算法和基础理论，这方面很可能会产生理论级别的突破。

（5）大数据安全

大数据的安全令人担忧，大数据的保护越来越重要——大数据的不断增加，对数据存储的物理安全性要求会越来越高，从而对数据的多副本与容灾机制提出更高的要求。网络和数字化生活使得犯罪分子更容易获得关于人的信息，也有了更多不易被追踪和防范的犯罪手段，可能会出现更高明的骗局，也就是说大数据已经把你出卖了。

(6)数据共享联盟

数据共享联盟在2014年逐渐壮大并成为产业的核心一环，数据是基础。之前在科技部的支持下，已建立了多个领域的数据共享平台，包括气象、地震、林业、农业、海洋、人口与健康、地球系统科学数据共享平台等。之后，数据共享将扩展到企业层面。

(7)更大的数据

现在的大数据，将来都不够大。2014年，大数据将获得更多的关注、研究、开发和应用，所引起的结果是：体现大数据特征的大量化、快速化、多样化、价值密度低等几个"V"的特性将变得更加极致。尤其是大数据的价值密度会越来越低——数据不断增长，如何去除大数据中的噪声等垃圾数据，进而从中挖掘和提取出有价值信息的难度也随之增大。

1.5.4 大数据应用案例

麦肯锡在大数据的研究报告中指出，大数据的应用已经渗透到每一个行业和业务职能领域，逐渐成为重要的生产因素。按照专业领域划分，信息技术、互联网行业、商业、遥感探测已经开始应用大数据技术来进行研究和生产效益；生物信息技术、科研情报所、图书情报领域已经对大数据展开了研究并进行了规划；其他专业和行业对大数据可能仍处于了解阶段，但大数据的浪潮很快就会波及大部分的行业领域。

大数据应用的关键，也是其必要条件，就在于"IT"与"经营"的融合。当然，这里的经营的内涵可以非常广泛，小至一个零售门店的经营，大至一个城市的经营。下面主要以美国大数据在各行业的应用为例，说明大数据在目前美国各行业的发展现状。

1)医疗方面

甲型H1N1是2009年出现的一种新的病毒，并在短短几周就迅速传播开来。谷歌公司把5000万条美国人最频繁检索的词条和美国疾控中心在2003—2008年间季节性流感传播时期的数据进行了比较。

2)智慧能源

维斯塔斯风力系统，依靠的是BigInsights软件和IBM超级计算机，然后对气象数据进行分析，找出安装风力涡轮机和整个风电场最佳的地点。利用大数据，以往需要数周的分析工作，现在仅需要不足1h便可完成。如图1-12所示为维斯塔斯推崇的智慧能源电网结构图。

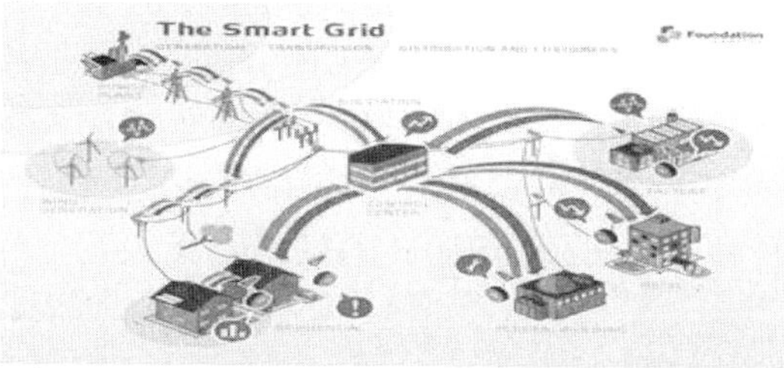

图 1-12　维斯塔斯推崇的智慧能源电网结构图

3) 交通方面

美国、英国和我国的深圳对大数据在交通管理中的应用进行了实践与探索。通过大数据进行公共交通管理将面临如何开放公共交通数据、如何保护个人隐私、如何进行交通数据的存取等问题，可通过注意保护个人私密信息、提高交通数据存取的多样性、提高交通数据质量等途径去解决。如图 1-13 所示为交通信息采样、分析系统。

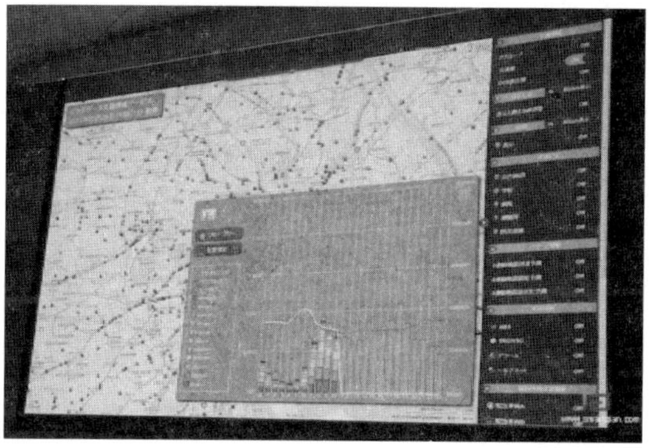

图 1-13　交通信息采样、分析系统

4) 互联网应用

互联网企业引领大数据应用，并逐步深入其他行业。互联网企业开展大数据应用具有得天独厚的优势：

一是互联网企业如谷歌和亚马逊等拥有丰富的数据和强大的技术平台。

二是互联网大数据应用不是飞跃性的，而是靠获取长期的累积效益。

三是累积效益的获取，主要靠持续不断的快速技术迭代。互联网企业一直奉行敏捷开发、快速迭代的软件开发理念。

四是技术和应用一体化组织，是快速迭代的保障。

基于以上优势，掌握大量用户行为数据的谷歌、亚马逊、Twitter、淘宝、新浪等互联网企业已广泛开展定向广告、个性推荐等较成熟的大数据应用。在此基础上，2012 年谷歌发布了其大数据的跨界应用——无人驾驶汽车，依靠庞大的道路信息数据（每秒钟会采集超过 750M 的数据），无人驾驶汽车可以智能地选择路径和驾驶等。

国内互联网企业以阿里巴巴为代表，在 2012 年 7 月推出数据分享平台“聚石塔”，为天猫、淘宝平台上的电商等提供数据云服务，并扩展到金融领域和物流行业。阿里巴巴基于对用户交易行为的大数据分析，提供面向中小企业的信用贷款，坏账率仅为 0.3% 左右。而 2013 年 5 月阿里巴巴刚刚成立的“菜鸟”网络物流，也是基于大数据平台分析，联手各大物流企业，选择最高效的送达方式。

5）电信应用

电信运营商和互联网企业的较量也涉及大数据应用。实际上，电信行业一直有数据分析的应用，只不过主要用于优化自身业务，价值提升度不大。比如，智能管道中基于用户、业务及流量分级的多维管控机制，以及精准的客户分析和营销（如离网预警、套餐适配、广告精准投放等），这些应用大多数电信运营商已践行。由于互联网大数据的成功应用，电信业重新审视自身的数据优势，一是用户的真实信息（用户身份、用户账户等），二是用户行为的全维度信息（所有 Web 的访问记录、位置信息等），基于这些优势，一些服务公共社会的应用逐步展开。

面对自身数据不足，不易获得用户互联网或其他行业某一维度的深度行为信息，部分运营商也开始与互联网企业展开合作，引入用户的深度行为信息。Orange 与 Facebook 合作推出 Party Call、Facebook 账号与电话号码绑定，将 Facebook 的开放社交图谱引入电信，为其他行业提供 API 或加工后的用户行为特征信息。

6）金融应用

在传统行业的大数据应用中，金融的大数据应用走在前列。金融行业很早就有将客户交易行为录制后进行分析的传统。我国金融行业也多采购国外的录制设备（比如 NICE 和彭博的产品），国内厂商的产品不多。2013 年 5 月，全球最大的金融信息服务供应商彭博涉嫌泄露用户的行为信息，引发中国央行、欧洲央行、德国央行的高度关注。彭博数据终端被全球央行、投资银行和基金公司广泛使用，能够监测到客户所热衷查询的信息页面，例如美联储主席伯南克以及前财长盖特纳登录彭博终端的情况，并可由此用大数据技术推测其将采取的行动。

可见,大数据的安全愈发重要,我国金融行业对国内厂商的产品需求会增大。

7) 政府应用

美国等先进国家政府部门开展大数据应用。美国国家科学基金会、国家卫生研究院、国防部、能源部、国防部高级研究局、地质勘探局 6 个联邦政府的部门和机构投资 2 亿美元,开展大数据政府应用。美国国防部开展与网络安全相关的若干大数据项目,进行情报搜集和分析。

美国国家卫生研究院着手建立健康与疾病相关的数据集、基因组信息系统、公众健康分析系统以及老龄化电子图书数据库等医疗大数据系统。国际上,早在 2009 年,联合国就启动全球脉搏项目,跟踪和监控全球和各地区的社会经济数据,采用大数据技术进行分析处理,以便更加及时地对危机做出反应。

我国政府尚未把大数据上升到战略高度,政府部门的大数据应用成功案例也较少。

第2章　数据中心的构建与运维

2.1　数据中心建设原则和建设目标

数据和计算能力的集中对数据中心建设提出了新的要求。在实现数据集中和计算能力集中的过程中，要建立与业务相匹配的数据中心，要真正体现以数据为中心的建设思想，要从技术上保障数据中心的稳定、安全、经济运行，就必须审时度势，顺应潮流，对上符合国家正规，对下贴合实际需要，精心规划、精心设计。

2.1.1　数据中心的建设原则

数据中心的建设应遵循以下几项原则：

(1)坚持“统一领导，统一规划，统一标准，统一建设，信息共享，面向服务”的指导方针，推进规范化、标准化建设，建立互联互通、功能强大的数据中心。

(2)应以国家部门、行业领域信息中心或专业信息机构为依托，汇集、建立某一部门或行业的科学数据共享资源。

(3)坚持以需求为导向，从需求上找准切入点，从数据应用效益和现实情况出发确定重点建设内容，在数据共享应用方面下功夫，不做表面文章，不搞花架子工程。

(4)坚持采用现代信息技术中的现金成熟技术，保证系统的安全性、可靠性、可扩充性、易维护性和开放性。

(5)遵循系统工程建设的规律，对数据中心总体设计进行详细、科学的论证，加强项目过程管理，规范技术文档，对重要信息系统必须保留完整的源代码。

2.1.2　数据中心的建设目标

为保证达到组织数据中心的建设要求，在系统设计中应达到以下目标：

1) 先进性、标准型

采用先进成熟的技术和设计规范,保证系统的稳定、高效运行,选用符合国际标准的技术和产品,保证系统的一致性,并保证在以后的发展过程中能适应信息技术的发展趋势。

2) 经济性、实用性

根据数据中心的实际应用需求进行方案的设计,选用性价比高的设备,建设好的系统应该既能够满足业务系统的应用需求,又能适应将来应用需求的扩展,使系统能够方便地升级。

3) 开放性

采用符合 OSI(开放系统互联)标准的技术和通信协议,采用国际和国家标准的网络规范,充分考虑与软件、硬件的兼容性,使得符合国际标准的不同厂商的产品可以无缝地添加进来。

4) 可扩展性

数据中心采用的实现技术和产品必须标准化,系统结构及设备应易于扩展,技术和产品发展具有良好的可持续性、可扩充性,将来能够方便平滑地对原有系统进行升级和更新。

5) 结构的合理性

采用合理高效的系统结构,设计的系统结构应能合理安排冗余和负载,实现有效的流量控制和负载均衡,能够避免网络风暴和数据瓶颈,确保系统的正常、畅通运行,并能适应数据中心多业务发展的需求。

6) 高可靠性

在系统设计特别是关键节点的设计中,选用高可靠性产品,并有合理的冗余和可靠的系统备份策略,保证系统具有故障自愈的能力,确保系统可靠运行。

7) 高性能

设计中必须保障服务器、网络及设备的高吞吐能力,保证各种信息(数据、语音、图像)的高质量传输。构建高质量的可服务于图像、语音、数据的多业务网,为关键业务提供 QoS 保障。

8) 安全性

设计的系统应具有足够的安全性,能够防止来自系统内部的恶意破坏及来自系统外部的恶意攻击;能有效地防止因人为误操作带来的影响。应采用有效的安全防范措施和安全手段,保证系统的完整性和机密性,并对信息访问和系统操作提供有效的权限认证。系统应能提供有效的容灾、容错等风险保障机制,对雷击、火灾、盗窃等意外以及人为误操作等不可预知的问题应有良好的预防和恢复措施。

2.2 建设遵循的政策、规范和标准

2.2.1 国内外数据中心建设主要标准规范

国内外数据中心建设主要标准规范如表 2-1 所示。

国内外数据中心建设主要标准表　　表 2-1

序号	标准规范名称
1	(中国标准)《数据中心设计规范》(GB 50174—2017)
2	(中国标准)《数据中心基础设施施工及验收规范》(GB 50462—2015)
3	(中国标准)《电子信息系统机房环境检测标准》(正在编制过程中)
4	(中国标准)09DX009《国家标准设计图集》《电子信息系统机房工程设计与安装》
5	(美国标准)TIA-942《数据中心通信设施标准》

2.2.2 数据中心国标与美国 TIA-942 比较

通过对国标与美国 TIA-942 标准的比较分析,国标目前规范的范围较为宽泛,适用性更广泛,与我国目前数据中心尚处于起步阶段有直接关系,如表 2-2 所示。

国内外数据中心建设主要规范表　　表 2-2

GB 50174	TIA-942	性能要求	系统配置
A 级	Tier Ⅳ	场地设施按容错系统配置,在系统运行期间,场地设施不应因操作失误、设备故障、外电源中断、维护和检修而导致电子信息系统运行中断	$2N$,$2(N+1)$ 双系统同时运行
	Tier Ⅲ	同时维护	$(N+1)+1$“双系统”一用一备
B 级	Tier Ⅱ	场地设施按冗余要求配置,在系统运行期间,场地设施在冗余能力范围内,不应因设备故障而导致电子信息系统运行中断	$N+X$ 单系统 冗余配置
C 级	Tier Ⅰ	场地设施按基本需求配置,在场地设施正常运作情况下,应保证电子信息系统运行不中断	N 单系统没有冗余

2.3　数据中心机房规划

2.3.1　数据中心机房建设规范的范围

数据中心机房建设规范标准给出了数据中心机房的建设要求,包括数据中心机房分级与性能要求、机房位置选择及设备布置、环境要求、建筑与结构、空气调节、电气技术、电磁屏蔽、机房布线、机房监控与安全防范,给水排水、消防的技术要求,如图 2-1 所示。

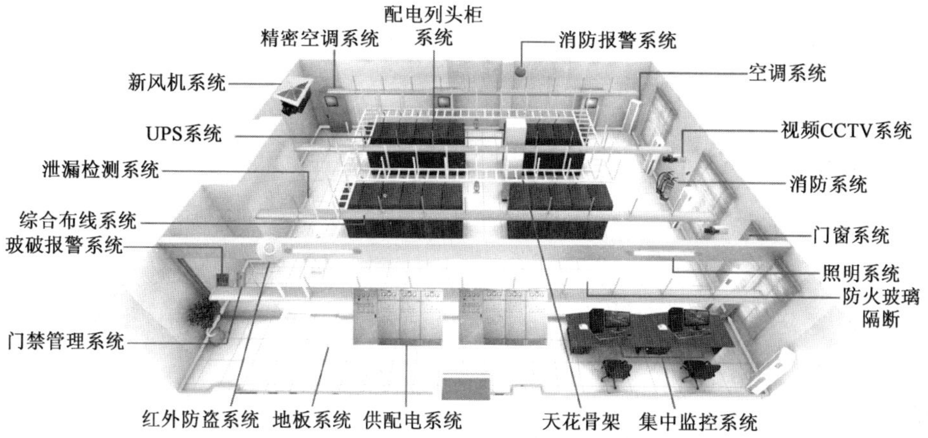

图 2-1　机房工程整体解决方案图

2.3.2　数据中心机房分级的一般标准

1) 分级要求

根据信息系统使用性质、管理要求及由于场地设备故障导致运行中断对生产、经营和公共秩序造成的损失或影响程度,将数据中心机房划分为 A、B、C 三级。在异地建立的备份机房,设计时应与主机房等级相同。同一个机房内的不同部分可根据实际情况,按照不同的标准进行设计。

2) A 级数据中心机房

符合下列情况之一的数据中心机房应为 A 级:信息系统运行中断将造成组

织机构的非常严重经济损失;信息系统运行中断将对组织机构业务、公共秩序造成重大影响;总部级数据中心机房宜建设成A级。

3)B级数据中心机房

符合下列情况之一的数据中心机房应为B级:信息系统运行中断将造成组织机构较大的经济损失;信息系统运行中断将对组织机构业务、公共秩序造成较大影响。区域级数据中心机房、区域网络中心机房和企事业单位级数据中心机房宜建设成B级。

4)C级数据中心机房

不属于A级或B级的数据中心机房应为C级。

国际上目前较为通用的是采用美国Uptime Institute提出的等级分类系统,也成为设计人员在规划数据中心时的重要参考依据。在该系统中,数据中心按照其可用性的不同,分为四个等级(Tier),如图2-2所示。

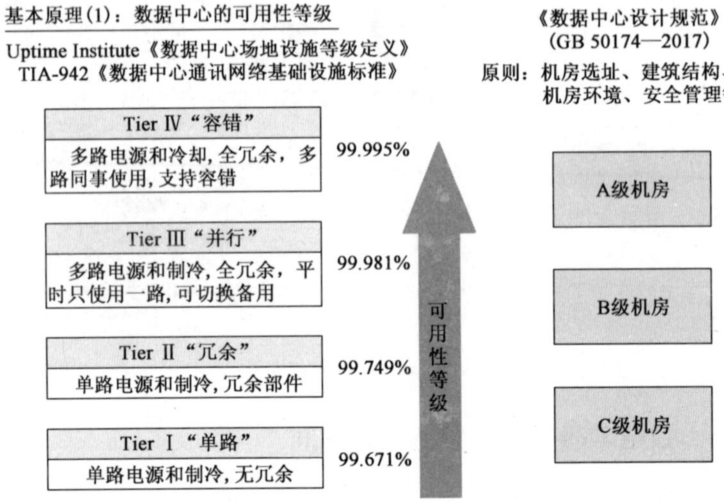

图2-2 美国Uptime Institute提出的等级分类系统

2.3.3 机房位置及设备布置

1)机房选址原则

根据《数据中心设计规范》(GB 50174—2017)的要求,机房位置选择应符合以下要求:

(1)远离水灾和火灾隐患区域。

(2)远离强振源和强噪声源。

(3)远离产生粉尘、油烟、有害气体以及生产或储存具有腐蚀性、易燃、易爆物品的工厂、仓库、堆场等。

(4)避开强电磁场干扰。

(5)多层或高层建筑物内的主机房不应选在建筑物的地下底层。

(6)水源充足,电力比较稳定可靠,交通通信方便,自然环境清洁。

(7)机房电力供给、交通、通信、自然环境要求及场所选择,按《数据中心设计规范》(GB 50174—2017)中 4.1.1 和 4.1.2 的规定。

2)设备布置

机房布置的整体要求,按《数据中心设计规范》(GB 50174—2017)中 4.2 的规定。机房环境除必须满足计算机设备对温度、湿度和空气洁净度,供电电源的质量(电压、频率和稳定性等),接地地线,电磁场和振动等项的技术要求外,还必须满足在机房中工作的人员对照明度、空气的新鲜度和流动速度、噪声的要求。

设备布放的一般原则应遵从以下几点:

(1)承重安全:电池组一般需要布放在横梁上方,如果没有横梁,就要选择容量小的电池组合地板承重能力大的房间作为机房。

(2)维护方便:要充分考虑设备的安装、维护、运输等因素。

(3)布局美观:设备列要求安装整齐,以方便动力环境监控系统发挥作用。

(4)走线方便:设备布局要考虑走线的方便与路由最短。

2.3.4　数据中心机房系统主要建设内容和标准

机房是数据中心重要的基础设施,可以比喻为数据中心的摇篮,它是指在一个物理空间内实现信息的集中处理、存储、传输、交换、管理。计算机设备、服务器设备、网络设备、存储设备等是数据中心机房的核心设备。这些设备运行所需要的环境因素,如供电系统、空调系统、消防系统、机房与监控系统是数据中心机房重要的物理基础设施。

数据中心机房建设是一个系统工程,它由主机房(包括网络交换机、服务器群、存储器、数据输入/输出配线、通信区和网络监控终端等),基本工作间(包括办公室、缓冲间、走廊、更衣室等),第一类辅助房间(包括维修室、仪器室、备件间、存储介质存放间、资料室),第二类辅助房间(包括低压配电、UPS 电源室、蓄电池室、精密空调系统用房、气体灭火器材间等)，第三类辅助房间(包括储藏室、一般休息室、洗手间等)组成。主机房内放置大量网络交换机、服务器群等，是综合布线和信息化网络设备的核心，也是信息网络系统的数据汇聚中心，其特点是设备24h不间断运行，电源和空调不允许中断，对机房的洁净度、温湿度要求较高。如图2-3所示为数据中心机房建设主要内容图。

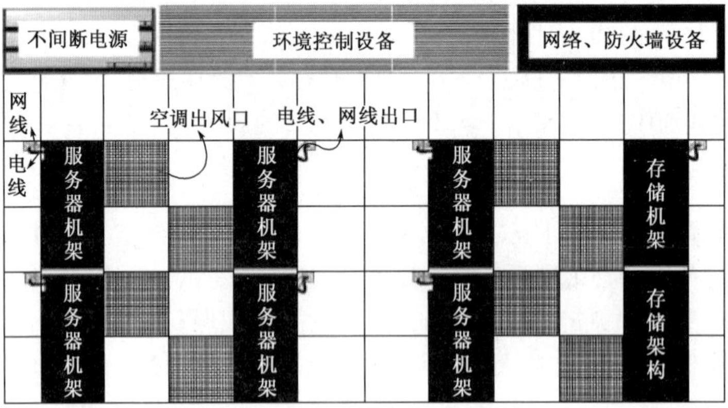

图2-3　数据中心机房系统建设内容图

数据中心机房建设系统可以分为布线、空调、照明、防雷、监控、接地、主机设备七个建设子系统，下面以此进行简单介绍。

1)照明系统

机房照明及应急照明系统主机房按《数据中心设计规范》(GB 50174—2017)要求，照度为400lx；电源室及其他辅助功能间照度不小于300lx；在机房各处安装了疏散指示灯、安全出口标志灯，照度大于1lx；机房内、走廊、楼梯口装有应急备用照明灯，照度不小于30lx。

2)接地系统

机房接地形式为机房专用直流逻辑地，设一组新的接地极，接地电阻小于1Ω；机房配电系统的交流工作地、安全保护地采用建筑物本体综合接地(其电阻小于4Ω)。

3)防雷系统

大楼沿低压线路进户的传导直击雷是不大可能的。中心机房内设备主要需要进行直接雷击引起的电阻耦合方式(地电位反击)的防护以及附近高层建筑落雷时造成的电感性、电容性耦合干扰的防护。

(1)等电位接地的处理

接地是避雷技术最重要的环节,而且小型机以上的计算机系统对接地要求也很高,其接地地阻通常要求小于 1Ω 以下。但对于避雷技术来说,地阻小于 4Ω 即可。应将避雷接地、电器安全接地、交流接地、直流接地统一为一个接地装置,避免不同的地之间产生反击。

(2)电源部分防雷设计

根据雷电流大、防雷器存在残压及设备耐冲击水平低的特性,应遵循多级保护、层层泻能的原则,选择安装避雷器,进行电源线路的过压保护。

(3)信号系统的防雷设计

机房的数据通信线路有以太网双绞线、DDN 专线、光纤线路以及电话线备份线路,必须对进出机房的所有通信线路进行防雷处理,才能保护机房的安全。

4)空调系统

机房室内空调系统环境的标准参数是:

(1)夏季:温度 23℃ ±2℃,相对湿度 50%。

(2)冬季:温度 20℃ ±2℃,相对湿度 50%。

机房共采用模块化精密空调,采取下送风、上回风的送风方式达到恒温恒湿的目的。

5)监控系统

在公共区域和出入口处、机房内机架间、核心机房、控制中心、动力机房,楼梯与走廊,楼梯等均装有摄像机,进行 7×24h 全方位监控录像。专业人员 24×7×365h 机房随时巡视。

6)布线系统

现代的建筑物,其楼内信息传输通道系统(布线系统)已不仅要求能支持一般的语音传输,还应能够支持多种计算机网络协议及多种厂商设备的信息互联,可适应各种灵活的、容错的组网方案;同时,由于新技术、新产品不断出现,传输线路要能够在若干年里适应发展的需要。因此建立一套能够全面支持各种系统应用如通信网络中心、数据处理中心,本身又具有开放、兼容、可靠性高、实用性强、易于管理、具有先进性、面向未来的综合布线系统,对于现代化建筑是必不可少的。

2.4 网络系统规划

2.4.1 总体要求

数据中心网络是生产运行环境的基础,在设计时对于网络系统性能、可靠性及安全性必须给予充分的考虑。因此,在架构设计上选择目前国际主流的万兆主干、千兆服务器连接、百兆桌面的网络架构,核心层之间互联采用一路或多路万兆连接,形成主干万兆或多万兆带宽。核心设备选型上均要求具备足够的背板处理能力,即使将来系统升级,也能保护用户对于现有网络基础设施的投资。所有的核心设备作双机冗余设计,部分关键设备如服务器群网络核心交换机甚至做到双机、双引擎冗余,最大限度地解决单点故障的问题,提高系统整体可用性。通过集群协议,比如路由器或者防火墙的集群协议,如 HSRP、VRRP 等,可以确保检测到故障后进行快速的故障切换。同时也推荐数据中心的设计和数据电缆的连接应当避免单点故障的发生,例如对冗余的网段和端口应用不同的路由路径和电缆结构,对广域网的连接,建议采用多路 ISP 线路。

另外,作为企业整体网络的一部分,设计初期就必须考虑与现有系统的连接与整合。在网络协议、IP 地址规范、线路和设备命名规范、网络安全规范等方面完全遵照已有的成果。

2.4.2 数据中心网络系统架构设计

建立数据中心是组织各业务系统集中的直接需求,数据中心的网络则是数据中心生产运行环境的基础。数据中心网络总体架构设计,包括数据中心互联网络、核心交换区、服务器群接入区、办公接入区、对外连接区、网络安全、网络管理等主要内容,下面逐一介绍。

1) 总体架构

未来数据中心内部网络整体架构分为五个区:数据中心互联网络、核心交换区、办公接入区、服务器群接入区及对外连接区,如图 2-4 所示。该网络区域划分也会随着企业数据中心功能、定位不同而有所区分。

2) 数据中心互联网络

经过多年 IT 信息系统建设,大型单位都已建成自己的单位内部主干网。数据中心网络需要通过城域网或者广域网连接到单位内部主干网上，以便利用高速带宽提供单位内部访问数据中心。灵活的数据中心接入单位内部主干网可以包括多业务光交换平台，利用多种光技术、传输存储协议和数据服务提供超高带宽和超低延迟。光技术包括密集波分多路复用（DWDM）和同步光网/同步数字电路（SONET/SDH）服务，传输存储协议包括 FICON、ESCON、光纤通道和 IP 光纤通道（FCIP），数据服务包括千兆和万兆以太网。

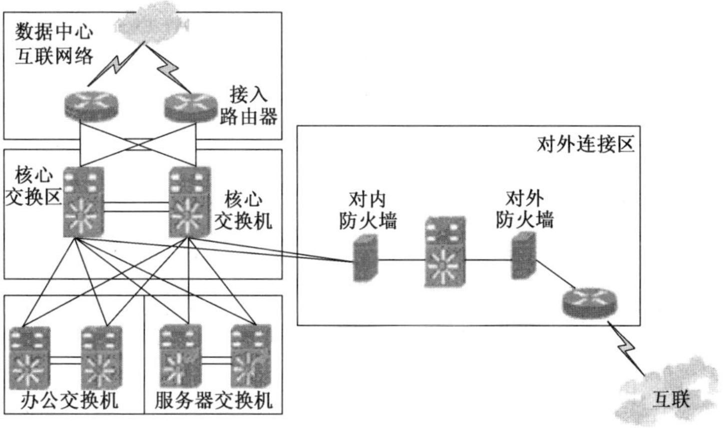

图 2-4　一般数据中心网络系统架构设计

3）核心交换区

核心交换区作为整个数据中心数据交换的核心所在，对交换容量和系统可靠性要求最高。但由于所有的服务器、用户接入分别由办公接入交换机、服务器群接入交换机完成，对接口密度没有太高的要求。设计采用 2 台万兆平台核心交换机构建核心交换区，2 台交换机之间运行 HSRP/VRRP 协议，配置为互为备份并且负载均衡；采用多条万兆光纤链路捆绑连接，实现多万兆的主干链路带宽。采用 2 条光纤链路捆绑连接办公网交换机，采用多条万光纤链路捆绑连接服务器交换机。分别配置若干光纤模块和 10/100/1000 兆以太网口用作交换机互联和连接部分网管工作站、IDS 等。各配置了 2 个大功率电源模块，实现电源模块的冗余备份。出于限制网络广播传播的考虑，服务器接入区和办公接入区分别配置成 2 个不同的 VTP，与核心交换区之间采用路由互联。

4）服务器群接入区

根据资源集中利用的设计原则，在构建数据中心服务器接入区时，采用一组高性能交换机群集接入所有服务器。由于几乎所有的生产服务器都连接到服务器群核心交换机上，出于可靠性的考虑，服务器群核心交换机同样采用双机热备的设计，并且交换机必须同时满足极强的背板处理能力和高密度千兆以太网甚至未来万兆以太网接入能力。尽管建议在将来采购服务器中全部配置双网卡或多网卡，分别连接到2台交换机，解决服务器接入单点故障，但是考虑到在现有服务器中，部分服务器或服务器所使用的操作系统并不支持双网卡冗余连接，为了减少由于一台服务器或核心交换机发生故障，造成这些单网卡连接服务器全部无法使用，在每台服务器核心交换机上配置冗余引擎、冗余电源、冗余接入模块，最大限度上减少交换机整体宕机的可能性。

除了提供高密度网络接入以外，必须对服务器群的功能、安全予以充分考虑。在设计服务器群接入区网络时，需要根据应用与安全的需要，采用最新的数据中心设计方法，将各种重要的智能服务，例如防火墙、入侵检测、服务器负载均衡和 SSL 卸载等，直接集成在网络上，不必再构建专用的计算平台，大大简化了数据中心的整体结构。

另外，由于服务器需要通过心跳网卡建立 Cluster 系统，为了 Cluster 系统的灵活部署，建议独立购买若干小型交换机组建物理上隔离的心跳网络系统。

5）办公接入区

数据中心办公接入网络主要提供办公人员的上网使用，属于非生产环境。由于数据中心办公人员人数不会太多，对网络系统性能要求不会很高。根据网络设备选型原则，考虑到产品线统一，方便网络管理、减少运维难度，建议在办公接入区中选用2台中档3层交换机，配置千兆光纤模块上连和百兆以太网模块接入。根据办公人员楼层分布的实际需要，配置部分办公楼层接入交换机。

另外，如有需要可将服务器网络远程管理卡连接到该网络上，与生产网络分开，避免互相影响。在数据中心内也可能存在一个小型的上线前临时测试环境，作配置修改测试或上线前测试，可以部署在办公接入网上。但必须通过访问控制等方式，避免在测试时产生故障而影响到生产环境的正常运行。

6）对外连接区

出于稳定性、可靠性的考虑，通过2路不同 ISP 线路连接 Internet，并通过链路负载均衡设备进行链路负载均衡和自动切换，以提高线路可靠性。在对外链接区必须构建完备的网络安全体系，确保数据中心安全。

7）网络安全

网络安全防范体系是动态变化的，是以安全策略为核心，以安全技术作为支撑,以安全管理作为落实手段,并通过安全培训加强所有人的安全意识。限于篇幅与笔者水平所限,本书仅讨论其中安全技术部分。在数据中心网络内部建立完善的审计系统,保证受到入侵后有证可查,并有助于日后建立安全预警系统,抵御各种黑客攻击。使用千兆入侵检测系统对进入数据中心、对外连接区内所有数据流动进行实时检测入侵。使用认证服务器对数据访问进行统一认证。建立网络防病毒系统,为数据中心提供防病毒服务。使用文件/补丁分发系统,及时对操作系统、数据库、应用系统等提供补丁更新。在服务群接入网络、对外连接区对内和对外两侧分别部署多级防火墙,对数据中心进行分级保护。

8)网络管理

网络管理从功能上至少应该包括网络拓扑管理、网络故障管理、网络性能管理、网络配置管理,管理的范围应该包括企业网中所有的网络设备(包括路由器、交换机等)以及重要的业务服务器,网络管理应该支持分布式的分级管理模式。

数据中心网络作为企业整体网络的拓展与延伸,主要网络管理可以由企业现有的网络管理系统完成,必须在数据中心网络建设项目实施过程中对现有的网络管理平台进行分析、集成,纳入统一的体系结构中,从而形成企业整体的 IT 管理系统。在实施过程中,数据中心网络设备需要根据现有网管系统的要求,配置相应的 SNMP 等网管协议。另外,由于需要增加对整个数据中心网络的监控,因此要对企业现有的网络管理系统进行适当二次开发或修改。

2.5　主机和存储系统规划

2.5.1　主机系统概述

主机系统是 20 世纪 90 年代迅速发展的主流计算机产品,它是在网络环境下提供网上客户机共享资源的设备,具有高可靠性、高性能、高吞吐能力、大型内存等特点,具备强大的网络功能和友好的人机界面。

1)大型计算机

大型计算机,是计算机种类中的一种,作为大型商业服务器,在今天仍具有很大活力。它们一般用于大型事务处理系统,特别是过去完成的且不值得重新编写的数据库应用系统方面,其应用软件通常是硬件本身成本的好几倍,因此大型机仍有一定地位。

大型机体系结构的最大好处是无与伦比的I/O处理能力。虽然大型机处理器并不总是拥有领先优势,但是它们的I/O体系结构使它们能处理好几个PC服务器放一起才能处理的数据。大型机的另一些特点包括它们的大尺寸和使用液体冷却处理器阵列。在使用大量中心化处理的组织中,它们仍有重要的地位。

20世纪60~80年代,信息处理主要是采用主机+终端的方式,即主机集中式处理方式。大型机的主要厂商有IBM/日立等。如图2-5所示为IBM大型计算机。但无论是大型机本身还是它的维护成本都相当昂贵。因此,能够使用大型机的企业寥寥可数。80年代以后,随着PC和各种服务器的高速发展,大型机的市场变得越来越小,很多企业都放弃了原来的大型机改用小型机和服务器。另外,客户机/服务器(client/server)技术的飞速发展也是大型机市场萎缩的一个重要原因。这时的大型机就像濒临灭绝的恐龙逐渐走向灭亡。进入90年代,经济进入全球化,信息技术得以高速地发展,随着企业规模的扩大,信息分散管理的弊端越来越多,运营成本迅速增长,信息集中成了不可逆转的潮流。这时,人们又把目光集中到大型机的身上,大型机的市场逐渐地恢复了活力,直至今天,大型机还占有着不可替代的市场份额。90年代后期,大型机的技术得以飞速地发展,其处理能力也大踏步地提高,在民用领域,IBM已经完全占据了大型机的市场。

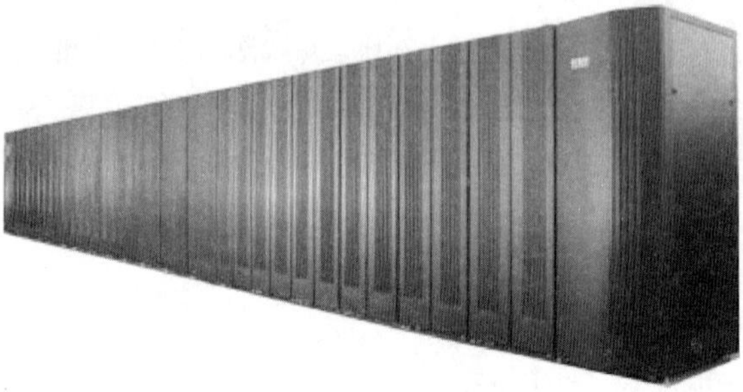

图2-5　IBM大型计算机

2)大型计算机

小型计算机相对于微型计算机(X86)而言,是一种封闭的专用计算机系统。一般每个不同的计算机生产厂商的小型机的处理区、数据总线、I/O总线、显卡等都是特别设计的,使用各个厂家自身的技术和操作系统,一般不具有通用性。目前,随着计算机小型化和微型化的发展,小型机和微型机之间的差异性已经越来越小,目前小型机已经作为历史的过渡,逐渐被微型计算机所取代。

3)PC服务器

PC服务器一般都是采用了Intel X86架构,服务器是指具有固定的地址,并为网络用户提供服务的节点,它是实现资源共享的重要组成部分。作为网络的节点,服务器存储并处理网络上80%的数据和信息,因此也被称为网络的灵魂。服务器可以分为两大部分:一部分是IA(Intel Architecture)服务器,主要以Intel的CPU为主;另一部分是比IA服务器性能更高的机器,如RISC/Unix服务器等。随着计算机芯片技术的不断飞跃,目前PC服务器已经具备了从前小型机,甚至是大型机的处理能力,已经成为信息化服务器家族中非常重要的一员。

2.5.2　服务器虚拟化技术

传统的应用程序部署方式是一个应用程序对应一台服务器,此服务器上不再运行其他应用程序,即所谓单一用途服务器。这种“一个应用,一台服务器”的旧有模式,更多的是归因于使用习惯和安全性的考虑。

传统的Windows NT单内核操作系统在进行大量的计算,特别是在操作系统内核级别上执行应用程序后,当应用程序出现了冻结情况时,经常会导致整个操作系统也一起冻结,进而影响到服务器上的其他应用程序。因此,当人们在Windows NT上部署应用时,就都开始创建单一用途服务器。在一台服务器上运行多个应用程序越多,服务器所受的攻击面也就越大,而且应用程序之间也会相互不信任各自的稳定性,它们都不希望因为其他某个应用程序的更新计划而造成自己的服务失效。在这样的情况下,管理员别无他法,他们必须选择隔离系统,相应也就有更多的应用服务器被创建。

单用途服务器的部署模式不仅增加了服务器本身的数量,增加了数据中心的能耗,服务器本身资源的利用率也很低,在大多数服务器中,CPU的平均利用率在10%~15%,也就是说CPU在大部分时间里是“闲置”的,这无疑造成了巨大的资源浪费。同时,服务器的供电、冷却以及管理维护服务器的人力资源,都会随着服务器数量的增加而增加,这一切都在向数据中心的运维管理发起挑战。

服务器虚拟化,为数据中心带来了福音。服务器虚拟化分为以下两种模式:

第一种,软件虚拟化SoftV,它需要为其提供一个基础的主机操作系统,主机操作系统同时也会消耗资源,因此会影响运行在它上面的虚拟机。除了测试和开发环境外,一般的组织不会选择这种模式。

第二种模式就是硬件虚拟化HardV。在这种模式下,hypervisor代码直接运行在硬件上,VMware 服务器虚拟化技术采用的是这种模式。

VMware 服务器虚拟化(本书所涉及服务器虚拟化技术均出自 VMware)的工作原理是:直接在计算机硬件上面插入一个精简的软件层,该软件层包含一个以动态和透明方式分配硬件资源的虚拟机监视器,运行在其上的操作系统共享硬件资源。

VMware 通过将服务器共用的 IT 基础架构聚合到同一个资源池中实现虚拟化,打破了传统的"一台服务器一个应用"的模式,可以降低 IT 成本,同时提高现有资源的利用率和灵活性。

如图 2-6 所示为虚拟化前后对比图。

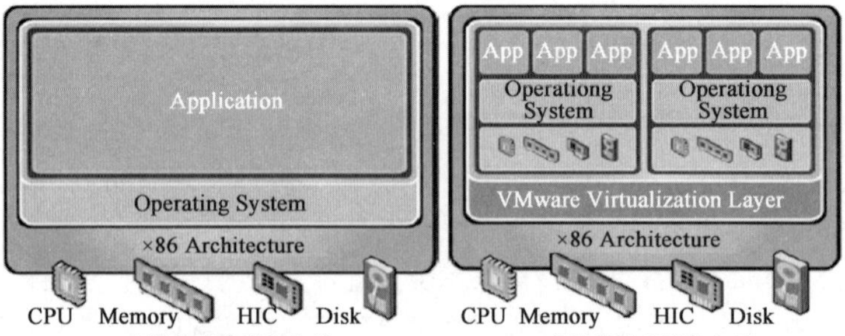

a)服务器虚拟化之前　　b)服务器虚拟化之后

图 2-6　虚拟化前后对比图

服务器虚拟化前:每台物理主机一个操作系统,软硬件紧密结合,同一主机上同时运行多个应用程序通常会发生冲突,系统资源利用率低,硬件成本高昂且部署不够灵活。

服务器虚拟化后:一台物理服务器可以同时运行多个应用程序,相当于对物理服务器进行了分区;把硬件和软件隔离开来,虚拟机独立于硬件之上;强大的安全和故障隔离,同一台主机上不同虚拟机之间相互不受影响;管理上的简化。每个虚拟机对应的只是一个文件,可以通过移动和复制文件的方式来移动和复制虚拟机。

2.5.3　存储系统规划的基本要求

数据中心存储系统应具备如下功能:

1)海量存储

大量的数据资料和多媒体资料的存储和发布是数据中心应用的核心,拥有一套或多套大容量的存储系统是保证数据安全性和服务连续性的关键。海量存储不仅要求存储系统具有超大容量,而且硬件的可靠性、容量的灵活扩展、简便的安装维护管理也会提高应用的效率。

2)传输能力

数据中心为郑燃集团内部用户提供丰富的数据资料,并且是众多信息化应用的后台,整个系统的性能有着较高的要求,包括存储系统与服务器之间的大容量、高频率的 I/O 传输,设备内部的总线传输带宽,服务器的网络性能和响应能力等都应是关注的焦点。

3)管理和备份功能

数据中心数据量巨大,因而存储的规划、管理、数据备份方面的工作是保证可靠应用的前提,所以配置先进的管理、备份工具能够高效地管理海量数据。

2.5.4　存储系统规划的主要内容

数据中心的存储系统规划设计主要内容包括六个主要的模块:基于 SAN 的网络集中存储、使用智能化的高速海量存储系统、存储虚拟化、SAN 管理、高可用系统、网络数据备份。下面将对这几个模块做详细的描述。

1)基于 SAN 的网络集中存储

对于数据中心的核心存储架构,应该是以数据和存储为核心的集中存储系统结构。以数据和存储为中心可以极大地保护投资,有效利用存储空间,降低用户管理费用,从而确保整体拥有成本最低,降低管理难度,维护数据管理的统一性,提高电子化数据管理的可靠性。数据的集中化管理,能够确保数据的一致性和完整性,保证电子化数据的可靠性。

以数据和存储为中心必然对整个存储系统性能有很高的要求,我们可以通过选用集中式、高性能、大容量、智能化的存储区域网(Storage Area Network,简称 SAN)来构建新一代计算中心存储环境。所谓存储区域网是指在服务器之后的高速子网络,它利用硬件、软件和光纤通道技术把所有与存储设备相关的处理工作移往一个集中的环境,使数据网络可以处理关键性任务。而信息存储则可通过存储区域网通信,从而消除 I/O 瓶颈,提高系统性能。SAN 一改过去以服务器为中心的存储模式,以数据存储为中心,采用伸缩的网络拓扑结构,通过 IP 连接方式,提供 SAN 内部任意节点之间的多路可选择的数据交换,并且将数据存储管理集中在相对独立的局域网内。SAN 的最终目标是实现在异构环境中最大限度的数据共享和可管理性。存储区域网是未来存储系统发展的方向。基于 SAN 的网络集中存储示意图如图 2-7 所示。

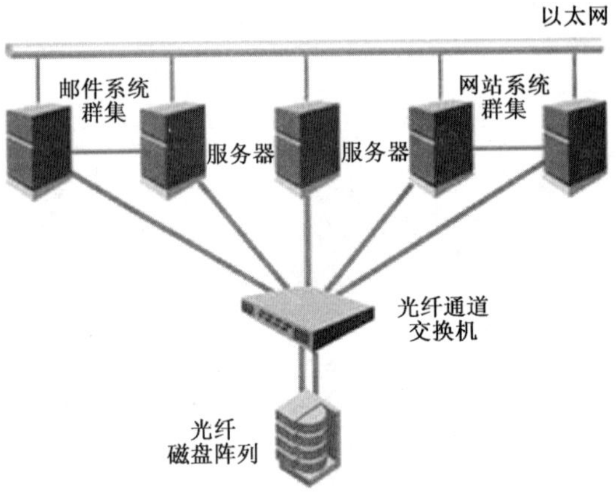

图 2-7　基于 SAN 的网络集中存储示意图

2)使用智能化的高速海量存储系统

使用智能化的高速海量存储系统,可以提供足够的数据存储空间,采用冗余硬件、RAID 技术以及动态备用磁盘提供高数据完整性,存储系统本身的高速缓存 CACHE 功能提高数据的读写速度,从而增强系统处理交易的总体性能。

提供高可靠性的数据存放,通过存储系统的可靠性设计以及磁盘镜像、RAID 技术,保证存储介质内数据的可靠性。可以实现较高的外部共享磁盘容量,存储设备的最大磁盘容量都可达到几十个 TB。根据存储数据量需求,可配置可用容量,供数据存储使用,随着数据量增大,将来可以扩充磁盘数目增加容量。

可利用存储软件进行多个镜像备份,利用备份软件,通过生产数据卷的镜像备份卷,提供快速拷贝,可实现以下功能:

(1)缩短备份时间

系统管理员可在镜像备份卷脱离生产卷以后,通过备份机挂接镜像备份卷,进行磁带/磁盘备份,在磁带/磁盘备份完成之后,再将镜像备份卷与生产卷重新同步。这样,备份由原来的磁带拷贝变成镜像备份卷脱离生产卷的操作,使系统真正实现 7 ×24h 对外服务。

(2)实时数据采集

测试需要使用实时数据时,把镜像备份卷与生产卷脱离,然后挂接到开发机供测试使用。在完成测试后，将该备份卷与生产卷重新进行镜像，使备份卷与生产卷同步，可提供下次测试使用。这样进行的实时数据采集不会影响系统的运行，可在任意时间点进行。

3）存储虚拟化

存储虚拟化是一个抽象的定义，它并不能够明确地指导我们怎么去比较产品及其功能。这个定义只能用来描述一类广义的技术和产品。存储虚拟化同样也是一个抽象的技术，几乎可以应用在存储的所有层面：文件系统、文件、块、主机、网络、存储设备等。

SNIA的存储网络字典里是这样定义的：虚拟化——通过将一个（或多个）目标（Target）服务或功能与其他附加的功能集成，统一提供有用的全面功能服务。典型的虚拟化包括如下情况：屏蔽系统的复杂性，增加或集成新的功能，仿真、整合或分解现有的服务功能等。虚拟化是作用在一个或者多个实体上的，而这些实体则是用来提供存储资源或服务的。

存储虚拟化是一个SAN里面的存储中央管理、集中管理，这是虚拟化的一个特点、一个突出的地方。任何一个企业的存储利用的是一个非常模式性的东西，特别是不能共享存储空间的时候，就需要去买很多存储，而不能用其他人空闲的存储。

4）SAN管理

随着SAN备受关注，如何将这种新的环境管理起来成为存储管理软件的一大热点。SAN管理软件是提供存储合并和共享、管理、访问、安全及其他服务的产品。SAN管理的核心是实现存储设备共享的软件，该软件把SAN上不同的存储设备转化成可以通过任意授权主机访问，并可以从中央位置管理的虚拟存储池。

在存储共享方案中，物理/逻辑关系都被打破，文件系统和物理资源间建立起一个虚拟层。虚拟层将文件系统映射到物理资源上，并对存储设备的分配进行管理，这样SAN上所有的存储设备都可以表现为一个单独的（或多重的）可通过SAN上的任意服务器访问的磁盘映像。

5）高可用系统

对于数据中心中最为重要的管理系统，由于其系统与数据的特殊性，通常将其系统分别安装在两台服务器上，数据库存放在稳定的、可靠的核心存储设备上，两台运行管理系统的服务器之间实施集群系统，以确保数据中心的管理系统的持续可用。

6）网络数据备份

考虑到数据中心数据及应用系统的重要性，进行存储系统规划的时候应将规划中的各主要系统平台及数据库做全面的备份或容灾设计。即使保证了核心业务系统的不间断运行，但是仍有必要对整个系统做妥善的备份，同时，对其他各 PC-Server 的操作系统、应用及数据库系统也需要建立完善的备份策略，以确保数据中心的管理系统稳定、可靠、持续可用。

2.6 信息资源及数据库规划

2.6.1 政府信息资源及建设主要内容

1）政府信息资源概念

信息资源指可供人类作为生存发展基础而利用的信息集合是一种虚拟的概念资源；信息资源的价值在应用中体现，因不同的应用主体和作用对象而不同；不因分享而减少，却因分享而增值。

而政府信息资源是指由政府掌控的信息资源。包括：

（1）政府部门为履行管理国家行政事务的职责而采集、加工、使用的信息资源。

（2）政府部门在业务过程中产生和生成的信息资源。

（3）由政府投资建设的信息资源以及其他由政府部门直接占有或者控制的信息资源。

2）政府信息资源主要内容

政府信息资源主要内容包括以下四点内容：

（1）基础数据库建设。

（2）政府领域和专业、专门数据库建设。

（3）政府信息资源目录体系和信息资源交换体系建设。

（4）信息标准化建设。

2.6.2 信息资源开发利用相关概念和理论

1）元数据概念

元数据就是描述一个数据的属性、结构、信息的数据。其主要的作用体现在以下几方面：

(1)帮助数据生产单位有效地管理和维护各种数据。

(2)提供各类数据的信息，便于用户检索。

(3)提供数据查询检索的方法，与数据交换有关的辅助信息。

(4)帮助用户判断数据是否能满足其需求。

(5)提供信息，以便用户处理和转换有用的数据。

元数据的意义体现在促进数据的管理、使用和共享中。元数据的管理机制可以包括：集中控制和管理数据定义；控制元数据的变化；支持数据设计专业人员的工作；协调数据使用，增加数据的共享程度。

2)资源目录体系

资源目录体系是指记录资源结构和资源属性的数据体系。资源目录体系包括两部分内容：资源结构和资源属性。资源的属性实际上是元数据的属性。数据中心资源目录体系如图 2-8 所示，如图 2-9 所示为某市的数据中心资源目录体系示例。资源目录体系的属性确定，参照表 2-3。

资源目录体系的属性设置　　表 2-3

属性名称	属性描述
数据的类别	标识数据的分类
数据的来源	标识数据是从哪里来的
数据主控部门	标识该数据最原始的出处是哪个部门，该数据是由哪个部门来生成、修改、删除、管理和维护，就是该数据的控制权在哪个下属单位或部门
数据使用部门	标识该数据可以被哪些单位或业务系统使用
数据使用者	标识该数据只能被某些个人使用，而其他人不能使用
数据共享程度	标识共享数据的对外公开程度，按照共享程度由高到低，定义了五类共享数据：公共数据为 1 级共享，政务网数据为 3 级共享，专题数据为 5 级共享，自有数据为 7 级共享，系统数据为 9 级共享，并且以它们为参照，定义了 1 ~ 9 个共享级别。数据共享级定义保证了对数据的公开程度的管理。2、4、6、8 四个共享级别供扩展用
数据共享权限	标识数据是只读权限还是可写权限。数据的主控部门具有对数据的创建、修改及删除的可写权限，数据使用部门只有对数据的只读权限
数据密级	标识该数据是否加密以及加密方式
数据项属性	标识数据库中数据表的字段名和本身的属性，包括类型、长度、主键、外键、是否为空、缺省值等

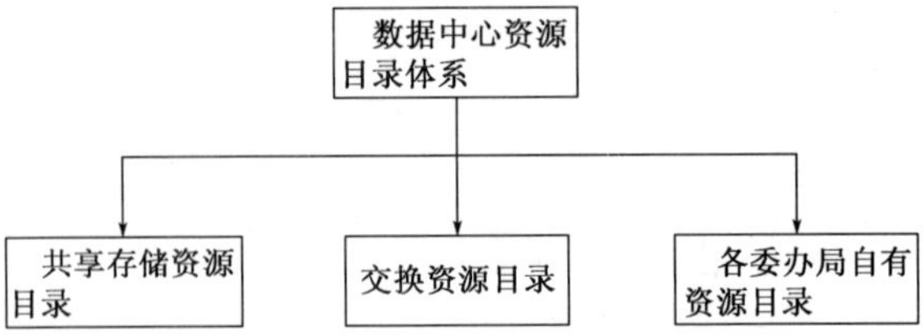

图 2-8　电子政务中数据中心资源目录体系

3）数据仓库

数据仓库是面向主题的（Subject Oriented）、集成的（Integrate）、不同时间的（Time Variant）、非易失性（Non-Volatile）的以支持管理决策处理的数据集成。数据仓库的主要特点体现在：面向主题；集成；相对稳定；反映历史变化。数据仓库一般建设架构如图 2-10 所示。

4）系统集成

集成模型主要有如下三种：界面集成、数据集成、功能集成。

（1）界面集成

界面集成模型是集成最简单的方式之一。在这种模型中，一般使用软件用户界面来实现对多种软件的集成。典型情况下，集成的结果是形成一个新的、统一的显示界面。新的界面看起来好像是单一应用程序，但实际上却可能调用几个遗留应用程序。集成逻辑将现有的显示界面作为集成点来指导用户进行互动操作，并在操作与相应软件之间进行通信，然后再把不同的软件部件产生的结果综合起来。界面集成如图 2-11 所示。

（2）数据集成

数据集成模型的基本思想是对各种软件组件的数据存取进行集成。这样，用户在存取数据时就可以绕过相应的应用软件，而直接获取该软件所创建并存储的相应信息。数据集成模型通过直接访问软件所创建、维护并存储的相应信息来实现软件集成，这样做通常是为了在应用软件之间实现数据的重用和同步。如图 2-12 所示。

（3）功能集成

功能集成模型在代码级上实现软件集成，这可能在对象或过程级别上实现。如果软件使用应用编程接口（API），那么也可以用 API 来实现集成。用功能集成模型来实现软件集成的目的在于从其他新的或现有的软件中调用现有功能，这种集成可以通过软件接口来实现。功能集成模型如图 2-13 所示。

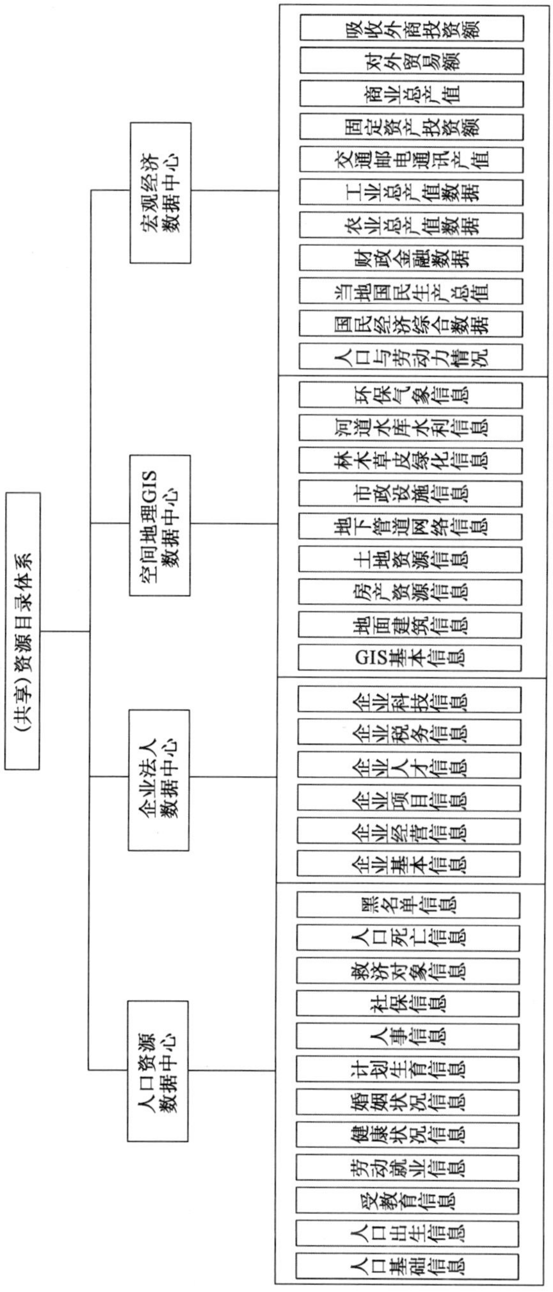

图2-9　某市数据资源目录体系示例

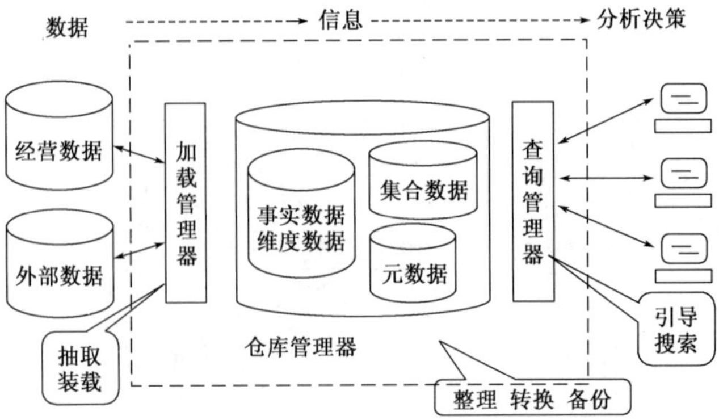

图 2-10　数据仓库一般建设架构

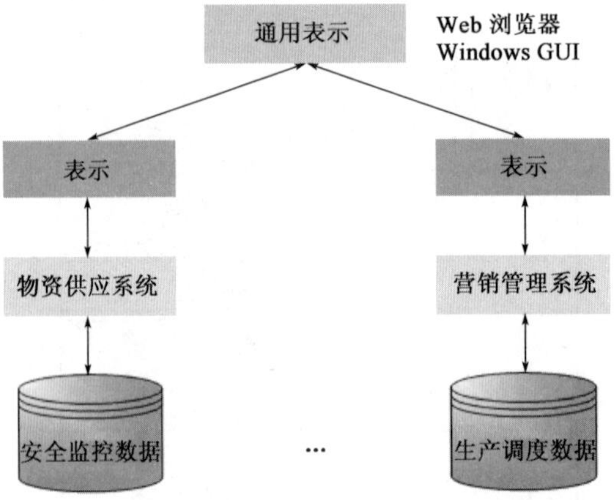

图 2-11　界面集成模型

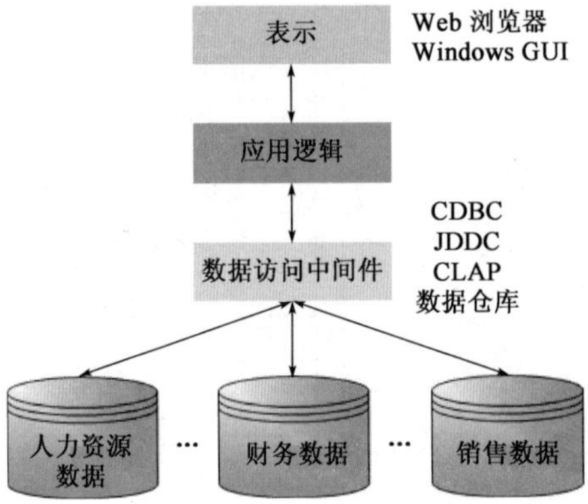

图 2-12　数据集成模型

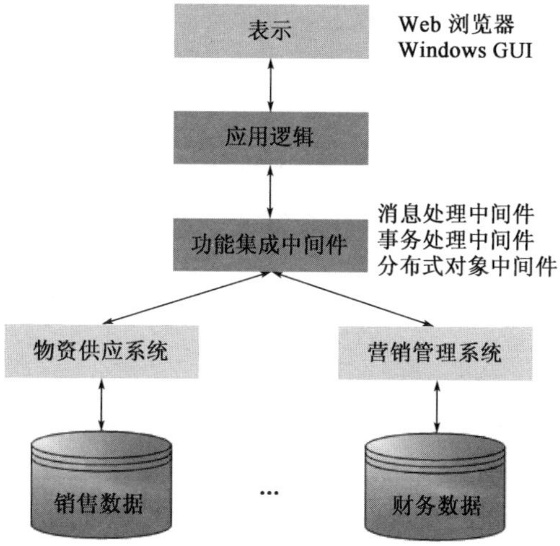

图 2-13　功能集成模型

5) 数据交换平台

各数据交换方需部署前置交换系统，通过桥接系统将信息提取至交换信息库，再由前置交换系统上传到 EDI 平台。EDI 平台与交换方的前置交换系统协同工作，处理信息的跨地区、跨系统、跨网络的传输，保证信息传输。EDI 平台由信息交换传输总线、部门前置系统、中心前置系统、中心监控与管理、桥接系统和交换网络连接到一起构成。如图 2-14 所示为某物流园区的整体数据交换平台。

2.6.3　信息资源中的数据库建设

1) 数据中心中的数据库分类

数据中心中的数据库分类主要分为基础数据库和业务数据库两个部分。

基础数据库类应包括基础支撑数据库和基础数据库。基础数据库是国家统一建设的战略性基础数据库。业务数据库类可以包括共享业务数据库和决策支持数据库。数据中心的各类数据库的相互关联如图 2-15 所示。

2) 基础支撑数据库的概念

基础支撑数据库是指负责对核心数据库进行描述，实现对数据的管理和控制、配置的数据库。基础支撑数据库可以进行如下分类：

(1) 元数据库：对数据中心的资源目录体系进行描述。

(2) 代码数据库：描述各数据项，并给出数据项代码的意义和取值范围。

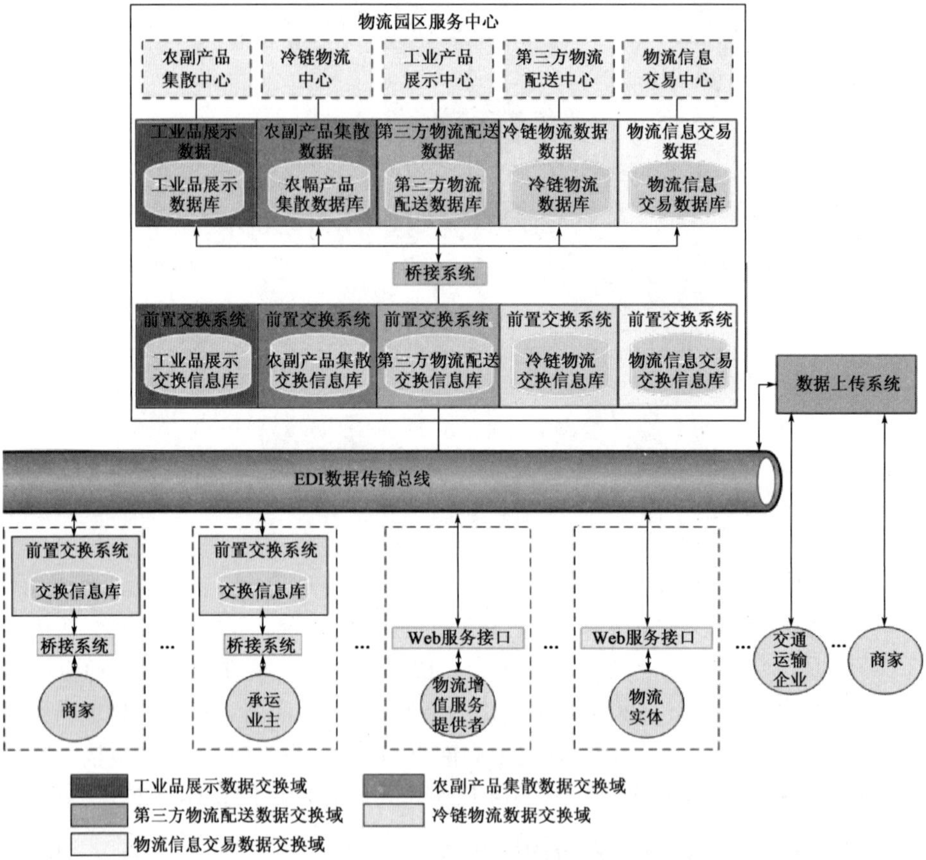

图 2-14　物流园区数据交换平台

(3)业务规则数据库:对核心数据库的各个数据项的具体业务规则和数据转换规则进行描述。

(4)标准规范数据库:对数据的存储、提取等进行标准规范的制定和使用。

2.6.4　信息资源中的数据交换中心建设

要设计一个数据交换中心,要考虑三个方面:信息的统一表示、完整的消息服务能力及功能完备的信息交换平台的体系结构。

1)信息统一标准

应用系统开发时要遵循五个方面的信息标准,分别是:元语言标准,信息编码标准,元数据标准,显示标准,解析、转换和封装标准。

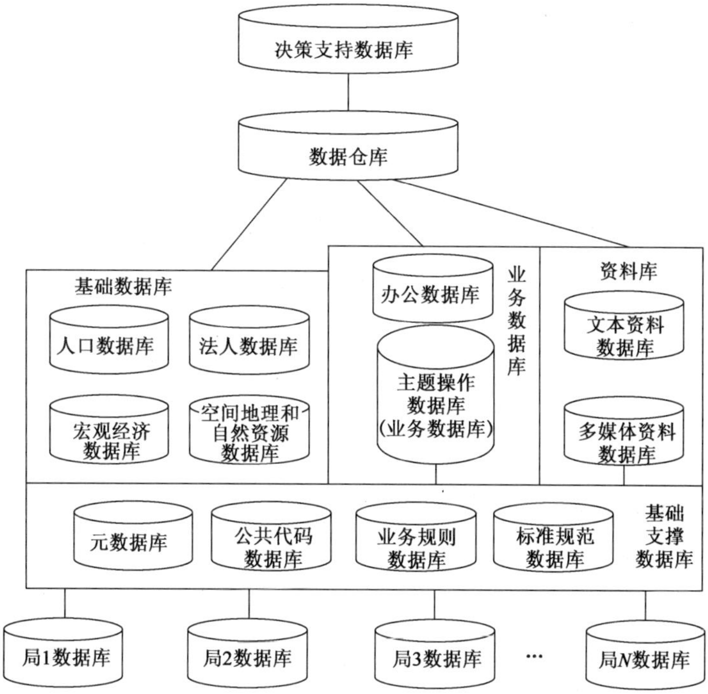

图 2-15　数据中心的各类数据库的相互关联

2) 完整的消息服务能力

好的信息服务机制,应解决以下问题:信息的统一封装;信息统一编址;支持一套统一的地址编码体系;信息的可靠传输;路由管理;传输的效率;可管理性。

3) 功能完备的信息交换平台

根据环境的不同,实现信息的交换有三种方式:

(1)具有相同数据库管理系统的分布式系统的数据交换。

(2)利用已有的消息中间件服务器来实现。

(3)通用数据交换器的结构。

2.7　应用支撑平台规划

应用支撑层实现数据中心与各信息系统间有机结合,并为硬件系统的运行提供软件支撑环境,通常情况下是数据中心数据共享交换平台的设计和规划。

使用者通过信息资源目录对数据信息资源进行目录查询，利用数据交换共享平台实现数据的自动提取与转换，为不同数据库、不同数据格式之间进行数据交换提供支撑，实现跨区域、跨业务的数据交换与共享，而以上功能的实现都要建立在软件应用支撑平台的基础上。

2.7.1 数据共享交换平台总体框架

数据共享交换平台的总体框架结构一般如图2-16所示，具体包括的主要内容如下：

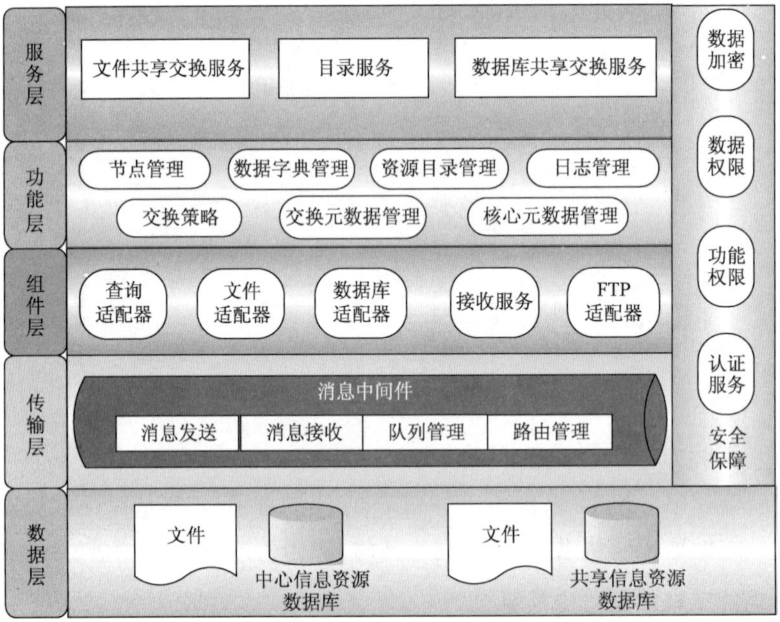

图2-16 数据共享交换平台的总体框架结构图

(1)服务层：是以Web服务等形式对功能层各项功能进行组合，封闭后提供的服务接口。

(2)功能层：是指数据共享交换平台的核心功能，主要包括核心元数据管理、交换元数据管理、节点管理、日志管理、资源目录管理、交换策略管理等。

(3)组件层：是支撑数据共享交换平台核心功能实现的各类可重用基础组件，包括文件适配器、数据库适配器、数据传输组件、数据转换组件等。

(4)传输层：保证数据交换的准确和安全。采用成熟商业消息中间件。

(5)数据层：是数据共享交换平台要交换共享的数据，包括文件和数据库。

2.7.2　数据交换共享平台建设内容

1）目录服务

能够提供统一的目录服务，为各部门实现可对外共享资源目录的注册、更新和管理提供服务，能够通过查询，让用户知道自己想要的信息资源在哪里，由哪个部门提供，从而解决有什么、在哪里、谁提供等问题。

按照《政务信息资源目录体系》和《政务信息资源交换体系》国家标准，政务信息资源共享交换体系包括信息资源目录体系与信息资源交换体系两部分，通过目录体系可以实现对信息资源的有序化组织管理，各部门可以了解和掌握信息资源的基本概况，发现和定位所需要的信息资源，通过交换体系可以获取到所需要的信息资源，两部分互相协作，从而实现信息资源的共享和交换。

政务信息资源目录体系是按照统一的标准规范，对分散在各级政务部门的政务信息资源进行整合和组织，形成逻辑上集中、物理上分散、可以统一管理和服务的政务信息资源目录，为使用者提供统一的政务信息资源发现和定位服务，实现政务部门间信息资源共享和信息服务的政务信息资源管理体系。

2）交换体系

交换体系主要包括前置机和交换服务两个部分，实现部门之间的数据交换。

前置机主要负责数据的采集和标准转换工作。为了适应不同部门的业务情况，数据采集可以用三种方式：一是前置数据库方式，即由资源提供单位开发接口，将需要共享的数据统一转存在前置机上，为平台提供服务；二是虚拟数据库方式，即在资源提供单位的业务数据库上建立所需的数据表，前置机方位虚拟取得信息；三是适配器方式，资源提供单位业务数据封装，直接为平台服务。

交换服务负责数据交换管理及用户认证、授权管理、访问日志、安全审计等工作。各部门通过交换服务访问所需的共享信息资源。数据使用有两种方式：一是共享服务系统方式，即不修改原有的应用，建立独立的资源访问界面提供用户使用；二是数据集成，即通过改造应用系统，直接将平台提供的信息资源集成到应用系统中使用。通过日志和审核系统，资源提供者可以及时掌握本部门数据流向、数据访问量等信息。

3）数据存储中心

目前，数据存储中心主要有三种建设模式：

（1）数据大集中方式，就是将全市各委办局的数据库全部集中存储管理。

(2)全分散方式,就是只有建设一个交换平台,数据全部分散在部门,交换中心不存储任何数据。

(3)采用集中+分布的方式,分散建设,适度集中。

2.7.3 数据交换共享平台关键技术

1)基于SOA架构

面向服务的体系架构(Service Oriented Architecture,SOA),它提供了一种构建IT组织的标准和方法,并通过建立可组合、可重用的服务体系来减少IT业务冗余并加快项目开发的进程。SOA允许一个企业高效地平衡现有的资源和财产,这种体系能够使得IT部门效率更高、开发周期更短、项目分发更快,在帮助IT技术和业务整合方面有着深远的意义。

企业服务总线(Enterprise Service Bus,ESB),是面向服务架构的骨干,在完成服务的接入、服务间的通信和交互基础上,还提供安全性、可靠性、高性能的服务能力保障。采用SOA架构,基于ESB总线进行企业应用集成,应用系统之间的交互通过总线进行,这样可以降低应用系统、各个组件及相关技术的耦合度,消除应用系统点对点集成瓶颈,降低集成开发难度,提高复用,增进系统开发和运行效率,便于业务系统灵活重构,快速适应业务及流程变化需要。

基于SOA架构的应用集成开发方法,与传统的软件开发方法略有不同,角色分工更加明确。就整个项目开发周期来讲,首先由业务分析员进行业务及流程定义,然后由架构师和设计人员利用SOA方法将业务和复杂系统进行分割,抽象出对应的业务服务及流程服务;再由开发人员使用不同的开发技术,基于选定的SOA基础架构,进行组件和服务的开发实现、服务的组装与合成,并打包部署和运行调试;最后移交管理人员对服务和业务流程的运行系统进行监控和管理,SOA系统运行中,还可能会涉及操作人员参与业务流程的处理和使用。

2)Web Service技术

从表面上看,Web Service就是一个应用程序,它向外界暴露出一个能够通过Web进行调用的API。这就是说,你能够用编程的方法通过Web调用来实现某个功能的应用程序。例如,创建一个Web Service,它的作用是查询某公司某员工的基本信息。它接收该员工的编号作为查询字符串,返回该员工的具体信息。你可以在浏览器的地址栏中直接输入HTTP GET请求来调用罗列该员工基本信息的ASP页面,这就可以算作是体验Web Service了。

从深层次上看,Web Service是一种新的Web应用程序分支,它们是自包含、自描述、模块化的应用,可以在网络(通常为 Web)中被描述、发布、查找以及通过 Web 来调用。

Web Service 便是基于网络的、分布式的模块化组件,它执行特定的任务,遵守具体的技术规范,这些规范使得 Web Service 能与其他兼容的组件进行互操作。它可以使用标准的互联网协议,像超文本传输协议 HTTP 和 XML,将功能体现在互联网和企业内部网上。Web Service 平台是一套标准,它定义了应用程序如何在 Web 上实现互操作性,可以用任何语言在任何平台上写 Web Service。

Web Service 平台需要一套协议来实现分布式应用程序的创建。任何平台都有它的数据表示方法和类型系统。要实现互操作性,Web Service 平台必须提供一套标准的类型系统,用于沟通不同平台、编程语言和组件模型中的不同类型系统。

3)XML 和 XSD

可扩展的标记语言 XML 是 Web Service 平台中表示数据的基本格式。除了易于建立和易于分析外,XML 主要的优点在于它既与平台无关,又与厂商无关。XML 是由万维网协会(W3C)创建、W3C 制定的 XML SchemaXSD 定义了一套标准的数据类型,并给出了一种语言来扩展这套数据类型。

Web Service 平台是用 XSD 来作为数据类型系统的。当你用某种语言如 java 来构造一个 Web Service 时,为了符合 Web Service 标准,所有你使用的数据类型都必须被转换为 XSD 类型。如想让它在不同平台和不同软件的不同组织间传递,还需要用某种东西将它包装起来,这种东西就是一种协议,如 SOAP。

4)SOAP

SOAP 即简单对象访问协议(Simple Object Access Protocol,SOAP),它是用于交换 XML 编码信息的轻量级协议。它包括三个主要方面:XML-envelope 为描述信息内容和如何处理内容定义了框架,将程序对象编码成为 XML 对象的规则,执行远程过程调用(RPC)的约定。SOAP 可以运行在任何其他传输协议上,如可以使用 SMTP,即因特网电子邮件协议来传递 SOAP 消息。在传输层之间的头是不同的,但 XML 有效负载保持相同。

Web Service 希望实现不同的系统之间能够用“软件—软件对话”的方式相互调用,打破了软件应用、网站和各种设备之间的格格不入的状态,实现“基于 Web 无缝集成”的目标。

5)WSDL

WSDL(Web Service,描述语言)就是用机器能阅读的方式提供的一个正式描述文档而基于 XML 的语言,用于描述 Web Service 及其函数、参数和返回值。因为是基于 XML 的,所以 WSDL 既是机器可阅读的,又是人可阅读的。

6)UDDI

UDDI 的目的是为电子商务建立标准;UDDI 是一套基于 Web 的、分布式的、为 Web Service 提供的、信息注册中心的实现标准规范,同时也包含一组使企业能将自身提供的 Web Service 注册,以使别的企业能够发现的访问协议的实现标准。

7)WS-Security 技术

WS-Security 定义了一个用于携带安全性相关数据的 SOAP 标头元素。如果使用 XML 签名,标头可以包含由 XML 签名定义的信息,其中包括消息的签名方法、使用的密钥以及得出的签名值。同样,如果消息中的某个元素被加密,则 WS-Security 标头中还可以包含加密信息(例如由 XML 加密定义的加密信息)。WS-Security 并不指定签名或加密的格式,而是指定如何在 SOAP 消息中嵌入由其他规范定义的安全性信息。WS-Security 主要是一个用于基于 XML 的安全性元数据容器的规范。

2.8 应用系统规划

2.8.1 数据中心应用系统建设主要内容

1)搭建数据交换平台

建设 ETL 应用,实现 ODS 到数据仓库、数据仓库到数据集市的数据抽取、清晰、转换与加载。

2)开发决策分析应用

通过报表、即席查询、多维分析、数据挖掘等多种分析技术与工具,为各级管理人员提供多角度、深层次的数据分析及前端展现,辅助经营策略和管理方针的决策。

2.8.2 数据交换平台

数据交换平台是数据中心数据域其他应用系统沟通的桥梁,是进行数据交换的基站。数据交换平台负责从各个业务系统采集数据，对数据进行清洗与整合，按照数据中心建设标准规范数据，形成核心数据库，并提供给其他应用系统使用。

数据交换平台功能由支撑功能与应用功能两部分组成。支撑功能是数据交换平台的基础，包括数据采集、元数据管理、数据交换服务总线、平台监控以及安全管理功能；应用功能是指与具体业务系统相关的功能，应用功能利用数据交换平台的数据交换服务总线，以数据交换服务的形式为各业务系统提供数据共享服务。

2.8.3　决策分析应用

数据应用分析系统是挖掘数据中心数据价值的利器，只有通过挖掘后的数据才能为用户提供有效的决策支持。系统基于SOA的架构，在能够满足业务性能要求的前提下，应用层有限考虑将决策分析功能封装为服务，提供给其他使用者调用。

1）预定义报表

预定义主要指的是数据中心系统中所使用的固定报表。预定义报表系统从数据集市获取所需数据，对获取的源数据进行处理，生成报表的各项指标，并集成到信息门户当中，用户可以从Web页面直接调用，查看报表。

2）即席查询

即席查询是指用户使用特定客户端连接到数据集市，针对关心的指标进行查询，然后根据查询的结果，随时调整查询方法。使用即席查询，用户可以按照变化的查询要求及时查询出在不同约束条件下自己所关心的特定指标，实现在维度和指标方面更为灵活、更为开放的自由组合查询。

3）数据挖掘

数据挖掘又称为数据库的知识发现，是指从存放在数据库、数据仓库或其他信息库中的大量数据中挖掘出有趣知识的过程。数据挖掘提供丰富的数据挖掘模型和灵活算法，挖掘结果能够转化为主流格式的图表，并可继承在其他的应用中。目前出现的数据挖掘系统主要包括集中式和分布式的数据挖掘系统，而每种系统的具体结构及其各个组成部分也有多种不同的实现技术和实现方式。

4）多维分析

多维分析系统通过OLEDB、ADO以及ODBC等数据接口访问数据仓库中的数据,OLAP负责实现多维数据分析,数据集市负责提取数据仓库中的隐含知识和对OLAP结果进行深层次的分析处理。多维分析支持数据的多维概念视图,支持多个维度层次,能通过切片、切块、旋转、上钻、下钻等技术,提供丰富的统计、分析等功能。

5)数据展现

数据展现在数据中心应用系统中主要是利用第三方工具进行数据展现,展现工具要支持多维数据库,同时还要有很丰富的图表案例,使得展现出来的数据不至于太空洞,使图像更加生动,同时使得展现出来的数据更加真实。

2.9 安全系统规划

2.9.1 设计目标

所谓的安全体系是指在此体系框架下,系统能够使正确的用户在正确的时间访问到正确的数据,主要包括用户安全和数据安全两部分。数据中心安全体系的设计目标是要保证系统的机密性、完整性及可用性。

具体描述如下:

(1)机密性(Confidentiality):保护信息,防止未经授权的访问。

(2)完整性(Integrity):保护信息不会被有意或无意地修改和破坏。

(3)可用性(Availability):确保系统性能与可靠性,保证授权用户在需要的时候可以访问到信息和相关的资产。

2.9.2 安全体系总体架构

数据中心系统的信息安全建设包括三个方面——安全策略、安全技术及安全管理。

(1)安全策略:包括各种策略、法律法规、规章制度、技术标准、管理标准等,是信息安全的最核心问题,是整个信息安全建设的依据。

(2)安全技术:包含工具、产品和服务等,是实现信息安全的有力保证。

(3)安全管理:主要是人员、组织及流程的管理,是实现信息安全的落实手段。

根据上述三个方面,安全解决方案不仅包含各种安全产品和技术,而是要建立一个策略、技术及管理三位一体、目标一致的信息安全体系。

信息安全体系的建立，可以对数据中心系统中的所有信息资产进行安全管理并从安全技术层面进行保护，通过多层次、多角度的安全服务和产品，覆盖从物理环境、网络层、系统层、数据库层、应用层和组织管理信息安全的所有方面。

2.9.3　安全体系框架模型

通用的数据中心安全体系框架模型如图2-17所示。

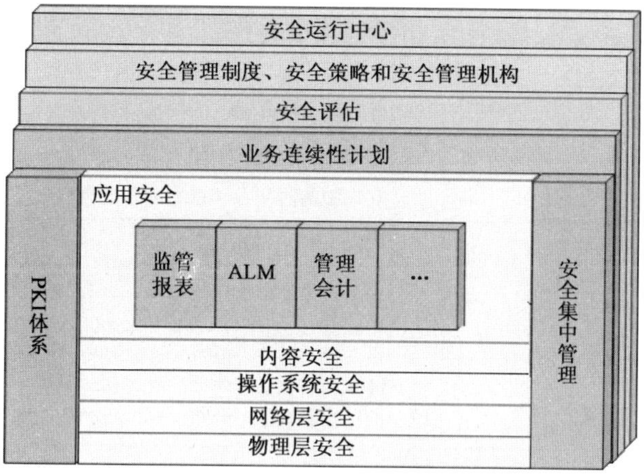

图2-17　安全体系框架模型图

建设安全管理框架，包括安全管理机构、安全管理规定和制度，制定安全策略；建立安全运行中心，对全网进行全面管理、分析和故障支持响应；进行全网安全评估，建立内部评估规范，形成安全评估体系；有针对性地制定业务连续性计划策略，建设数据备份中心和灾难恢复中心；建立覆盖全网的安全技术体系，包括物理层安全、网络层安全、操作系统安全、应用安全、内容安全。整个体系框架的构成如表2-4所示。

整个数据中心安全体系框架的构成　　表2-4

安全管理框架		
1	安全管理制度和安全策略	制定一系列安全策略和规范，指导安全建设，保障安全规范的执行
2	安全管理机构	必须有专业安全人员，关注安全建设，将各相关部门的人结合在一起，形成完整的安全管理机构
3	安全评估	在外部专家帮助下，建立安全的风险评估体系，定期对系统进行安全评估
4	业务连续性计划	考虑事故、灾害对业务可用性的冲击和影响，选择投资和容灾的最佳结合点

续上表

安全管理框架		
5	安全运行中心	建立专门的安全运行中心专注安全状况，收集资料并提供决策支持
安全技术框架		
6	物理层安全	保证设备放置环境、电源、物理访问控制均符合统一规范
7	网络层安全	提供网络访问控制和入侵检测，在系统边界和核心全面实施保护
8	操作系统安全	通过对安全操作系统的选择、扫描和加固保证基本的主机操作系统安全
9	内容安全	建立集中的防病毒体系和完善的内容过滤机制
10	应用安全	通用应用和应用开发的安全
11	PKI	公用密钥体系提供了完整的认证和加密机制，可以嵌入各个应用系统，保证机密性、完整性和不可抵赖性
12	安全集中管理	对分布在全网各处的安全子系统通过统一的管理界面，实施统一的监控和日志、事件的收集和分析

2.9.4 用户安全策略

为了适应大量用户使用多种数据集市应用、满足复杂的权限控制的需求，数据中心需要建立全网统一的身份认证、管理手段及访问控制系统。统一身份认证、管理及访问控制涉及数据中心所有数据集市应用和用户，涉及面相当大，不建议在数据中心系统中实施，而是将来通过与UAAP集成来实现。但从安全角度来看，数据中心需要在此方面提前进行规划。

在传统的应用中，用户身份信息一般都放置在本地目录或数据库中（即“身份岛”），而这些目录或数据库都只是被单独应用程序所使用，由此产生了大量孤立、分散的身份和访问管理系统，从而带来了繁重的管理负担和高昂的成本。在数据中心系统中随着数据集市的增加，管理和维护多个身份库及其相关访问权限的成本将会增加，而确保数据中心系统被安全访问的能力却会下降。如图2-18所示。

为此，在数据中心系统中需要有统一的身份认证、管理及访问控制系统。其中，身份认证子系统支持包括动态口令和证书等多种认证手段的统一的身份认证服务，正确地识别访问操作的主体的身份，提供合适身份信息；身份管理子系统管理用户的身份信息，提供自动的基于工作流管理的用户身份信息更新和同步，实现用户的自服务功能和分级用户管理功能；访问控制子系统定义访问控制的规则，通过策略服务器进行统一的规则定义管理和实时的执行引擎。

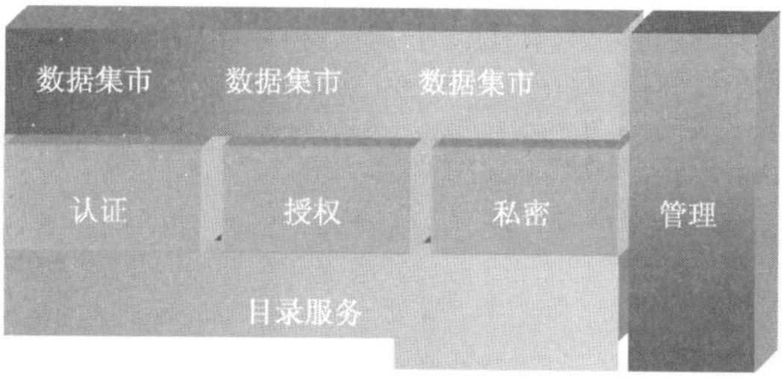

图 2-18　统一身份管理框架图

2.9.5　操作系统安全

在操作系统的级别，无论是 Windows 操作系统，还是 MP-RAS for MPP，都有着严密的系统安全认证与用户权限管理体系，并具备登录、审核及资源访问的审计与跟踪。各操作系统的用户必须有统一的管理和授权机制。此外，操作系统的安全还可通过一定的辅助性措施和管理措施来保证：

(1)完善的病毒防范措施，采用统一的病毒防范体系，在 PC 服务器上安装。

(2)在所有服务器上不安装拨号上网设备、不装刻录光盘设备。

(3)不安装与数据处理无关的软件。

(4)关闭服务器上所有未使用的、不需要的服务，这些服务需要满足以下条件：

①对操作系统不是必要的。

②服务器上所有应用未使用到的。

③对系统资源占用较高(如 CPU、I/O、内存、网络等)。

④易受病毒攻击的服务等。

通过数据仓库监控工具，可以对数据仓库的 MPP 主机群以及各应用服务器的操作系统运行状况和资源的使用情况进行实时的监控，以及时捕获各平台操作系统的异常。

2.9.6　网络结构安全

网络安全的内容包括例如子网、防火墙和操作系统锁定等物理组件。网络环境被划分为三个区域，区域内部的服务器之间或跨区域的服务器之间的访问都需要通过企业级防火墙,只允许指定的 IP 通过指定的端口访问。

1)集成区

该区域不直接对外提供服务,只有超级用户或系统管理员才能从管理区访问本区域。集成区分为 Web、AP、DB 三层,其中数据仓库服务器在 DB 层,只有内网区指定的应用服务器和本区 AP 层的 ETL 服务器可以直接访问数据仓库服务器,外部用户只能通过内网区指定服务器访问;ETL 服务器在 AP 层,外部用户禁止访问 ETL 服务器,ETL 服务器可以同时访问 UDI 服务器和数据仓库服务器,从而实现数据加载。

2)内网区

该区域通过路由器和防火墙等设备对外提供有控制的对数据仓库数据的访问,同时超级用户或系统管理员也可以从管理区访问本区域。内网区划分为 Web、AP、DB 三层,其中,数据中心系统的 Web 服务器位于 Web 层,这一层是最终用户访问的第一层;AP 层部署了应用服务器,最终用户对数据仓库服务器的访问通过这一层完成。

3)管理区

该区域是管理区域,需要在此区域部署数据库、ETL、应用服务器的管理终端,根据 SRF 规范项目组成员禁止通过 FTP 上传任何文件到集成区或内网区服务器,程序发布或版本更新统一由生产环境的运行维护人员通过指定终端上传到指定目录。

2.9.7 入侵检测

由于防火墙等安全控制系统都属于静态防护安全体系,但对于一些允许通过防火墙的访问而导致的攻击行为、内部网的攻击行业,防火墙是无能为力的。因此,还必须配备入侵检测系统,该系统可以安装在局域网络的共享网络设备上,它的功能是实时分析进出网络数据流,对网络违规事件进行跟踪、实时报警、阻断连接并做日志。它既可以对付内部人员的攻击,也可以对付来自外部网络的攻击行为。

2.9.8 漏洞扫描

黑客(包括内部和外部)攻击成功的案例中,大多数都是利用网络或系统存在的安全漏洞实现攻击的。网络安全性扫描分析系统通过实践性的方法扫描分析网络系统,检查报告系统存在的弱点和漏洞,建议补救措施和安全策略,根据扫描结果配置或修改网络系统,达到增强网络安全性的目的。操作系统安全扫描系统是从操作系统的角度,以管理员的身份对独立的系统主机的安全性进行评估分析,找出用户系统配置、用户配置的安全弱点,建议补救措施。

2.9.9 病毒防护

病毒侵害小的引起死机降低工作效率影响客户满意度、大的可能引起系统瘫痪(彻底摧毁数据)。病毒的防护必须通过防病毒系统来实现,数据中心系统中业务网络操作系统一般都采用 UNIX 操作系统,而办公网络都为 Windows 系统。为防范病毒的入侵,应该根据具体的系统类型,配置相应的、最新的防病毒系统。从单机到网络实现全网的病毒安全防护体系,病毒无论从外部网络还是从内部网络中的某台主机进入网络系统,通过防病毒软件的实时检测功能,将会把病毒扼杀在发起处,防止病毒的扩散。

2.10 容灾备份规划

一个典型的数据中心灾备系统由灾备中心基础环境设施、网络通信系统、数据备份系统、灾难恢复计划等组成。

2.10.1 灾备中心基础环境设施

灾难备份中心是保证灾难恢复任务的关键性资源,灾难备份中心的位置、环境的选择应充分满足灾难备份中心功能定位的要求。一般来说,建设独立的灾难备份中心的投资较大,应尽量考虑资源共享使用,降低投资成本。

灾难备份中心选址:灾难备份中心地理位置是一个重要的选择参数。灾难备份中心地理位置的选择应当满足灾难恢复计划或业务连续性计划的要求。任何地点都可能发生灾害,选址目标不是任何灾害都不会发生的地方,而是选择一个不太可能和主数据中心同时受到灾难袭击的地方,避免因同一灾难同时殃及两个中心。

灾难备份中心的基础设施:在确保灾备中心与数据中心技术架构基本一致的前提下,明确所需要的设备类型和数量,以及机房配电、空调、地板承重及布线的具体要求等基础环境信息,为选择具体的灾备中心基础环境提供参考。而建设灾难备份机房必须符合国家对机房建设的各种标准和规范,主要如下所示:

(1)《数据中心设计规范》(GB 50174—2017)。

(2)《数据中心基础设施施工及验收规范》(GB 50462—2015)。

(3)《计算机场地通用规范》(GB/T 2887—2011)。

(4)《计算机站场地安全要求》(GB/T 9361—2011)。

(5)《信息技术-用户建筑群的通用布缆》(GB/T 18233—2000)。

(6)《建筑设计防火规范》(GB 50016—2014)。

(7)《信息技术设备的安全》(GB 4943—2011)。

(8)《计算机信息系统雷电电磁波脉冲安全防范规范》(GA 267—2000)。

灾难备份场所要满足避免灾难同时发生的条件,在灾难备份现场的建设时要注意场地的条件,特别是通信条件、电力供应和生活保障条件等。所在环境能够支持必要的灾难恢复时的后勤保障,如交通、安全、饮食和住宿等。

灾难恢复现场能够容纳所有必要的设备和办公需要。灾难备份中心的基础设施包括工作设施、辅助设施及生活设施三个部分。一般而言,当运营转换到恢复站点时,就不会有其他恢复站点,在恢复到正常运行之前,工作只能在恢复站点进行。因此恢复站点将是一个半永久的工作站点,恢复站点的建筑物不应是临时建筑,应该有相应的人员服务设施。

恢复站点必要的公用设施应包括电力、水和电信设施。恢复站点的电力系统不仅要和生产站点分开,必要时还要配备临时发电设施,如柴油发电机和柴油。水是人们生活必不可少的,虽然数据中心很少用水来灭火,但水是一个站点可以工作的必要条件。电信系统和网络系统对信息系统的运营至关重要,恢复站点应当有必要的通信设施和足够的网络带宽。

灾难备份机房是灾难恢复系统存在的场所,灾难备份机房要有足够的空间来安装灾难恢复系统的各种设备,同时也要考虑在灾难发生时工作人员的操作,灾难备份机房建设也要考虑机房的物理安全、电力供应、防灾防火、场地监控等条件。

2.10.2 网络通信系统

网络环境也是灾难恢复系统重要的基础设施。在异地备份的环境中,灾难恢复系统往往形成一个独立的系统,称为灾难备份中心或容灾中心,灾难恢复系统的建设包括灾难备份中心的网络建设。灾难恢复系统的网络应能满足灾难备份中心自身运行的需要,更要保证灾难备份中心与数据中心的良好通信条件。

进行灾难恢复系统网络建设时应当尽可能地考虑网络系统自身的安全,在财力允许的范围内采用高可用的网络设计方案。进行灾难恢复系统网络建设时应考虑以下原则：

(1)保证灾难备份系统与工作系统有良好的通信。保障灾难备份系统得到实时的数据备份。

(2)保证灾难备份中心与数据中心的应用系统及用户具有良好的通信条件，保证在备份系统取代工作系统后，用户可以使用灾难备份系统进行正常的业务，达到备份系统可用的目的。

(3)灾难备份中心的网络系统应与数据中心的网络系统兼容，提供良好的互联性。由于设备兼容，灾难备份中心的网络设备与数据中心的网络设备可互为备份。灾难备份中心可以利用原有设备，降低灾难备份中心的网络建设成本，网络系统兼容也可以降低网络管理人员进行网络管理和维护工作的成本。

(4)灾难备份网络系统尽量采用安全的高可用技术。当灾难备份中心接管数据中心的工作后，灾难备份中心系统就成为数据中心唯一的系统，灾难备份系统自身的安全必须引起重视。

(5)尽量选用经济、使用、成熟的设备和技术，同时兼顾先进性。

一般来说，灾难备份中心与数据中心的地理位置距离较远，需要使用广域网络技术解决通信链路问题。目前，有多种网络互联技术，这些技术具有不同的特性，提供不同的服务水平，可为用户提供多种可供选择的方案，用户可根据自己的需要选择。常用的远距离传输链路技术有 ATM(异步传输模式)、SOH(同步数字层次结构)、DON(数字数据网)、Frame Relay(帧中继)等多种方式。

VPN(虚拟专用网)是一种建立在公用网络基础上的虚拟专用网络，通过隧道技术和加密技术保证数据通道的稳定和数据安全。VPN 是一种安全性较高且建设费用较低的连接方式。VPN 安全隧道既可以用作网间互联，也可以提供远程用户的安全访问，保证用户端的安全接入。由于 VPN 使用公用网络系统比使用专线网络成本低，在建设灾难备份网络系统时是一个不错的选择。

为了增加网络的安全性，应当考虑必要的设备冗余，避免断点故障。一般来说，提高传距离或增加冗余必然会增加成本，但也增加了信息服务的可用性，这样做往往是值得的。

网络管理是保障网络安全的有效手段，随着互联网的发展，网络攻击事件成为网络安全的杀手。在正常服务期间或服务中断时，网络和系统的安全都是非常重要的。建设性能强大的网络综合管理系统是防御网络攻击的重要手段。

目前，能够支持高带宽的用于远程访问的无线网技术正在兴起，无线技术已经具有用于广域通信的潜力。在组建网络或备份网络时应当予以重视。

2.10.3 介质存放管理

随着信息化程度的加深,信息系统运行时间的推移,在数据中心存储系统中需要保存的数据存储介质变得越来越多,对这些存储介质必须妥善保管,需要专门的介质存放库。

介质存放库的重要功能是保障介质的安全。介质的存放地要有好的防磁防火条件,保证介质数据的安全。介质存放现场要清洁卫生,防止由于灰尘、虫害等对介质造成损坏,现场要符合介质保护的温度、湿度等条件,对介质定期做防霉、防粘等维护工作,防止介质的损坏,必要时进行介质的重新复制。

介质保管要有相应的保管制度,介质存放现场要设置门禁和监控、防盗系统。介质的使用要登记记录,防止丢失和管理混乱。

介质存放库要便于介质的保护,也要便于介质的查找。介质的保护要有专门的负责人员,使用数据库系统对介质进行有效的管理。介质入库或出库时要及时记录,保证介质库中介质的完整性。介质存放在架位上,要求按照预先确定的规则存放。介质架位应当可以保存各灾备部门所使用的所有格式磁带、光盘等介质。介质架位最好使用条形码,后台数据库系统对介质存放的架位进行统一的管理,记录介质存放价位和状态。介质管理员可以实时检查架位的存储、空间大小及介质类型及介质容量、存储区域、存放时间等信息。介质的存放情况要便于查询,在任何时间和地点,都可以通过终端进行查询,查询内容包括介质信息存储情况、有效期等,保证灾备恢复的现场实时指挥工作方便、快捷。介质的信息管理要保证在介质的整个生命周期中,从生产、入库保存、调用、归档直到销毁,对每个介质的信息进行追踪管理。

2.11 节能规划

实现数据中心的节能降耗,首先需要确定影响数据中心能耗的基本因素。通过系统化的能耗审计能够提供数据中心能耗的实时概况和模型,明确了解数据中心的总体能耗以及能耗的具体分布状况,同时可以建立基线供未来改造规划之用。

2.11.1 节能规划概述

能耗的审计可以通过手动计量,也可以采用先进的自动化设备获取相关数据。在能耗评价过程中,将主要依据以下三类数据开展工作:

(1)第一类是电量参数,包括系统和独立设备的工作电流、电压和电流波形等。

(2)第二类是空气参数,包括温度、湿度、风速和温升等。

(3)第三类参数,包括水和气的用量等。

数据采集密度越高,精度就越高,审计结果的准确性也越高。为了能够快速准确地进行能耗审计,大中型以上规模的数据中心都装有自动化的数据采集系统和分析系统,可以快速地进行能耗分布情况统计和分析。

通过能耗审计,可以明确知道能源的去向。在能耗较高的方面,能够有针对性地开展节能工作。我们知道,电力消耗是数据中心最主要的消耗,空调制冷等方面的能耗同样是以电力消耗的形式表现出来。

现有的一些研究数据可以让我们比较清楚地看到目前多数数据中心的电能分布情况。虽然这种分布并非理想,却代表了当今的普遍现状。数据中心输入电力分布如图2-19所示。

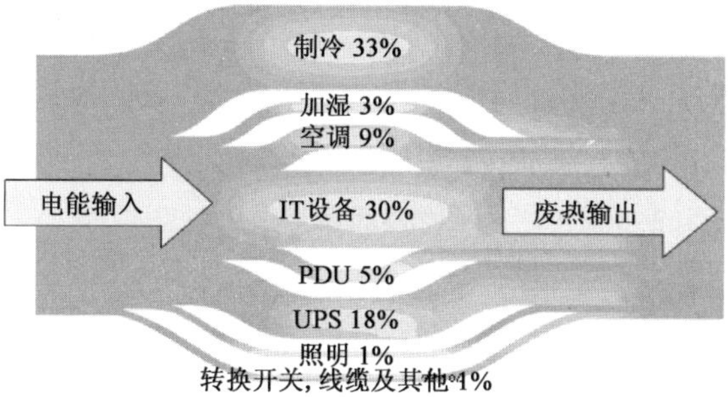

图2-19　数据中心输入电力分布图

从图2-19中可以看出,能耗高是目前数据中心普遍存在的现象。当IT设备系统,包括服务器、存储和网络通信等设备产生的能耗约占数据中心机房总能耗的30%时,电能使用效率(PUE)在3左右。其他各系统的具体能耗分布如下:

(1)制冷系统产生的能耗约占数据中心机房总能耗的33%。

(2)空调送风和回风系统产生的能耗约占数据中心机房总能耗的9%。

(3)加湿系统产生的能耗约占数据中心机房总能耗的3%。

(4)UPS供电系统的能耗约占数据中心机房总能耗的18%。

(5)PDU系统产生的能耗约占数据中心机房总能耗的5%。

(6)照明系统的能耗约占数据中心机房总能耗的1%。

(7)转换开关、线缆及其他系统的能耗约占数据中心机房总能耗的1%。

从数据中心电能的流向来看:一是IT设备,约占30%;二是空气处理设备,约占45%，建筑物围护结构的能量损失会反映在空调系统的能耗上；三是配电传输和转换设备，约占24%；还有1%是用于照明、维修和办公设备等。

在数据中心的建设规划过程中，如果在方案设计和设备选型方面充分重视节能降耗问题，上述电能分配比例将发生较大的变化，在IT设备用电量不变的情况下，其他方面的能耗比例将会有所降低，电力能源的利用率将会有较大的提升。如果提高数据中心后期运维期间的有效管理能力，总体能耗将会进一步降低。

综上所属，应该从数据中心耗能的主要关键点中，制定节能规划的具体步骤和措施，下面通过以下各节的分述进行讨论。

2.11.2 机房布局节能

1)机架列的间距标准

热列间距净空不宜小于1.0m，冷列间距净空不宜小于1.2m，具体数值需根据现场设备发热量、活动地板高度、送风方式、设备运送及维护要求等因素计算确定。

2)机架列长的间距标准

成行排列的机架，当长度超过6m时，两端应设出口通道；当两个出口通道之间的距离超过15m时，在两个出口通道之间还应增加出口通道，中间出口通道的宽度不宜小于1.0m，局部可为0.8m。

3)维护间距标准

(1)为便于设备运输、检修和日常维护，机架与空调机之间的距离不宜小于1.2m，机架列头配电柜与空调机之间的距离不宜小于1.5m。

(2)用于搬运设备的通道净宽不小于1.5m。当需要在机柜侧面维修测试时，机柜与机柜、机柜与墙之间的距离不宜小于1.2m。

2.11.3 设备选型节能

根据实际运行经验统计。数据中心IT设备的耗能基本上占到整个数据中心耗能的1/3以上，而IT设备每节省1W电能，可使配套供电系统、空调系统等整体用电节省2.84W电能，因此采用低能耗设备是重要的机房节能的根本措施。

设备的节能主要是指降低服务器、存储的能耗。真正要解决我们的服务器能耗问题，还要从根本的芯片能耗着手，采用先进的芯片节电的效率是非常可观的。另外，服务器和存储虚拟化及合并系统是 IT 设备节能的重要措施。美国环保署估计，数据中心的总耗电量中 50% 来自服务器和存储系统。眼下的热门趋势就是服务器虚拟化，这种有效策略可以节省空间、电力和冷却资源。与服务器虚拟化一样，存储虚拟化也可提高能效：数量较少、比较庞大的存储系统提供了更多的容量和更高的利用率，因而减少了空间、电力和冷却资源。通过实施存储和服务器虚拟化技术，改用了更加节能的存储模式。如：我们用 10 个最新的存储系统换掉了 50 个较旧的存储系统，因而获得了以下好处：存储机架的占用空间从 25 个机架减少到了 6 个机架，电力需求从 329kW 减少到了 69kW，空调制冷能力方面的需求减少了 94 冷吨，系统供电所需的成本每年减少了 50 万元。

2.11.4　空调设备节能

空调通风设备占中心机房耗电 30% 以上，空调节能成为机房节能的关键，采用高能效比空调设备又是空调系统节能的关键，如图 2-20 所示。

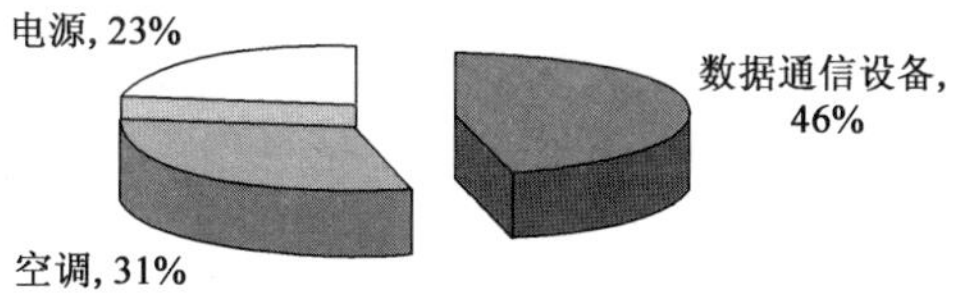

图 2-20　通风设备占决数据中心能耗

不同空调类型的能效比从高到低为：采用冷水机组集中制冷的机房空调能效比高于 5，采用风冷式机房空调能效比为 3 ~ 3.5。采用冷水机组集中制冷的机房空调比风冷式机房空调节能 30%。

2.11.5　机房布线节能

合理的网络结构和机房线缆的布局，优秀理线产品，前瞻性和可靠性理念，对于绿色机房建设十分重要。

机房有两种布线方式：一种是集中配线式，另一种是两级式的线缆管理。集中配线这种方式由一级交换机直接指向服务器，能通过缆线直接到达用户服务器。集中配线这种方式从核心交换机直接通过网线布放到用户服务器表面上增加线缆数量，但在节能环保方面表现突出。

2.12 数据中心运行管理

要确保数据中心安全、可靠、持续、经济、低耗与高效地运行,必须做好运行管理工作。要做好运行管理工作,必须尽快建立高效、规范的运维体系。只有将规范和流程引入混乱的运行环境中,让每个运维技术人员一丝不苟地按规范做,让经常做的事情制度化,让制度化的事情标准化,让标准化的事情规范化,才能构建完善规范的运维体系,提升运维管理水平。在建立健全运维体系的过程中,要不断引入运行管理的新理念、新技术与新方法,实现节能、高效、简化管理的目的,改善系统的运维质量,保证数据中心安全稳定运行。

数据中心的运行管理,实际上指的是对数据中心各系统及运行设备的管理,它包括为业务和分析系统提供数据安全存储、可靠运行支撑的 IT 基础设施(包括运行环境、网络、存储、服务器)和通用软件(操作系统、数据库、中间件)等软、硬件系统的组合平台,还包括与使用该设备的人员进行沟通和交流的过程。它的一个基石就是对用户、软件和系统设备的支持。

本小节将从人员、流程、技术三个方面,分运行管理任务和机构与基本制度、数据资源管理、运行日常管理、基础设施管理、运行管理的新理念与新技术五个部分来介绍如何做好数据中心的运行管理。

2.12.1 管理的目标、任务及内容

1)管理的目标

运行管理的目标就是通过强化与规范运行管理工作,确保数据中心安全稳定运行,为数据中心的 IT 关键设备运营管理和数据信息安全提供可持续的有力保障;为实现企业(机构),信息资源的存储、保护和应用,以及企业(机构)的核心运营提供高可用性的、持续可靠的服务支撑。

2)管理的任务

数据中心进入使用阶段后,这时的主要任务就是对数据中心进行管理和维护,包括对基础设施、业务系统、数据库及业务系统运行状态的监视监测,及时发现与处理问题。

对应用系统的运行进行实时控制,记录其运行状态,进行必要的修改与功能扩充,以便使应用系统真正符合管理决策的需要,为管理决策者服务,使数据中

心真正发挥作用。

3) 管理的内容

高效的数据中心,如果管理不规范,缺乏科学的组织与管理,中心的作用就不能充分发挥,本身也会陷入混乱。管理是多方面的,既包括数据中心日常的规章制度及规章制度的执行程度,还包括对数据中心中各系统运行的可靠管理。运行管理主要关注的有以下几方面内容:

(1)运维管理队伍建设。在数据中心运维过程中,人员因素应该是首要考虑的因素。无论多么先进的设备和技术,如果没有人进行管理是不能很好地发挥作用的。因此数据中心在建设过程就必须考虑队伍建设问题,如果等数据中心从"建设期"转人"维护期"才考虑队伍建设,那就太迟了,不利于提高运行管理效率。

(2)数据中心应配备专责运维人员。划分合理的角色,明确职责。

(3)建立相应的管理维护制度,对管理权限、维护记录、运行日志等方面做出规定。

(4)建立通畅的反馈机制,使研发、客户服务、运行形成良性循环。

(5)梳理管理流程,引入 ITIL(Information Technology Infrastructure Library,信息技术基础设施库)管理流程,提高运维效率,提高管理水平和服务质量。

(6)通过自动化、资源整合与管理、虚拟化、安全以及能源管理等新技术的采用,对数据中心进行 7×24h 监控和运行维护。

(7)建设运维管理信息系统,实行数据中心集中化管理。将数据中心监控和管理维护纳入整体集中监控和运维,使数据中心高效、安全、稳定运行。

(8)加强应急管理、提高系统可用率。建立完善的运行管理专项应急预案,明确运维人员在技术、管理、业务、安全等方面的职责,把责任落实到岗、落实到人;定期进行预案演练,并根据演练结果及时更新预案;配备核心应用和关键设备的备品备件,以备出现突发事件时尽快更换,及时修复,缩小影响,减少停运时间,提高可用率。

2.12.2　管理的组织机构

有效地组织好各类系统的运行对提高数据中心的运行效率是十分重要的。运行管理组织的建立与数据中心在企业(机构)中的地位是分不开的。目前,我国各企业(机构)中负责数据中心运行管理的大多是科信部、信息中心、信息部等信息管理职能部门。随着人们对信息作用的认识提高,数据中心在企业(机

构)中的地位也在逐步提高。从数据中心在企业(机构)中的地位来看,目前信息机构主要有以下两种形式:

(1)信息部门与其他职能部门平行。这种组织结构的特点是信息资源可以为整个企业(机构)共享,但是由于系统运行中有关的协调和决策工作受到本身在组织内部所处地位的影响,对信息处理的决策能力较弱。

(2)信息中心在总经理(或行政机构首长)之下、各职能部门之上。这种组织结构的特点是有利于信息资源的共享,并且在系统运行过程中由于本身所处地位较高而便于进行协调和决策,但往往容易出现脱离管理或服务的现象。

由于目前计算机、网络、通信等各项技术的发展,客户/服务器体系结构的运用,数据中心在组织中的地位最好是将上述两种方式结合在一起,各尽其责。信息中心主任(CIU)最好是由组织中的副总经理(或行政机构副首长)兼任,这样更有利于加强对组织内部各种信息资源的管理。

此外,作为企业(机构)信息化的重点领域,数据中心的地位在企业(机构)信息化中显得越来越重要。因此在管理职能规划方面,一些信息化比较成熟的行业和企业(机构)也开始发生了变化。企业(机构)内部从几台服务器过渡到小的机房,从小的机房又转变成为数据中心,可以说,涵盖了企业(机构)除桌面端的所有 IT 基础架构设施,非常有必要设置专门的负责人来进行管理,保障 IT 对业务的强有力的支持,数据中心经理(或主任)"随需而生"。过去,企业(机构)信息化的工作一般由科信部、信息中心、信息处等部门直接管辖,但现在,这一局面也在"随需而变"。比特网(ChinaByte)数据中心频道近期对行业企业(机构)信息化的调研发现,数据中心经理(或主任)这一新的岗位人群正在悄然形成,他们也成为企业(机构)信息化团队中,特别是 CIO 的重要支持力量。

第 3 章　新一代数据中心的发展趋势

3.1　新一代数据中心的特征及特点

新一代数据中心应秉承“IT 即服务”的基本理念，与传统的数据中心最本质的区别及特征有四点：高效可靠、安全可用、智能管理、灵活调整。从本质上看，新一代数据中心也被称为是“云计算数据中心”。

3.1.1　新一代数据中心的主要特征

新一代数据中心的特征是基于云计算的基础架构，主要体现在其基础架构的虚拟化、智能化、绿色化、低成本四个主要方面，如图 3-1 所示。

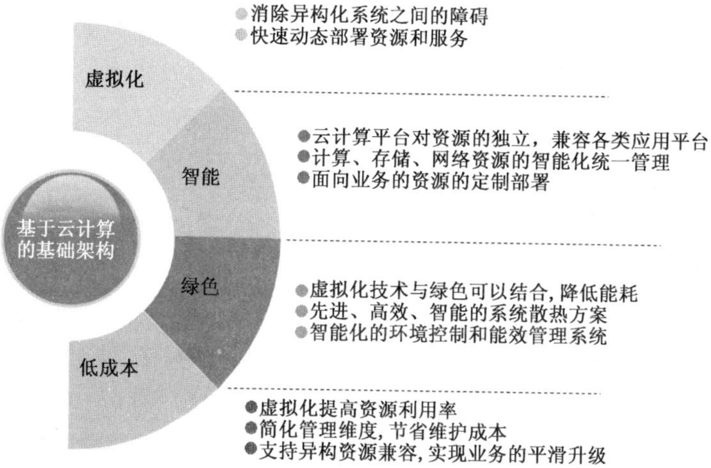

图 3-1　新一代数据中心的主要特点

所谓的虚拟化是新一代数据中心的最核心特征，主要目标是通过虚拟化数据中心的基础设施，达到消除异构化系统之间障碍、快速动态部署资源和服务的目标。

所谓的绿色化是新一代数据中心所倡导的基本理念，主要特点是云计算平台对资源的独立，兼容各类应用平台；计算、存储、网络资源的智能化统一管理；面向业务的资源的定制化部署。

所谓的低成本是新一代数据中心的管理运维理念，主要实现目标是通过虚拟化提高资源利用率；简化管理维度，节省维护成本；支持异构资源兼容，实现业务的平滑升级。这三个方面综合在一起，可以达到新一代数据中心的低成本运营的目标。

3.1.2　新一代数据中心的主要特点

随着信息化建设的不断深入，机构对信息系统和数据完整性的依赖程度越来越高。机构对数据中心的可用性和服务性的要求更高，IT 服务管理成为一种标准化的工作，并借助 IT 技术实现集中的自动化管理；同时 IT 绩效成为 IT 服务管理工作的一部分，IT 服务质量成为关注重点。在这个阶段，数据中心不仅是成本中心，更是机构信息化的服务中心。该阶段数据中心除承担核心计算、数据存储及备份外，开始承担机构的核心业务运营支撑、信息资源服务及业务连续性管理等功能。

新一代数据中心与传统数据中心有着几方面差异：首先，现有的数据中心基本上是基于比较低的标准进行建设的；其次，原来的机构往往把数据中心建设工作看成是一个装修工程，新一代数据中心则是把数据中心建设看成一个系统工程，而且主要是关于机电设施建设的系统工程，它不仅要有一个足够强壮的供电系统、制冷系统以及动态分配系统，还能满足 IT 高可用性、高连续性、高灵活性要求。新一代数据中心应当具备如下特点：

1）数据中心资源或能力的利用与扩充

数据中心在生命周期的各个阶段都离不开资源或能力，各种资源或能力的持续可用性以及资源利用的合理性将直接关系到数据中心的可用性。这些资源或能力主要包括配电力资源、制冷能力、水资源、通信网络资源、建筑场地空间、建筑承载能力等。因此，评价一个数据中心的可用性，必须首先对其所需的资源或能力进行评价。资源的可用性，除了依靠外界的持续供应保证外，更主要的是如何合理利用资源，资源的合理利用会大大提高资源的可用性，从而保证数据中心的可用性。从这个角度来说，数据中心的灵活性、扩展性、适应性、高弹性和可改造性可以称得上是数据中心的无形资源。因此，这些无形资源也是评价一个数据中心可用性的重要因素。

2)灵活性、扩展性

没有人愿意看到自己的数据中心出现电力或生产能力不足的情况。因此,为了满足将来动态业务的需求,在规划设计阶段,CIO 们必须预测 5 年或 10 年之后的电力和冷却的需求。各系统在产品选型和设计上都应具有一定的超前性并留有充裕的扩容空间,而且系统实施方案也应具有扩展性和灵活性。确保设计的灵活性和易于升级,对于数据中心的可持续发展能力来说是至关重要的。

3)适应性、弹性

在高可用性数据中心建设中同样需要关注系统的适应性和弹性,即数据中心各系统应首先满足普遍的业务需求,同时也可以做到随着业务的扩大或变化,所需资源能够不断得到补充,最大限度地减少建设初期(或一次性)投资,做到边成长边投资,减少资金成本,提高资金使用效率,而且还可以降低一次性投资中决策失败的风险。例如,数据中心需要考虑冗余等级、功率密度等要求,以满足不同业务用途的需要。

4)未来可改造性

随着 IT 技术的发展,数据中心的生命周期也会受其影响而逐渐缩短。如果数据中心具有一定的可改造性,能够与 IT 技术发展相适应,就能延长数据中心的生命周期,实现数据中心的可持续发展。数据中心的可改造性评价可从以下两个方面进行:

(1)改造的经济可行性

改造的经济可行性是指改造过程中的追加投资成本效益分析,即评价改造时追加投资与项目产出比,并由此作为决策的依据之一。对数据中心的改造再应用也是延长数据中心生命周期、提高资源利用率、降低成本的有效措施。若想提高数据中心的可持续发展能力,必须降低改造成本,使改造更具经济可行性。

(2)改造的技术可行性

改造的技术可行性是指对原项目进行改造的技术支持度、改造实现的可能性、改造后运营的安全性和可靠性评价。改造的技术可行性与技术先进性相辅相成。只有采用先进的技术,并且所用技术能够支持以后的改造,才能真正延长数据中心的生命周期,为持续发展创造条件。

3.2 绿色节能数据中心

随着信息产业的发展,各个行业都不断将IT资源进行整合和集中,这其中就包括了建设数据中心,部分政府机构和央企正在开展集中式数据中心的建设。整合后,软硬件资源利用率大幅提高,运维和管理成本大幅降低,数据更便于备份。

集中式数据中心现已成为数据中心建设的发展趋势,行业规模越大,建设集中式数据中心的迫切性和重要性越大,对于数据中心未来取得的收益也会越显著。绿色数据中心是数据中心发展到一定阶段的必然结果,它涉及数据中心的整体系统,包括整体建筑、机房、空调、UPS、服务器等IT设备、应用系统和数据管理效率等,可以解决管理成本、资源整合、业务响应速度、能源管理各方面的问题。

3.2.1 绿色数据中心的概念

1)绿色数据中心的特征

数据中心通常是指在一个建筑的物理空间场地内,实现对数据信息的集中处理、存储、传输、交换管理。其中,计算机设备、服务器设备、网络设备、通信设备、存储设备等通常被认为是数据中心的关键IT设备,而供配电设备、空调设备等是为确保数据中心的关键设备和装置提供安全、稳定和可靠运行而设计配置的基础设施。

在数据中心中,为了业务与信息的处理要求,IT关键设备通常需要进行7×24h的运行,IT关键设备的运行需要配备和消耗大量的电能并产生出大量的热量。为保持IT关键设备在规定的环境要求范围内正常运行,需要通过空调设备的运行来维持IT关键设备对温湿度等的环境要求,此时空调设备制冷又消耗了大量的电能。同时,数据中心被构建在一个建筑物内,采用的构筑材料以及围护结构的热工性能也对数据中心的环境产生直接的影响。

2)绿色数据中心的概念

以“保护地球、环境及其各种生物的安全及持续,并以行动做出积极的改变”的绿色运动波及全球范围的各个领域。建筑领域和IT领域也逐渐形成了绿色建筑和绿色IT的概念。而数据中心就其特征而言是紧密关联建筑和IT这两大领域的。其中,广义绿色数据中心是“绿色建筑 + 绿色 IT + 绿色 IT 及其范围的延伸”三者的有机结合,而狭义绿色数据中心是“绿色建筑 + 绿色 IT 及其范围的延伸”。其构架示意图如图 3-2 所示。

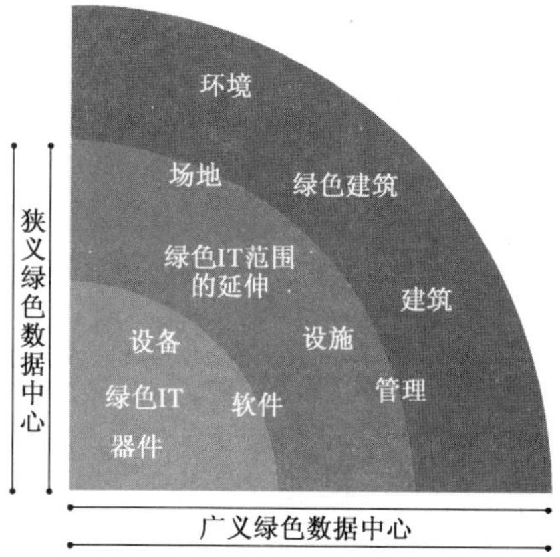

图 3-2　广义与狭义数据中心定义示意图

绿色建筑是指在建筑的全寿命周期内,最大限度地节约资源(节能、节地、节水、节材),保护环境和减少污染,为人们提供健康、适用和高效的使用空间及与自然和谐共生的建筑。绿色 IT 是指设备的低能耗、低电磁辐射、低噪声、限制使用有害物质、节约空间等。绿色 IT 范围的延伸是指涉及 IT 环境与管理的 IT 基础设施、供配电设备、空调设备等设备的低能耗、高能效、降低全生命周期成本,以及场地布局优化,合理气流、组织虚拟化、环境监控等软件管理措施的应用等。

国际上对绿色数据中心的定义为:使数据中心中的机械、照明、电气和 IT 系统等,取得最大的能源效率和最小的环境影响。在现行的 IT 行业中,通常是以狭义绿色数据中心(范畴)为讨论对象,主要的关注点集中于范畴设备与范畴基础设施的能效上。

3.2.2　绿色数据中心的实现

1) 绿色数据中心实现的几个视角

绿色数据中心的实现可概括为技术实现和产品实现。绿色数据中心的实现包含了从设备的芯片到建筑物内外环境的方方面面,可以从器件层面、设备层面、设施层面、软件层面、场地层面、建筑层面、环境层面、管理层面等由小到大、由里到外的多个视角来实现数据中心的绿色特性。

绿色数据中心的基本特征是期望取得最大的能源效率和最小的环境影响。因此低能耗、高能效、降低全生命周期成本、节约与优化空间、限制使用有害物质、低电磁辐射、低噪声等均是绿色数据中心所需实现的最基本内容。

2）器件层面

集成电路芯片、电子器件是构成设备的基础，而芯片器件的能耗也是决定IT设备能耗的主要因素。因此降低芯片器件的能耗、减少散热量、提高主频、采用多核、提高密度、减小空间，并使"功耗不变、性能提升"，是现行芯片器件厂商努力和用户选择的目标。

3）设备层面

数据中心的IT设备主要有：计算机设备、服务器设备、网络设备、通信设备、存储设备等。

服务器设备在数据中心中是一项重要的设备，占有较多的数量和空间，也是数据中心中能耗较多的设备。近年来，服务器的形式发生了较大的变化，由原来的主机式、落地式到现在的机架式、刀片式，刀片服务器密度较高，比机架式服务器消耗电能要少。

所谓刀片式服务器，就是指服务器外形扁而平，活像个刀片，于是形象地被称作"刀片服务器"。在标准高度的机架式机箱内可插装多个卡式的服务器单元（即刀片，其实际上是符合工业标准的板卡，上有处理器、内存和硬盘等，并安装了操作系统，因此一个刀片就是一台小型服务器），这一张张的刀片组合起来，进行数据的互通和共享，在系统软件的协调下同步工作就可以变成高可用和高密度的新型服务器。

这些刀片服务器共用系统背板、冗余电源、冗余风扇、网络端口、光驱、软驱、键盘、显示器和鼠标，一个机箱对外就是一台服务器，而且多个刀片机箱还可以级联，形成更大的集群系统。因为一个标准机架式机箱通常内置了8～14个刀片服务器，这些服务器是共用冗余电源，所以服务器电源的工作效率得到很大提升。而刀片服务器因为体积小，与同等速度与配置的机架式服务器相比，更加省电与节能。

服务器等IT设备要考虑选用高性能的芯片、低能耗器件，并具有冗余电源和冗余散热送风设施和动态管理模式。IT设备需选用低功耗的产品和选用有效用电率高的产品。IT设备采用低损耗的直流供电方式是未来的一种趋势。

4）设施层面

为IT设备提供支持保障的数据中心基础设施主要有：备用发电机、UPS不间断电源、配电设备、空调设备、照明设备、消防设备、安防设备等。

数据中心常用柴油备用发电机、电池、UPS主机等构成备用及不间断电源系统。由于发电采用柴油为动力燃料，运行时需作通风、排烟及噪声处理。而电池采用免维护密封铅酸蓄电池，均对环境有一定的影响。对此，采用“绿色”的替代技术与产品将成为一种趋势，如：可再生能源的生物燃料（生物柴油、植物油、乙醇、甲醇等）；生物柴油不含铅和硫，无毒、渗漏可降解；金属化镍氢电池；综合燃料电池系统（可替代电池组和柴油发电机）；无需传统蓄电池而采用磁悬浮飞轮储能技术的UPS电源系统等。

UPS不间断电源主机的“绿色”主要涉及：采用数字控制技术，具有精度高，抗干扰能力强，易于实现对故障诊断和隔离，易于监控和管理。选用高效节能的UPS应具有实现交流电源的功率因数校正和电流谐波抑制、输入谐波失真低、功率因数高、非线性负载的适应能力强、在低负载率下也能具有高效率。UPS模块化方式可随需而变、灵活扩容。与IT设备配套采用免逆变的直流供电方式等。

空调设备在绿色数据中心中成为主要的关注对象。空调设备由原来的针对机房房间的独立机柜式发展为针对IT设备机柜列组的区域机柜式，针对高密度设备机柜的门板式、侧板式、顶置式和弥补下送风不足的吊装式、吊顶式等。冷源也由常用的风冷式、水冷式发展为冷冻水式、乙二醇水溶液式、乙二醇自然冷却式、自然低温空气冷却式、双冷源式等。空调设备的多样化形式和冷媒多样化，其目的是为能够具有针对性地选择，以取得更有效的制冷效果和更高能效比。

空调设备选用制冷性能系数、能效比高的空调设备。采用精密制冷和动态智能散热技术，对IT设备机柜采用热传感器进行环境的实时检测，通过软件计算散热需求，动态调节，精确制冷，有效地降低能耗成本。

照明设备选择高效节能型的光源、灯具及附件。场地的照度、照度均匀度等照明指标以及照明负荷功率密度值按照《建筑照明设计标准》（GB 50034—2013）的要求进行照明配置，采用高效、灵活、组合式照明控制系统。

5）软件层面

虚拟化是通过软件实现硬件“绿色节能”的一种有效手段。虚拟化技术是合并多台低端使用率比较低的IT设备（服务器设备和存储设备）到一台或少量的几台高端IT设备上运行。如：可以将一台物理服务器虚拟划分成多个相互隔离的小服务器，并且每个虚拟的小服务器都拥有独立的IP。虚拟化可以提高系统适应性，提高IT设备的有效利用率，同时降低设备的使用能耗。

电源管理软件也是一个可有效降低电源消耗的工具。IT设备的处理器都有电源节流装置，可采用电源管理软件设置管理策略控制电源损耗，还可对设备进行监测、统计、控制电源消耗状况。

环境设备监控软件具有对环境及空调设备、电气设备照明设备等进行显示、记录、计量、控制、报警、趋势分析和提示功能，以先进的技术和合理的方式达到节约能耗的目的。

6）场地层面

场地是IT关键设备、IT基础设施设备安置场所也是人员的工作场所。场地合理的总体规划、空间与平面布局是采用“绿色”技术实现的重要环节。总体规划确定场地的等级规模和系统构成。空间与平面布局确定场地的分隔和设备的布局。现行场地采用密闭护围、大空间、少隔断、适宜的空间容积（架高、净高、层高）、人机区域分离等都是其所推崇的设计理念与节能策略。

场地中的IT设备区域的布置，应根据IT设备种类、系统成组特性、设备的发热量、机柜内设备布置密度、设备与机柜工艺所确定的冷却方式等要素，合理地考虑机房区域、机柜列组、机柜内部这三个层面的空调制冷的气流组织，包括空调设备的位置布置、送回风方式、送风口设置、回风口设置等。采用“冷端”与“热端”的送回风通道、平衡和散列高密度机柜中的设备布置等是主要的气流组织节能策略。

在场地中，现行均以机柜为IT设备承载安装方式，特别是IT设备高密度的流行趋势，需要机柜具有60%～80%的高通孔率以达到良好的散热性能，配置CPU、安置电流、温度、湿度、热量传感器，实现精密配电和精确制冷提高机柜单元的能效。

7）建筑层面

数据中心通常是一幢建筑物或建筑物的一部分。在数据中心中，通过空调设备的运行来确保IT设备运行所需要特定的温湿度环境。所以数据中心建筑物的建筑护围的热工特性是影响空调设备能效的重要因素，是节能的重点关注对象。

采用复合墙体节能技术工艺，在墙体主体结构基础上增加一层或几层复合的绝热保温材料来改善整个墙体的热工性能。复合墙体节能技术工艺根据保温材料在墙体中的位置分为内保温（是数据中心建设最常用的一种形式）、中保温、组合保温及外保温四种。通常采用的保温材料有：矿岩棉、聚苯板、聚氨酯、石膏板等。选用的保温材料传热系数值越小或热惰性指标值越大，对围护结构的传热能力越低,其保温隔热性能越好越有利于节能。

8)环境层面

绿色节能主要关注的是各类资源的合理利用和环境保护。

数据中心的建筑施工需充分利用当地供应的可再生材料建设,最大限度地节约资源(节能、节地、节水、节材),低电磁辐射,低噪声,限制使用有害物质保护环境和减少污染。在数据中心的支持区和辅助房间等区域适当地利用天然光源为数据中心的工作人员提供健康、适用和高效的使用空间,与自然和谐共生的建筑内外环境。

9)管理层面

管理是一项涉及广泛、内容多样的工作。有运用国家政策法规和标准规范进行绿色数据中心建设过程的管理,也有绿色数据中心运营阶段的管理。

在现行日常运营成本(主要是能耗成本)占总体成本的比例呈逐年上升趋势的情况下,建设阶段需要关注工程先期设计的合理性和适用性,充分地考虑如何在建设期和运营期内降低日常运营成本(能耗成本)。运营阶段通过IT应用系统的整合运营管理方案的优化,保持"绿色"提高能效,通过管理努力降低总体拥有成本,提高数据中心的整体经济效用比。

3.2.3 绿色数据中心建设

数据中心建设属于大型机电工程与信息系统工程建设,因此在工程开展建设之前,需加强注重节能环保的要求,保证工程建设满足国家要求。由于数据中心的建设主要为电子信息产品的建设,因此绿色数据中心建设的关键主要有以下两点:

1)环境影响及保护措施

在工程建设中应以《电子信息产品污染控制管理办法》为依据,选择采用符合环保技能并且具有相关权威认证的电子产品、可回收可降解的耗材等,做到物尽其用,不出现电子污染、资源浪费的情况。

2)能耗分析及节能措施

本次工程为大型的信息系统建设,将使用大量的电子信息产品,整个工程的能量消耗主要在电力消耗方面。整个工程的节能措施可从以下几个方面考虑:

(1)采用低功耗的电子信息产品

从本次工程的规模及电力消耗进行分析,本次工程的主要电力消耗为电子信息产品，因此本次工程的主要节能降耗措施主要是在电子信息产品选择时，应采用低功耗的电子信息产品。

(2)采用优化的供电措施

本次工程的电子信息产品的电力使用国家电力供电系统，为节约能源，因此供电系统须制定节能措施或进行优化。

3.3 虚拟模块化数据中心

虚拟模块化(Virtualization)一直伴随着计算机技术的发展与应用。在信息化建设的不同时期，虚拟化都受到了计算机厂商和用户的关注。虚拟化的优势在于它能将所有可用的计算和存储资源以资源池的方式组成一个单一的整合视图，通过提供虚拟功能，可将资源看作一个单一公共的平台，最终资源池就像我们日常生活中的水和电一样，成为企业信息系统中的“公用设施”(Utility Computing)。对用户来说，虚拟计算资源带来的益处是明显的：首先提高了资源利用率，避免了复杂的系统集成和大规模的设备占用空间，降低了投资成本；二是简化了管理的复杂性，能对整体系统运行环境进行统一监管和动态分配，从而降低了计算管理和运行成本；三是可以充分利用整体平台的优势，更好地发挥系统的效能；四是从总体上提高了全系统的可靠性。

正是由于虚拟化技术在资源配置和效率方便的巨大优势，虚拟化技术率先推动了数据中心的革命。数据中心的虚拟化有很多的优点：首先，可以通过整合或者共享物理设备来提高资源利用率，据调查，目前全球多数的数据中心的资源利用率在 15% ~20%，通过整合和虚拟化技术可以将利用率提高到 50% ~60%；其次，可以通过虚拟化技术实现节能环保的绿色数据中心，如可以减少物理设备、电缆、空间、电力、制冷等的需求；更重要的是，可以通过虚拟化技术实现应用部署的灵活和机动，以满足快速增长的业务需求。

虚拟化技术的核心思路是，通过软件或硬件设备构成一个虚拟化层并对其进行管理，把各类物理资源映射为统一的虚拟资源。这些虚拟资源在使用上和物理资源的特性相差很少或者没有区别。可以被虚拟化的资源包括服务器、存储、网络等资源(还包括了一些比较专用的设备如防火墙、负载均衡等)，映射的方式包括一对多($1 \to N$)、多对一($N \to 1$)和多对多($N \to M$)几种形式。

1) 应用虚拟化

应用虚拟化就是将 IT 应用的客户端进行集中统一部署，使所有用户的应用和数据在同一平台上进行计算和运行,用户对应用进行透明的访问,并最终获得与本地访问应用同样的感受和计算结果。通俗点说,应用虚拟化就是将用户使用的所有软件安装在服务器端,用户的客户端零安装,用户通过使用服务器上的软件进行工作,通常服务器的性能、安全性都要远远高于用户个人用机;因此,这种方式通常可以给用户带来更高安全性和更好性能的应用体验。

现在的应用虚拟化已经能够较好地支持本地外界设备,如打印机、扫描仪、光驱等。基于应用虚拟化可以解决当今用户所面临的很多问题,通过对应用统一管理和监控,可以实现应用的快速发布和部署,增强应用的安全性,提高员工的工作效率,大幅降低企业在IT上的整体拥有成本。

2)网络虚拟化

事实上,网络虚拟化并不是什么新概念,多年来,虚拟局域网技术作为基本的隔离技术已经被用户广泛应用。在交换网络上通过VLAN技术来区分不同业务网段,同时配合防火墙等安全产品划分安全区域,历来就是数据中心建设过程常用的方法。现在,数据中心用户对于将多个逻辑网络进行隔离的需求越来越高,VLAN、MPLS-VPN、Multi-VRF技术在路由环境下可以实现对网络访问的隔离,并且虚拟化分割的逻辑网络内部有独立的数据通道,终端用户和上层应用不需要也不知道其他逻辑网络的存在。当然,在每个逻辑网络内部仍存在着对安全控制的要求。

虚拟专用网(VPN)技术则为用户提供了一种通过公共网络(通常是因特网)建立一个临时的、安全的链接私有隧道的方法。基于VPN可以实现企业内部网的扩展,帮助远程用户、公司分支机构、商业伙伴及供应商同公司的内部网建立可信的安全链接,并保证数据的安全传输。通过将数据流转移到低成本的公用网络上,一个企业的VPN解决方案将大幅度地减少用户话费在城域网和远程网络连接上的费用。同时,可以简化企业网络的设计和成本,极大降低企业在网络建设和管理上的成本。

从数据中心内部来看,用户在做服务器部署以及网络架构设计时,通常需要考虑多层结构、安全区域、安全等级、策略部署、路由控制、VLAN划分、二层环路、冗余设计等诸多因素,使得传统数据中心在网络架构设计上都比较复杂,这就导致数据中心基础网络的运维和管理难度非常高。因此,作为网络虚拟化技术,催生出一种网络及相关设备的虚拟化技术。

网络设备虚拟化的第一种思路是将多台设备连接,“横向整合”起来组成一个“联合设备”,并将这些设备看作单一设备,对其进行管理和使用。通过虚拟化整合后的设备组成了单一的逻辑单元,在网络中表现为一个网元接单,这在让管理、配置、跨设备链路聚合等功能更简化的同时,还简化了网络架构,并进一步增强了网络冗余的可靠性。

网络设备虚拟化的另一种思路正好相关,是将一台设备虚拟成多台逻辑的设备,每一台虚拟设备具备完整的功能,可以进行单独的管理和配置。通过将物理设备虚拟成逻辑设备,可以在保障应用网络环境独立的前提下极为方便地进行设备的扩展和管理。

3)存储虚拟化

存储虚拟化就是将多种、多个存储设备通过一定的手段集中管理起来构成一个存储池,进行统一管理,为使用者提供大容量、高数据传输性能的存储系统。存储虚拟化的实现层面可以分为三层:

(1)基于主机和操作系统的虚拟存储

基于主机和操作系统的虚拟存储依赖于主机上的逻辑卷管理软件,针对分配给主机的逻辑卷实现进一步的虚拟化,对多个逻辑卷进行统一管理、配置,屏蔽了上层应用对物理磁盘的管理。由于主机的虚拟存储采用的软件实现,因此性能上受到一定限制,并且对于存储的高级功能,例如快照或者数据复制等,不能提供统一管理。典型的有 IBM AIX 操作系统带的 Logical Volume Manager(LVM)和 Veritas 的 Volume Manager,其中 AIX 的 LVM 是集成在操作系统上的,而 Veritas 的 VM 可以支持多种操作系统。

(2)基于存储设备的虚拟存储

基于存储设备的虚拟存储将具有虚拟化功能的存储控制器和相应的存储设备接入 SAN 网络中,由存储控制器统一对服务器提供存储空间,有些虚拟控制器可以管理多厂商的存储系统,有些虚拟控制器则只能管理单个厂商的存储系统。

(3)基于存储网络的虚拟存储

基于存储网络的虚拟存储,存储网络虚拟化设备可以是特有的虚拟化设备,也可以是在网络交换机上安装的虚拟化软件来实现。在 SAN 交换机上加入具有虚拟化的模块来控制存储的分配和管理,例如博科公司的 Fabric Application Platform。在 SAN 中加入特有的虚拟化设备,所有存储的资源管理和分配是由这个特有的虚拟化设备实现的,例如 IBM 的 SAN Volume Controller、StoreAge 的 SVM 等。

4)计算虚拟化

从20世纪60年代Unix诞生起,为了提供计算机硬件资源的利用率,计算虚拟化技术就开始了发展,并且经历了“操作系统分时多道处理”—“硬件分区”—“虚拟机”的发展历程。计算虚拟化有两种不同的思路:一种是在操作系统和硬件之间增加一个虚拟层;另一种是直接由操作系统提供虚拟操作系统的功能。计算虚拟化技术大致可以分为以下几类:

(1)硬件分区虚拟化技术

硬件分区虚拟化技术通过将硬件划分成数个分区来提高利用率,每个分区享有独立的CPU、内存,并安装独立的操作系统。硬件分区虚拟化技术的代表厂商是IBM、HP和SUN。比如IBM的Dynamie LPARs、HP的nPars和vPars以及SUN的Dynamic System Domains等。

(2)全虚拟化技术

全虚拟化技术通过一个虚拟层(VMM)统一管理物理设备,给每个虚拟机分配一套独立的模拟设备,包含CPU、内存、显卡、网卡等,在其上安装客户操作系统。全虚拟化技术根据虚拟机监视器的部署方式可以分为两类结构,即独立虚拟化和基于主机操作系统的虚拟化。全虚拟化技术的代表厂商是VMware。

(3)半虚拟化技术

半虚拟化技术通过虚拟机监视器来管理对硬件的访问。但不再为客户操作系统模拟虚拟机的硬件,而是通过为客户操作系统提供CPU和I/O操作接口,来达到客户操作系统近乎直接访问硬件的性能。半虚拟化的实质是减少中间层的开销,但必须修改客户操作系统的内核代码。代表厂商是XenSource。

(4)硬件辅助虚拟化技术

硬件虚拟化技术就是把纯软件虚拟化技术的各项功能用硬件电路来逐一实现。主要支持厂商为Intel和AMD两家芯片设计制造商。传统X86处理器设计为4个层次,只有运行在ring0层的kernel才能执行特权指令,VMM运行在该层,但是虚拟机作为应用就无法访问特权层了,所以虚拟机的特权指令必须由VMM负责代理执行,这就大大降低了虚拟机的性能,也增加了VMM的符合。Intel的VT技术和AMD的SVM技术都专门为VMM提供了一个名为VMX Root的特权层,使得VMM和虚拟机都可以直接面向X86处理器的4个层次,即虚拟机也可以直接执行特权指令,这就减少了VMM的中间代理环节,提高了虚拟机的执行效率。

虚拟操作系统技术。操作系统虚拟化是在操作系统本身之上实现服务器的虚拟化,不需要安装客户操作系统。代表是SW soft的Virtuozzo/Open VZ和Sun基于Solaris平台的Container技术。

3.4 自动化数据中心

3.4.1 自动化数据中心的概念

自动化数据中心就是实现了数据中心的自动化管理。随着数据中心自动化技术的发展,数据中心自动化管理的定义也发生了较大的变化。如下的定义也许能够基本上反映它现阶段的发展水平:

数据中心自动化管理提供实现所有硬件、软件和流程协调一致工作的组合方法,能跨越技术领域,帮助自动完成IT系统管理流程,以提高IT运营水平。它消除了绝大多数手工操作流程,帮助IT操作和IT服务管理队伍提供从设计、到运行与维护的服务,如图3-3所示。

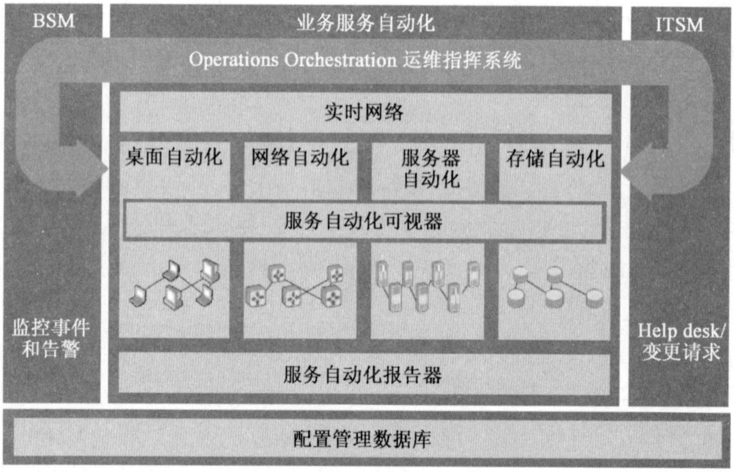

图3-3 数据中心自动化的运维指挥软件系统

上述定义明确地说明了数据中心自动化技术的新发展以及这一领域中现代管理技术与传统管理技术根本性差别,即:从管理单项设备到IT基础设施各种部件的协调一致统一管理;从单点解决方案到覆盖各方面的全面管理;从面向功能的系统自动化到面向服务的IT流程自动化;从静态的被动管理到实时动态的前瞻性管理。

数据中心自动化领域的深刻革命，推动创建基于最佳实践的标准化业务服务，这些服务能够在整个生命周期中、跨越基础设施所有层次自动地改变、管理、协调和控制，从而更有效地控制IT开支、复杂性和法规遵从，使数据中心自动化成为建设新一代数据中心重要的举措。通过自动化数据中心的建设，可以达到对数据中心运维工作的效率最大化，如图3-4所示。

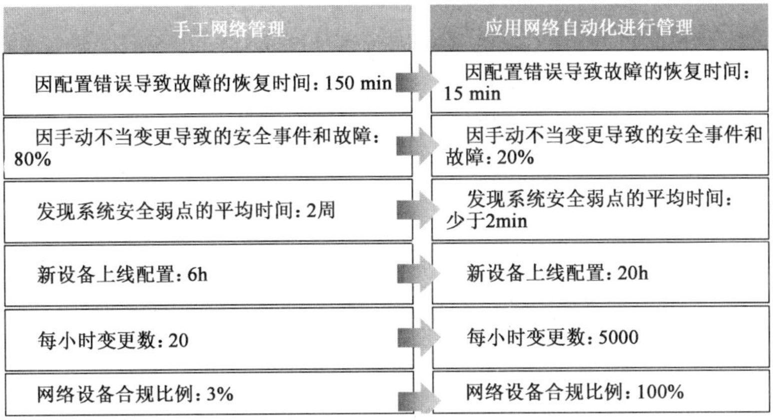

图3-4　数据中心运维管理自动化前后比较图

3.4.2　数据中心自动化管理的主要特性

数据中心自动化管理应具有如下五个主要特性：全面的可视性、自动的控制执行、多层次的无缝集成、综合与实时的报告和全生命周期支持。

1）全面的可视性

自动发现是数据中心自动化管理的起点，一般包含三方面的功能：资产的发现；配置的发现；依赖关系的发现。

数据中心自动化软件利用自动发现功能建立对数据中心所有层次的全面可视性、获得数据中心从基础设施层、中间件和数据库层、应用层直到业务服务层跨各个层次的运行时视图，使得数据中心自动化软件能够全面掌握数据中心资产、配置和各个层次依赖关系的现状，从而奠定自动完成各种功能的基础。

2）自动的控制执行

许多IT专业人士将信息技术基础架构库（即ITIL）作为建设新一代数据中心、开发现代的数据中心管理解决方案的最佳IT实践标准。ITIL可为IT服务管理（包括服务支持和服务交付）提供出色的实践指南。理论上来讲，ITIL虽然意义深远、作用很大,但实际上,许多 ITIL 计划往往以失败告终。这是因为 ITIL 要求极为详尽的管理流程跟踪、变更和控制信息,而这些流程几乎不可能通过手工实现。ITIL V3.0 等出色的实践标准可为新一代数据中心建设奠定坚实的基础,大量的实践经验表明,只有采用全面的自动化技术方能提高实施 ITIL 的成功率。因此,面向新一代数据中心的管理是把自动化全面施用于数据中心的流程管理为特征的,只有采用自动化技术才能解决过去手工管理时出现的弊端,全面实现成功地实施 ITIL 的目标。不管企业或机构的规模如何,全面的自动控制都可以确保自动执行各项标准的操作,按照 ITIL 规范建设新一代数据中心。基于 ITIL 的自动控制执行流程如图 3-5 所示。

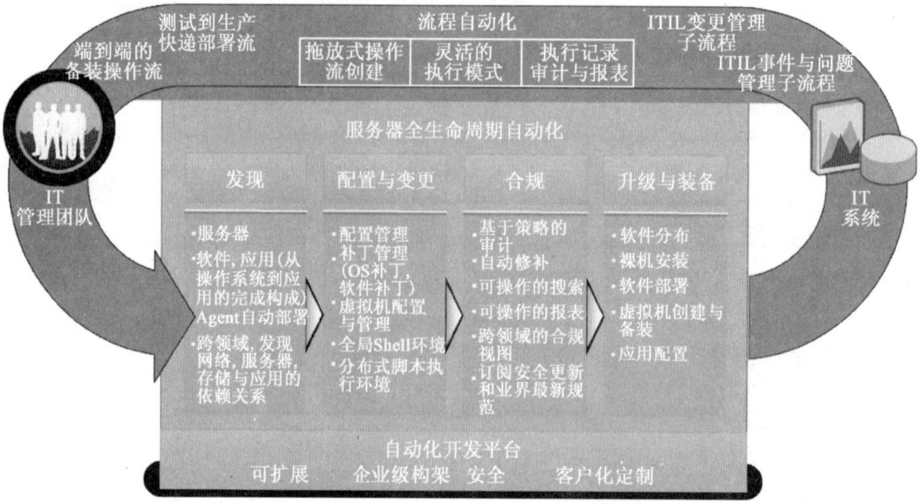

图 3-5 基于 ITIL 的自动控制执行流程图

3) 多层次的无缝集成

数据中心具有由多个功能层组成的层次结构,每一层可以包含许多组成部分。一般地说,一个服务流程往往需要跨越多层中多个组成部分才能完成。多层次无缝集成意味着消除不同层次、不同组成部分之间的各种障碍和间隙,从而完成连接所有数据中心层次和组成部分、流畅地自动执行在这些层次和组成部分(客户机、网络、服务器、存储、中间件、应用等)间执行的各种处理流程,快速地协调数据中心内外的所有变更,实现端到端的流程管理。相反,数据中心就不可能顺畅地运行流程,就会发生延迟,流程的执行会越来越复杂和迟缓,就必然需要人工干预。新一代数据中心的管理自动化通过采用统一的接口管理和引入配置管理数据库(CMDB)实现多层次无缝集成。配置管理数据库(CMDB)把集成扩展到数据库层,提供更强的自动化管理功能。

4)综合和实时的报告

面对经常和快速的变化,现代数据中心需要使用自动化管理工具提供具有全面综合和透视依赖关系的报告来提高管理水平,包括:配置报告、服务等级协议报告、实时活动报告和法规遵从报告。许多自动化数据中心还通过建立集中的配置管理数据库,把所需的信息存储在一个单一的数据库中,从而大大简化报告的创建和产生,并确保完整性。

5)全生命周期支持

2007年推出的ITIL V3.0最大的亮点之一就是强调IT服务的生命周期管理。IT服务管理每个流程都强调周而复始的“计划—实施—检查—更正”。利用自动化策略和技术来实现支持整个IT流程生命周期,把数据中心自动化从静态的过程转变成动态的螺旋形发展过程,成为数据中心自动化管理的重要特征之一。

3.4.3　数据中心自动化管理的主要功能

为了建设新一代数据中心,完整的数据中心自动化管理必须执行如下主要功能:实现自动发现;IT流程的自动化;变更控制与法规遵从。

1)实现自动发现

自动发现是实现数据中心自动化管理的起点。当前市场上有许多自动发现工具可供选用,有些工具可以单独使用,有可以作为完整的数据中心自动化管理方案的组成部分。例如,惠普公司提供的服务自动化观察软件及发现及依赖关系映照软件就是两款自动发现工具。前者基本上是一个配置发现工具,可提供不同的服务器、应用、网络和存储设备配置细节和视图、显示每个组成部分的配置最新变更信息;后者能够动态地发现数据中心IT基础设施组成部分间的依赖关系,支持创建业务服务和对服务的生命周期维护。这两类发现工具功能是互补的,两者配合提供支持数据中心自动化的全面发现功能。

2)IT流程的自动化

IT流程定义了完成一个具体任务应当遵循的一组一致的步骤。IT流程的目标是改善数据中心的全面运营。按IT流程执行管好IT服务是现代数据中心的一个重要标志,流程能够帮助我们一致、高效地按照业务需要来执行任务。从

IT 服务的观点来说,用流程管理可以覆盖数据中心中许多管理任务,包括:服务交付流程管理(如容量管理、信息安全管理、服务等级管理、服务连续性管理、财务管理等);资源控制流程管理(如配置管理、变更管理等);应急处理流程管理(如事故管理、问题管理等);关系流程管理(如业务关系管理、供应商与供应合同管理等)。IT 流程自动化的目标是消除 IT 流程中的手工干预或者需要手工完成的步骤,自动完成上述的管理任务,通过流程管理方法提供一致和精确的执行程序,减少误操作、提高工作效率和确保服务质量。

3)变更控制与法规遵从

为了确保遵守法规和安全运行,数据中心自动化管理方案必须实施强有力的 IT 变更控制,自动预防、探测和校正非法和/或匆忙的变更,以确保所执行的变更和配置政策符合法规和内部审计要求,消除漏洞和减少风险。此外,IT 必须控制安全威胁漏洞和持续地发现和检查变更,以确保配置保持已知和可信任状态,帮助觉察和消除安全性风险。为了改善变更的实施,IT 基础设施库(ITIL)推荐创立一个由 IT 经理和企业或机构领导组成的变更管理委员会(CAB),执行监控、评估和实施 IT 变更,从而最大限度地缩小风险、扩大变更的收益以及以有条不紊的方式处理所有变更请求。

3.4.4 数据中心自动化管理工具

市场中可供购买的、成熟的成套数据中心自动化管理工具有多种,企业或机构可以按照需求选购。一般的数据中心自动化管理工具统称为自动化流程整合平台,如图 3-6 所示。

主要的自动化流程整合平台所包含的软件如下所示:

1)服务自动化观察软件

服务自动化观察软件提供一个完整的、全局的、交互式的 IT 运行环境视图,包括所有服务器、网络设备、存储、配置和相互依赖关系等,实现变更和法规遵从自动化,打破运行孤岛,提高工作效率、缩短平均修理时间,简化最佳实践的实施流程。

2)操作协调管理软件

操作协调管理软件是一个创新的运行脚本自动化平台,可以帮助 IT 人员进行事故和报警的优先处理筛选、排除故障和实施修复,同时实现维护的自动化。

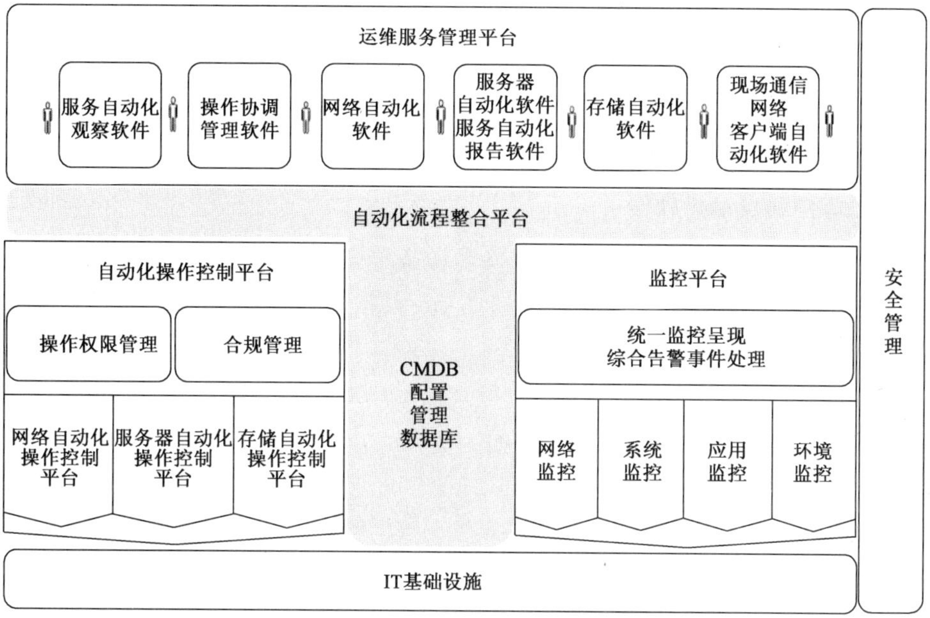

图3-6　自动化流程整合平台图

3)网络自动化软件

具备实时可视性、自动化与控制功能,可帮助IT管理人员进行网络变更和配置管理,自动完成网络设备变更探测、配置、合规、修补、ACL管理、供应和补丁,以满足网络法规的要求。

4)服务器自动化软件

对服务器和软件的整个生命周期进行自动化管理,包括裸机供应、补丁管理、软件部署、配置管理、代码部署和撤销,以及审计和法规遵从。

5)存储自动化软件

帮助IT管理人员详细地了解从主机和存储基础设施等设备的配置运行情况、实现从服务器到存储供应链的虚拟化管理,从而提高存储利用效率。

6)服务自动化报告软件

服务自动化报告软件是一个基于配置管理数据库的服务报告引擎,它将自动组装所有基础设施的配置项及其详细属性和相互依赖关系,生成按预定格式定制的报告。

7）现场通信网络

负责提供用户群体与数据中心自动化管理软件工具间交互对话所需要的内容、基础设施和服务。它为IT管理人员提供了一个记录和访问安全规则更新、法规遵从策略内容，以及应用管理档案的入口门户。

8）客户端自动化软件

帮助IT管理人员了解传统PC、移动设备和虚拟客户机设备内部的运行状况，并产生基于硬件配置和软件安装的详细报告，从而实现安全性、软件许可证优化和法规遵从管理自动化。

3.5 安全可靠数据中心

由于面向互联网数据中心设备的集中、数据的集中、应用的集中以及通过互联网的访问模式的特点，为提供企业级的优质的业务服务能力，互联网数据中心安全成为其建设和运营最需要关注的问题，需要在安全设备部署和安全管理两方面共同配合，搭建一个立体无缝的安全平台，形成全方位一体化的安全防御系统。同时，互联网数据中心的网络安全的建设是一个不断发展更新的过程，需要及时地调整已有的安全策略，设计新的网络安全方案、技术及服务，进行更全面和完善的网络安全规划和建设。

3.5.1 互联网数据中心网络多层安全设计原则

从本质上说，互联网数据中心网络多层设计原则是划分区域、划分层次、各自负责安全防御任务，即将复杂的数据中心内部网络和主机元素按一定的原则分为多个层次、多个部分，形成良好的逻辑层次和分区。

数据中心用户的业务可分为多个子系统，彼此之间会有数据共享、业务互访、数据访问控制与隔离的需求，根据业务相关性和流程需要，需要采用模块化设计，实现低耦合、高内聚，保证系统和数据的安全性、可靠性、灵活扩展性、易于管理，把用户的整个IT系统按照关联性、管理等方面的需求划分为多个业务板块系统，而每个系统有自己单独的核心交换、服务器、安全边界设备等，逐级访问控制，并采用不同等级的安全措施和防护手段。

互联网数据中心网络可同时从几个方面划分层次和区域：

（1）根据内外部分流原则分层。

（2）根据业务模块隔离原则分区。

（3）根据应用分层次访问原则来分级。

1）分层

根据内外部分流原则，数据中心网络可分为四层：互联网接入层、汇聚层、业务接入层及运维管理层。最常见的数据中心网络分层如图3-7所示。

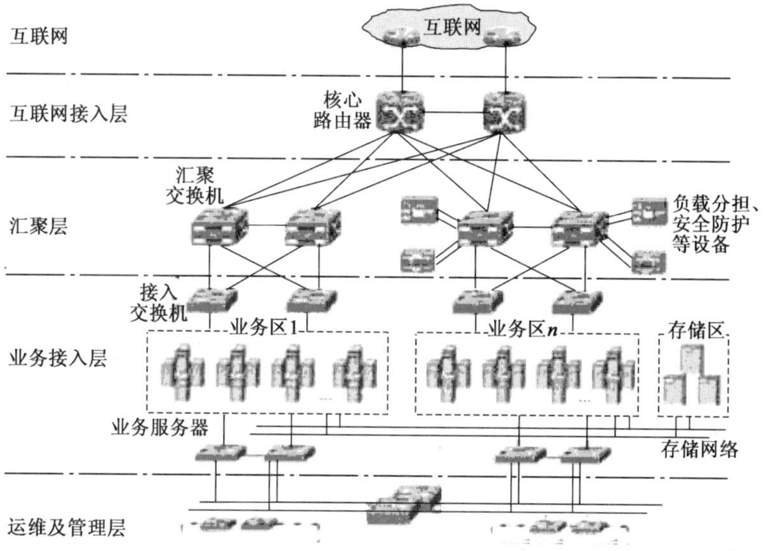

图3-7　数据中心网络分层

互联网接入层配置核心路由器实现与互联网的互联，对互联网数据中心内网和外网的路由信息进行转换和维护，并连接汇聚层的各汇聚交换机，形成数据中心的网络核心。

汇聚层配置汇聚交换机实现向下汇聚业务接入层各业务区的接入交换机，向上与核心路由器互联。部分流量管理设备、安全设备部署在该层。大客户或重点业务可直接接入汇聚层交换机。

业务接入层通过接入交换机接入各业务区内部的各种服务器设备、网络设备等。

运维管理层一般独立成网，与业务网络进行隔离，通过运维管理层的接入及汇聚交换机连接管理子系统各种设备。

2）分区

按照关联性、管理、安全防护等方面的不同需求，可将数据中心网络划分为不同的区域:互联网域、接入域、服务域、管理域、计算域等,各安全域之间经过防火墙隔离,确保相应的访问控制策略。

互联网域包括实施自助管理的管理用户和访问应用的最终用户。

接入域为用户接入数据中心提供统一的界面和借口,又称为非军事化隔离区(DMZ)。服务域提供域名解析、身份认证授权、IP 地址转换等网络服务功能。计算域提供计算服务,可以根据安全需求再划分安全子域。管理域提供安全管理、运营管理、业务管理等。

相对来说,计算域和管理域的安全级别最高,服务域和接入域次之,用户域最低。

3)分级

服务器资源是数据中心的核心,按服务器服务功能将其分为可管理的层次,打破将所有功能都驻留在单一服务器时带来的安全隐患,增强了扩展性和可用性。服务器层直接与接入设备相连,提供面向客户的应用,如 IIS、服务器等。

应用层用来黏合面向用户的应用程序、后端的数据库服务器或存储服务器,如 WebLogic、J2EE 等中间件技术。数据库层包含了所有的数据库、存储和被不同应用程序共享的原始数据,如 MS SQL Server、Oracle9i 等。

在以上三种的分层分区域的设计下,不同网络区域之间的安全关系明确,可对每个区域进行安全实施,而对其他区域不会产生干扰;最大限度地隔离故障区域,加快故障收敛时间,提高可用性;可根据不同的区域和层次的功能分别建设,业务部署灵活;网络结构清晰,易管理。

3.5.2 互联网数据中心主要安全威胁

侵入攻击、拒绝服务攻击(DoS)和分布式拒绝服务攻击(DDoS)、蠕虫病毒是互联网数据中心面临的最主要的三类安全威胁。

数据中心网络安全防护部件众多,各网络层次上不同的安全设备相互合作,形成整个安全防护体系。对数据中心网络基础设备的非法侵入和危害使侵入攻击具有强大的破坏能力和隐蔽性,对某一个网络设备的侵入可能影响到整个数据中心安全防卫体系。

在 DoS 和 DDoS 中,攻击者通过恶意抢占网络资源,使数据中心无法正常运营。此类攻击是互联网数据中心最常预见的攻击,同时也需要防范利用数据中心内部僵尸主机对互联网上其他主机进行攻击。

利用软件系统设计的漏洞对应用的攻击包括恶意蠕虫、病毒、缓冲溢出代码、后门木马等,攻击者获取存在漏洞的主机的控制权后对病毒进行复制和转播,在已感染的主机中设置后门或者执行恶意代码,导致用户带宽资源被占用,或者数据中心增值业务受到威胁。因其传播都基于现有的业务端口,传统的防火墙对此类攻击缺乏足够的检测能力。更为严峻的是数据中心抵抗飞速增长的应用的"零日攻击"问题。

3.5.3　互联网数据中心主要安全防护措施

为保障互联网数据中心的安全,抵御各种威胁和攻击,需要联合使用安全体系中各个层次的安全技术,形成一个完善的安全防御体系。

1)虚拟专用网

为了在不安全的互联网中实现企业应用的安全访问和数据的安全传输,虚拟专用网(VPN)技术无疑是互联网数据中心必不可少的安全技术。VPN 通过互联网建立一个临时的、安全的连接,形成一个穿越公网的安全稳定的虚拟私有广域网。网络的 VPN 应用有两种:除了提供防火墙到防火墙的 VPN 应用,支持应用在企业分支机构之间互通信息外,还提供移动用户到 VPN 防火墙/网关设备的 VPN 应用,支持移动办公的 IP 地址不固定的企业员工从互联网上对企业内部资源的访问。随着互联网数据中心业务的不断扩大,还需要保障在有限的网络带宽下实现 VPN,并提供业务质量(QoS)保证。目前的趋势是采用网络控制和应用控制,即和身份和访问管理(IAM)技术结合,提供更灵活的访问控制和安全隔离服务。

2)虚拟局域网

数据中心多业务运营的需求,使得数据中心网络中服务器和客户端之间的纵向流量大于服务器之间的横向流量,需要使用虚拟局域网将不同客户的不同业务从第二层隔离开,分配一个 VLAN 和 IP 子网。专用 VLAN 可以有不同安全级别的端口:专用端口与服务器连接,只能与混杂端口通信;混杂端口与路由器或交换机接口相连,也可以和共有端口通信;共有端口之间也可以相互通信,主要用于需要相互通信的客户之间。

3)防火墙

防火墙是数据中心网络最基本的安全设备,可以对不同的信任级别的安全区域进行隔离,保护数据中心边界安全,同时提供灵活的部署和扩展能力。DoS 攻击和 DDoS 攻击的手段繁多、攻击时流量突然增大,因此防 DoS 攻击对防火墙的功能要求和性能要求比较大。目前互联网数据中心对防火墙的重点需求是基于状态的包检测功能和虚拟防火墙。状态防火墙设备将状态检测技术应用在ACL技术上,动态地决定哪些数据包可以通过防火墙,而基于流的状态检测技术可以提供更高的转发性能。在物理防火墙无法满足实际网络环境的情况下,可以实施虚拟防火墙,将物理防火墙逻辑划分出多个相互无干扰的虚拟防火墙,并依据业务需求设置合理的细粒度的访问控制措施。另外,具有DoS机制的防火墙能够提供流量控制功能,针对不同的应用做出合理的带宽分配和流量控制,防止某个应用如FTP、Telnet在某个的时间内独占带宽资源而导致关键业务流量丢失和实时性业务流量中断。

目前大多数据中心实施双机部署,或者部署异构防火墙,以满足高可用性的要求。

4)流量清洗

为监控、告警、防护对应用服务器发起的DoS/DDoS攻击,可在互联网数据中心出口处部署流量清洗设备,监测异常流量,当发现攻击时,开启防御,将异常流量牵引出来进行清洗,将正常的流量回注到服务器进行业务处理。

5)入侵防御

入侵防御系统检测蠕虫、网络钓鱼、后门木马、间谍软件等应用层攻击,可在互联网数据中心出口和内部各安全区的网络汇聚层采用旁挂或者与网络设备融合的部署方式进行部署,主动提供防护,预先对入侵流量进行拦截,配合防火墙和安全网关设备形成从链路层到应用层的全面防护。互联网数据中心的应用流量对入侵防御系统的性能提出了挑战,需要具备高精度、高效率的入侵检测引擎和全面及时的攻击特征库。

6)安全管理

为达到互联网数据中心的运营要求,除了部署健全的网络安全基础设施外,还需建设的系统的、多层次的、可运营的安全管理系统,确保安全策略的集中部署、安全部件的统一管理,安全事件的高度关联,从安全管理上提升数据中心的整体安全防御能力。

首先应制订正式、有效、全面的安全管理制度,在安全管理机构与岗位设置上严格把关。加强系统安全运维管理,定期进行设备检查、安全监察、漏洞扫描,并采取及时的安全事件处置措施,还可利用辅助性管理工具,实现安全配置的自动管理。

在安全信息和事件管理方面，应对网络设备、主机服务器、数据库、应用系统、云平台自身管理节点的安全信息与事件进行管理，进行安全日志管理，针对操作日志、运行日志、故障日志等进行管理，提供设备、主机、应用系统、漏洞、网络流量、主机资产等报告。

在用户身份认证与访问管理方面，应按照不同用户等级，设计相应的数据中心资源访问用户的访问权限。用户访问等级权限应区分管理员用户、普通用户的不同权限。

在故障管理方面，应进行故障预防管理，通过对高危操作的预防，达到将隐患消除在萌芽状态的目的。可根据不同高危类别，设定不同级别的高危动作。应进行故障管理，如告警处理、故障处理、应急处理、部件更换等方面。

第4章　行业信息资源规划及目录体系

4.1　信息资源规划概述

4.1.1　信息资源规划基本概念

1)信息资源

“信息资源”一词由“信息”和“资源”两个词汇组合而成,通常理解“信息资源”就是把信息看成资源。

从信息资源的利用与人员、技术、利益分配等因素密切相关的角度,本书采用广义概念,即认为信息资源是作为资源的信息全生命周期中各个要素的总称,既包括作为资源的信息内容本身,也包括与信息相关的人员、设备、技术和资金等各种资源。正如马费成在叙述广义信息资源概念时指出的,“这种观点把信息活动的各种要素都纳入信息资源的范畴,相对来说,更有助于全面、系统地把握信息资源的内涵。其原因很简单,因为信息资源的社会价值虽然主要体现在信息要素上,但信息要素价值的实现却离不开信息生产者、信息技术等信息活动要素的综合作用。我们只有坚持系统论的观点,把各个信息活动要素按一定的原则加以配合并组成一个信息系统,信息要素的价值才能真正得到实现,信息资源才能真正谈得上开发和利用”。

信息资源作为一种经济资源,与物质资源和能源资源一样,具有经济资源的一般特征,包括:①作为生产要素的人类需求性;②稀缺性;③使用方向的可选择性。

信息资源与物质资源和能源资源相比还具有一些独特性质,包括:①非消耗性;②共享性;③时效性;④不可分性;⑤不同一性;⑥支配性。

信息资源的主要功能包括:①经济功能;②管理与协调功能;③选择与决策功能;④研究与开发功能。

综上所述，信息资源是具有使用价值，能被人们开发利用，满足人们某种需求的信息及相关人才、技术、系统等。显然并非所有信息都是信息资源。

2）信息资源管理

管理（Manage）是社会组织中，管理者为了实现预期的目标，以人为中心进行的协调活动。管理是指通过计划、组织、指挥、协调、控制及创新等手段，结合人力、物力、财力、信息等资源，以期高效地达到组织目标的过程。为了使管理活动科学有序地进行，美国学者戴明（W. Edwards Deming，现代产品质量控制的鼻祖）提出每个管理活动应经过规划（Plan）、执行（Do）、检查/研究（Check/Study）、改进（Act/Adjust）四个阶段，即戴明环（PDCA/PDSA）。组织目标的持续性改善，有赖于管理活动持续有效地进行，也就是戴明环应持续滚动。

资源管理是指管理者为达到预定的目标，运用相应的手段及方法，按照资源在经济活动或其他活动中的利用规律，对资源进行组织、规划、协调、配置和控制的活动。

信息资源管理是对组织内部信息以及信息相关人才、资金、系统（包括设备、设施）的管理；信息资源管理的目的是促进资源的有效利用；信息资源管理活动应围绕组织的目标进行；信息资源管理活动应以戴明环的方式循环往复、迭代可持续地进行。

3）信息资源规划

信息资源规划是在一定范围内，对其中人们的社会实践活动涉及的信息资源的产生、获取，到处理、存储、传输和利用，进行长远的发展计划，对其未来的整体性、长期性、可持续发展性进行思考和设计，给出通向美好未来的发展方案。

根据管理学的观点，信息资源规划既是一项管理活动，同时又是该项活动的阶段性成果。

作为管理活动，信息资源规划实际上是信息资源管理链条上的一个环节。根据管理学戴明环理论，任何管理活动都应围绕组织目标的持续改善进行，信息资源规划也不例外。因此讨论信息资源规划，必须讨论信息资源规划的目的。

总的来说，任何机构、部门进行信息资源规划的最终目的都是为了帮助其更好地完成机构或部门在社会和经济活动中的使命，并在完成使命的过程中获得利益或效益。但由于进行信息资源规划的部门在社会活动中的职责不同，从中获得收益的方式不同，因此其进行信息资源规划的具体目的也不同。

企业是从事生产、流通、服务等经济活动的人员组成的实体，以生产或服务满足社会需要,实行自主经营、独立核算、依法设立的一种营利性的经济组织。作为赢利性组织的企业,其自身管理技术的发展都是为了使管理更有效、更经济,更能使企业创造出经济价值,因此企业信息资源规划的目的很简单,即通过信息资源规划,盘点企业内部信息资源,梳理每一项信息的生命周期,评估每一项信息对创造经济价值的贡献,规划支撑企业运作的企业运行系统,设计并指导企业运行系统的变革,达到企业管理有序的效果,获得企业经济利益的拓展。总的来说,由于企业中衡量工作效益的指标明确为企业经济利益,因此信息资源规划的目标也很明确:尽可能地挖掘企业运行中每一处可能产生的有利用价值的信息,并尽可能地使用这些信息创造企业价值。

政府是国家公共行政权力的象征、承载体和实际行为体。我国政府以为人民服务为宗旨,以对人民负责为基本原则。因此政府工作的绩效考核主要以其工作的社会效益为依据,政府工作的重心随着社会问题重点的转移而变化。由于政府在不同时期往往需面临不同的问题,尤其是我国政府工作成效以社会效益为考量标准,致使我国政府信息资源规划要面对的问题比企业信息资源规划面对的问题要复杂得多。显然,针对以建设为中心工作的政府信息资源规划与针对以服务为中心工作的政府信息资源规划将会有很大的不同。

作为管理活动成果的信息资源规划,与其他政府规划一样有着特定的生命周期,即:①规划编制,作为成果的规划诞生;②规划实施,作为成果的规划引导相应工作有条不紊地推进;③规划评价,作为成果的规划是否符合组织发展的需要,是否可以起到应有的引导作用;④规划迭代发展,以本期规划为基础,进行改进,形成新的规划。

4.1.2 交通运输信息资源分布特点

交通运输信息资源除了具有信息资源本身的生产性、稀缺性、可选择性、共享性、时效性等一些特性,以及共同特点如无限的、可再生的;少能耗、少物耗等,同时,它还拥有交通运输行业自身的一些鲜明特点,主要表现在四个方面:广泛性、社会性、动态性及地理空间性。

1)广泛性

交通运输是国民经济发展的基础,是社会生产、流通、分配、消费各环节正常运转和协调发展的先决条件。只要有人的地方就有交通运输,只要有交通运输就会产生交通信息,就会需要交通信息,因此交通信息资源存在于全国各区域、各地方。具体来说,交通信息资源存在于对交通运输行业实施管理的各级政府及管理部门中，存在于公路、水路、航空、铁路等运输行业和企事业单位中，存在于城市交通、道路运输、港口生产、海事管理和搜救打捞等信息系统中。交通信息涉及并影响人们生活和工作的方方面面，具有多区域、多业务和多方向涉及面极其宽的广泛性。它对保障国民经济持续健康快速发展、改善人民生活和促进国防现代化建设等具有十分重要的作用。

2）社会性

交通是一个基础性行业，是一个社会性很强的行业，它的社会性体现在需要与社会各界和谐相处，互为需要。用服务、微笑和真诚，用现代化的智能设施，用最传统的优良作风、最文明的人类服务性成果去对待社会。因此，由交通运输活动而产生的交通信息具有很强的社会性。

同时，随着交通信息的急剧增长，交通行业需要通过应用现代信息技术，开发利用公路水路庞大、复杂、动态的交通信息资源，实现对现有运输基础设施、运输装备、运输管理、运输服务的有效集成，为社会提供及时、方便、准确、全面的各类交通信息服务，最终达到更好地为社会服务，使交通运输管理、交通服务与社会要求之间达到和谐统一。

3）动态性

港航实时动态，售票、订票、实时客运班车（轮）、运输车（船）、航班信息等，重大突发事件、公路水路紧急灾情而导致的公路和航道管制等，这些交通行业信息时刻在影响着我们的生活和工作，同时给我们的最大感受就是情况在不断变化，各种信息随着时间的变化甚至每时每刻都在发生变化。从中我们能体会交通信息很强的动态性特征。

交通运输信息资源的动态性决定了我们对交通信息的采集、综合、处理、发布必须及时高效，只有这样才能为普通百姓的出行提供便利，为交通运输企业的生产提供有效服务。

4）地理空间性

交通运输业的公路水路主要业务设施有车、船、道路、水路、车站、港口等，它们都具有空间位置，因而交通信息都具有地理空间性的特征。地理信息系统是实现交通信息地理空间性的强有力的工具，通过地理信息系统可以整合各种交通运输信息。

4.1.3　信息资源规划主要方法介绍

信息资源规划的确切内涵尚在争论之中，且与信息资源规划相关的问题范围很大,因此每个人的理解角度、深度都各不相同,差异性非常明显。信息资源规划涉及的范围从政府信息化的目的到政府信息化的绩效评估,从政府业务流程的再造到业务框架的顶层设计,从信息系统建设管理到信息资源管理的可持续发展,从面临的信息整合共享问题到将来的信息化发展等。可以说信息资源规划是一个很大的题目,它涉及信息化领域的方方面面,与信息化管理及各业务部门有着千丝万缕的联系。

1)信息资源规划(IRP)

20 世纪 80 年代,美国的信息技术专家们为解决当时遇到的"数据处理危机问题",提高系统开发的效率,降低系统维护的复杂度,增进系统开发的成功,减小企业计算机部门负责人压力,提出了"信息工程"(Information Engineering, IE)。其基本原理包括:①数据位于计算机数据处理系统的中心;②数据时稳定的,处理是多变的;③最终用户必须真正参与开发工作。美国管理与信息技术专家詹姆斯·马丁(James Martin)在此基础上提出了一整套自顶向下规划(Top-Down Planning)和自底向上设计(Bottom-Up Design)的方法论。

IRP 的主要目标是要重建数据环境,连通孤岛。

企业信息化建设过程中一个很普遍的现象是:有些企业网络环境和数据库支持系统(如 Oracle、Sybase 等)很先进,但并没有形成内容丰富、及时更新的业务数据库;还有些企业尽管建立了一些数据库,但从结构上看,缺乏科学严谨的分析设计,基本停留在"按报表建库"的水平上。这两种情况,都不利于信息资源的开发利用,极大地制约了信息化效益的发挥。

"十一五"期间,我国企业(尤其是大型集团企业)信息化所面临的瓶颈问题是:如何完善已建应用系统,实现互联、互通、互操作,消除信息"孤岛",实现信息资源共享,并建设新一代集成化、网络化、数字化和智能化的信息系统,解决这一问题的突破口就在于重建数据环境连通孤岛。

IRP 的研究者认为,侧重数据流分析,可有助于整合信息资源,实现信息共享的总体规划,"数据环境重建"是实现整合目标最可行的方法。

(1)IRP 工程化方法

IRP 工程化方法可以概括为:一套工具(IRP 软件工具),两大阶段(需求分析阶段、系统建模阶段),三个模型(功能模型、数据模型、C-U 矩阵),五套标准(数据元素标准、信息分类编码标准、用户视图标准、概念数据库标准、逻辑数据库标准)。

在需求分析阶段,从业务和数据两个角度进行需求分析。从业务角度,是为了按信息工程的思想方法来重新认识企业，以便能系统地、本质地、概括地把握企业的功能结构。在 IRP 方法中，业务需求模型通过“职能区域—业务过程—业务活动”的层次结构来把握企业功能。从数据角度，是为了以全局的思维方式考察分析企业数据的情况，并将其在企业全局范围内规范化。在 IRP 方法中，数据需求模型的建立是从分析企业的用户视图入手，分析数据的流向、数据间的关系等。

在系统建模阶段，从确定信息系统的目标入手，分别进行系统功能建模和系统数据建模。系统功能建模就是要解决“系统做什么”，系统数据建模就是要解决系统的“信息组织”问题。

(2)业务需求分析

IRP 提出的业务需求分析方法是自顶向下的分析方法，该方法从分析企业的现行业务和长远目标入手，按照企业内部各种业务的逻辑关系，将业务划分为若干职能区域，调查清楚各职能区域中所包含的全部业务过程，再将各个业务过程细化为一些业务活动。

针对识别的关键业务过程，为了表示业务活动之间的关系，还应该使用业务流程图描述业务过程。

(3)数据需求分析

IRP 提出的数据分析方法是从用户视图入手，调查了解每个业务的最终用户对数据的看法，了解最终用户在进行业务的过程中都输入(采集)哪些数据，存储哪些数据，处理哪些数据，形成哪些数据，输出(提交)哪些数据。

IRP 方法要求，在上述调研的基础上将数据进行范式化，并将数据从第一范式逐渐演化为第三范式。

一个业务过程中可能要使用多个用户视图，将这些用户视图的范式组合在一起，再次进行第三范式演化，就可以得到该业务过程的数据视图。如此反复，便可得到职能区域，甚至企业的整体数据视图。

对数据元素出现在不同业务过程的情况表明，该数据元素在不同业务间有共享需求。同样，如果一个数据元素出现在不同的职能区域，则表明该数据元素在不同职能区域有共享需求，并可根据数据元素在不同业务过程视图或不同职能区域中出现的频度判断数据需共享的程度。

(4)数据流分析

数据流分析是沟通业务与数据之间关系的桥梁。数据流分析需要针对每个业务过程和每个职能区域分别进行。这样做的目的，一是可以便于用户表达功能需求和数据需求及其联系，二是便于用户和 IT 人员共同理解现行系统和规划系统的框架，三是清晰表达数据流的情况，四是有利于系统建模。

(5)系统功能建模

IRP 认为业务模型是对现行系统功能的概括性认识，功能模型是对新系统功能的概括性认识，两者大体上存在“职能区域对应子系统、业务过程对应功能模块、业务活动对应程序模块”的对应关系。但这种对应关系并不简单，需要识别哪些业务过程或活动可以由计算机自动完成，哪些需人机交互，哪些还只能用人工完成；并在识别的基础上进行流程改造，甚至重新设计。

(6)系统数据建模

系统数据建模是要解决系统的信息组织问题。其中的关键是主题的确定，数据围绕主题组织。原则上基本信息、概要信息、静态信息、当前信息、深加工信息、分析信息、外部信息、共用信息作为主题信息，派生信息、详细信息、动态信息、历史信息、初加工信息、作业信息、内部信息、专用信息围绕主题组织。

(7)系统体系结构建模

IRP 认为系统体系结构模型，也可称 C-U 矩阵，是数据模型和功能模型间关联结构，可用以明确规划范围内所有子系统与主题数据库、程序块和基本表之间的存取关系，是进行数据分布分析、建立共建共用的机制以及应用系统开发建设的重要依据。

2)下一代运营支持系统(NGOSS)

下一代运营支持系统(Next Generation Operations Software Systems，NGOSS)是无线电管理论坛(Tele Management Forum，TMF)提出并推荐给各电信运营商的运营支持系统(Operations Software Systems，OSS)架构。它试图建立一种以构件为基础的分布式系统结构以及一套关键的系统服务，从系统(即插即用规则)、过程(企业事务过程模型)、信息(关联处理公用数据)、产品四个方面保证 OSS 具备标准化、能够逐步演化、保证互连互通、实现端到端的管理流程等特点。NGOSS 关注的是运营系统和软件，注重通过软件来实现业务流程的自动化，它强调含有文档、模型和代码的知识库的创建，侧重业务流程和信息模型的定义、系统框架的定义、合作催化试点项目的实施等关键元素。NGOSS 提出了一套指导 OSS 建设的系统框架和设计即插即用的 OSS 组件方法，帮助开发商迅速开发支撑系统，满足电信运营商对 OSS 系统建设的需要，从而使 OSS 系统设计、开发从满足个别运营商的个体需求到分析电信运营商的整体需求的范围上来，进一步使 OSS 系统的设计、开发进入一个崭新时代。贴近运营商需求，使系统开发变得更迅速、更灵活、成本更低是NGOSS的目标。

(1)NGOSS体系结构

NGOSS体系结构支持把共享信息服务提供给整个分布式组件基础设施,将企业流程的执行与NGOSS组件的操作相隔离。具体的NGOSS应用实施一定是技术相关的。不同技术相关的NGOSS体系框架是基于一个单一的技术无关的NGOSS体系框架。

应用组件在运行时被企业流程的执行所触发。应用组件之间并不直接相互触发,但它可以直接触发基础设施组件。所有NGOSS组件的定位与触发取决于技术相关的NGOSS体系框架。

①技术无关体系框架

NGOSS体系结构必须权衡各种技术的先进性,不能过分依赖某一种特殊的技术和产品。因此,提出一种技术无关体系(Technology Neutral Architecture, TNA)框架至关重要。这种分离使核心体系框架保持时间上的连续性和稳定性,不受新技术的影响。已有的组件可以在未来通过新的技术来实现,或通过简单的适配来实现不同技术之间的桥接。

这种技术无关的需求,给体系结构带来了几个方面的约束:

a. 框架不可以强制任何具体的通信协议。

b. 框架必须允许同步的、异步的和主从同步的请求模式。

c. 不能假设特定的在线数据表示。

d. 不能规定特定的实现语言。

技术无关框架确定接口合同如何定义与执行、组件之间如何利用共享信息服务进行交互,保证组件在分布式的环境中即插即用。技术无关框架相关的规范支持合同的定义、组件接口的定义和企业流程的定义。技术无关框架对组件的管理接口规范定义,实现对组件的监视与控制。

②技术相关体系框架

尽管对核心框架的要求是技术无关的,实施一种框架却只能选择特定的技术,因此,技术无关的体系结构在实施前首先要影射到一种或几种特定的技术框架上。目前可以选用的技术有公共对象请求代理体系结构(CORBA)和企业级Java组件(Enterprise Java Beans, EJB)。

每一种技术相关的框架都将全面定义一种执行环境,从而保证组件开发者所开发的组件正常运行。相关的规范包含框架服务所需要的接口定义,如命名、定位、目录服务等。技术无关框架中的不同部分有可能影射到不同的实现技术。这使集成商可以选择最合适的技术解决实施中的不同问题。

③领域分类

在 NGOSS 体系结构中,所有组件都是平等的。无论组件是支持系统服务还是支持企业功能,除了支持组件角色所要完成的合同,还要支持标准的组件管理合同。所有组件均要通过 NGOSS 合同注册公示自己的合同内容。应用组件的合同可以被流程控制实体代表其他应用组件请求执行。尽管组件在技术上存在相似性,但它们所提供的服务性质却相差很大。为了简化对这些服务和用处的描述,在技术无关体系结构中提出了领域分类的概念。把不同的服务归类为不同的域和子域,更加清晰地描述了 NGOSS 解决方案的不同功能考虑。这些域主要包括:

a. 企业流程服务域——支持企业流程定义和执行的服务类;

b. 分布式透明服务域——支持在企业内跨平台、屏蔽物理分布及网络拓扑结构的服务类;

c. 信息服务域——支持企业内共享企业信息服务类;

d. 系统服务域——支持组件合同注册、公示和组件安排的服务类;

e. 系统服务管理域——对 NGOSS 组件及其提供的服务进行全面组织的服务类。

(2)NGOSS 方法论

NGOSS 方法论强调从多种视图(业务视图、系统视图、实现视图以及部署视图)看待 NGOSS 的开发问题,通过 NGOSS 知识库将上述不同视图映射整合为一体。

NGOSS 方法论支持过程迭代,该过程迭代不仅包括四个阶段的整体循回演进,也包括每个阶段自身的不断演进。这一方法被缩写为 SANRR 方法,即:

定义范围(Scope):通过对当前环境的描述和实现目标的设定,明确定义系统演进需实现的业务和功能的范围、边界。

分析(Analyze):分析新增业务或功能与原有业务或功能的关系,并用模型化语言对新增业务或功能加以定义和描述。

规格化(Normalize):分析新增业务或功能对原有业务流程、功能模型、信息模型、业务规则等的影响,将新增部分加入原有模型中,形成一个统一的新模型。

合理化(Rationalize):通过检查和验证,进行差异分析、冲突分析和冗余分析,列出和标明出现的问题。

纠正(Rectify):针对上个步骤列出的问题,对产生问题的模型进行修改,重复合理化和纠正直到全部完成。

(3)NGOSS 视图

NGOSS 视图模型提供了从两类 NGOSS 应用者看系统的视角,另一类是业务提供者的视角,一类是系统开发者的视角。两类应用者又分别从逻辑的和物理的两个层面看系统。逻辑层面关注解决方案中技术无关内容的定义,如业务流程、业务规则、信息模型等。物理层面关注解决方案中技术相关内容的定义和具体实施,如具体实现技术选择、COTS 产品选择、运行方案等。这样构成了四个视图,分别是业务视图、系统视图、实现视图及运行视图。

①业务视图:业务视图由 eTOM 表示,涵盖了电信企业的各种企业活动和管理活动,是运营支撑系统/商业支撑系统(OSS/BSS)必须满足的企业流程的需求模式,为 OSS/BSS 的开发指明了需求和方向。

②系统视图:系统视图由系统综合图(SIM)表示,描述了可部署的企业组件框架,并指导如何使用组件构建 OSS/BSS,以解决某一特定的企业问题。

③实现视图:实现视图通过示范项目完成,TMF 有各种示范项目,通过开发实际的企业案例方案,解决 OSS/BSS 在现实中遇到的各种问题。

④运行视图:运行视图考虑应用系统的实时运行(Run-Time)环境和各种技术产品的具体应用。

(4)NGOSS 知识库

NGOSS 知识库由共享信息数据(SID)表示,SID 有组织地集合了企业实体和系统实体的定义及其 UML(Unified Modeling Language)模型,提供了通用的信息/数据语言,明确了实体间的相互关系。因此,SID 起到了 NGOSS 的前三种视图之间的"黏合剂"的作用,确保企业需求可以驱动系统的设计和实现。另外,NGOSS 的约束性程序提供了 OSS/BSS 的产品和组件的测试策略、方法、原则,以及与技术无关的测试信息要求和与技术相关的系统实现测试要求,以检验这些产品是否符合 NGOSS 的体系架构和总体原则的要求。

(5)NGOSS 的特征

NGOSS 体系结构主要包括企业流程抽象、共享信息服务和利用正式可交易的合同进行接口定义。软件的组件化发展对 NGOSS 体系结构的形成有着重要的影响。新一代的运营支撑系统具有以客户为中心、软件设计组件化、企业流程抽象化、共享信息服务、实行接口合同等特征。

①以客户为中心

按照 ITU-T 有关电信管理网的建议,电信运营的管理需求分布在四个逻辑分层:企业商务管理、业务或服务管理、网络管理、网元管理。由于 ITU-T 对 TMN 标准化的活动历史是一种自下而上的过程,即从网元管理到企业管理,因而导致目前在企业管理层面的标准匮乏。TMF 提出 NGOSS 体系结构希望为电信网络的不断演进提供保证。NGOSS 体系结构强调自上而下、端到端的运营管理支持,充分体现"以客户为中心"的运营原则。

NGOSS 体系结构以 ITU-T 的电信管理网框架模型为基础,以电信管理论坛的电信运营图或增强电信运营图(TOM/eTOM)为管理需求的出发点,重新确定了运营支撑系统与软件所应具有的体系结构特征。

②软件设计组件化

软件组件化技术的发展和组件开发技术的演进,促进了 NGOSS 的发展。NGOSS 采用组件化的系统设计方法。NGOSS 组件是一个可使用的软件实体,具有至少两个接口,一个用于组件的管理,另一个用于实现企业合同。合同内容体现了功能要求,使流程控制实体得以触发相应的处理过程。各软件组件可以方便地进行组合,生成新的功能组件。组件的集成使得系统既能够不断地实现自身积累,又能够不断地采用新技术。

③企业流程抽象化

运营支撑系统集成的最终目的是为了支持企业流程,并通过对企业流程的分析与分解得出企业的整体模型。企业的整体模型包含与客户的关系和与其他运营商的关系。流程控制的引入使组件个体不需要具备与流程操作相关的整体企业逻辑知识。流程的分解使组件集成更加容易和灵活。当流程控制触发一个组件时,该组件仅需要按照其接口合同定义的能力提供服务。这种企业流程的抽象与分解,使得企业流程的改变不需要修改应用组件本身,而是通过相应的配置管理来实现。这就提高了组件的可重用性。

④共享信息服务

连续一致的企业数据称之为企业信息。企业数据需要存储,并在不同组件、不同企业交易之间共享。有些数据的传送甚至要跨越企业边界。因此,在 NGOSS 体系中提供了一种共享企业信息服务机制,这种机制不是简单地对存储信息进行创建/读取/更新/删除,而是要保证数据的一致性,并实现有续存放、访问控制和其他分发服务。系统通过分域、分类、授权等手段能够对相关的各种数据进行集中有效的管理,为企业的联机分析处理(OLAP)应用打下良好的基础。

⑤实行接口合同

一个完整的组件接口规范不仅包括一组操作要求,而且要包括触发语义、通信协议、可用性、安全限制、事先和事后条件等方面的元数据。当采用组件框架结构时,一个动态可配制的集成系统必须提供一种规范的方法来定义和传递这些属性，否则检查组件是否支持相关的操作会带来不便。NGOSS 提出了一种综合的接口合同机制来满足这种要求。组件的每一个接口都通过一个合同规范进行完全的描述，当一个组件投入使用时，它的每一个接口合同都进行注册并被公示出去，以便进行可选择操作。

从体系结构上来看，NGOSS 试图建立一种以组件为基础的分布式体系，定义关键的系统服务，支持信息和通信业所需的动态业务和运营管理。分层的抽象活动使系统结构与技术无关，以便企业自由选择其适用的技术，并能应用今后出现的新技术。

3）Zachman 框架

Zachman 框架起源于 John Zachman 先生 1984 年的研究，1987 年他发表了论文《信息系统架构的框架》（*A framework for information systems architecture*）。在该论文中首次公开发表了 Zachman 框架，他从两个维度归纳了与信息系统架构设计相关的各种元素，并将各种元素以二维表格形式组织在一起。

Zachman 认为，考察信息系统架构得到的结构因人而异，因关注点不同而结果不同。比如业务主管从信息系统处理的数据角度考察系统时，会关注系统按什么样的规则处理何种业务数据；但当他从系统处理的过程角度考察系统时，则会关注系统按怎样的流程处理信息；如果是领导者，他只关注系统能提供怎样的数据或支撑了企业的哪项业务。

为了集中展现系统的各个方面的情况，Zachman 设计的一个二维表，表格中的每一行代表了信息系统构造过程中所涉及的某类干系人在描述信息系统时所采用的视角，每一列代表了描述信息系统的某一个方面。

Zachman 认为，关注信息系统结构的人会用五种视角考察系统，包括范围（规划者视角），业务模型（系统拥有者，也就是业务管理者视角），系统模型（设计者视角），技术模型（建设者视角），详细表述（分包合作者）。除此之外，系统本身也是一个干系人，因此 Zachman 框架由 6 行组成。

范围/规划师（Planner）：包括整个信息系统描述所处的环境，产生于内部与来源于外部的各种约束，以及其他视角下对信息系统的描述所需要考虑的相关构成部分的列表。

业务模型/拥有者（Owner）：有关最终产品的概念视图，反映了最终产品的使用特性，即用户准备如何对最终产品加以使用。具有此视角的干系人包括最终产品的客户或用户。

系统模型/设计师（Designer）：有关最终产品的逻辑视图，反映了最终产品的本质规律以及逻辑约束。具有此视角的干系人包括工程师、架构师以及能够将期望所得与现有的物理、技术上的实现联系起来的各种中间人。

技术模型/建造者(Builder):反映了在产品构建过程中现有技术的物理约束。具有此视角的干系人包括制造工程师、总承包商以及具有生产最终产品所需的技术能力的组织或人员。

详细表述/分包者(Sub-Contractor):关于为了达到生产目的而对复杂对象进行分解的详细描述,这些内容在从设计媒介到最终产品媒介的转换中起着非常重要的作用。例如,用于将技术模型中所阐述的技术约束与供应商为所提供的产品联系在一起的产品规格说明。

产品/运行中的企业(Functioning Enterprise):在 1987 年的论文(*A framework for information systems architecture*)中并没有这一行的内容,实际上此行的内容也并不在架构描述的范畴的之内,不过为了使得架构 Zachman 框架对于架构的表述更加完备,这一行最终还是被加了进去。这一行的内容代表了最终产品,是架构在客观现实中的实例体现。例如,对信息系统架构来说,此行的内容就是最终产出的信息系统,同理,对于企业架构来说,这一行所代表的就是运行中的企业本身。简而言之,前面五行的内容是对于客观对象的描述,而这最后一行的内容就是客观对象本身了。

数据(What,即什么内容):用于表示客观对象的材料组成,即材料清单。对于企业来说,此部分内容就是组成事物模型(Thing Model,之所以将其称为组成事物模型而不是数据模型,是因为由于不同的行代表了不同的视角,而仅在设计师所处的第三行才会关注真正信息化意义上的"数据模型",因而在此才使用"组成事物"来对所有视角在此列中的描述对象进行指代)。

功能(How,即如何工作):用于表示功能和转换行为。对于企业来说,这部分内容就是流程或功能模型等。

网络(Where,即何处):用于表示各组成部件的坐落位置以及相互之间的联通关系。对于企业来说,这部分内容就是物流或网络模型等。

人(Who,即何人负责):用于描述了何人应该做何事,例如用户手册和操作说明等。对于企业来说,这部分内容就是人力模型或工作流模型等。

时间(When,即什么时间):用于描述事物发生的时间以及不同事物之间的相对时间关系,例如生命周期和时序图等。对于企业来说,这部分内容就是时间或动态模型等。

原因(Why,即为什么做):用于表示最终结果和意义。对于企业来说,这部分内容就是动机模型等。

4.2　行业数据资源现状

交通运输信息化经过多年发展,积累了大量的信息资源,部级层面包括规划统计、公路管理、道路运输、水路运输、政策法规、科技教育、政务办公、财务管理、安全监管、海事救捞等各类信息。具体如下:

4.2.1　规划统计信息

1)统计信息

统计信息主要包括公路、水路、港口统计分类代码、技术标准、统计模型、折算系统等统计知识和各类统计报表、月统计信息及年度公报。

其中,统计报表包括交通运输综合统计、港口综合统计、固定资产投资统计、公路交通情况调查统计、水上交通情况调查统计、城市客运统计、交通运输能耗统计监测等。月统计信息包括公路运输、水路运输、港口吞吐量和固定资产投资信息,目的是全面掌握行业经济运行动态,为领导科学决策提供信息支撑。统计公报包括交通基础设施、公路水路运输装备、运输服务、港口生产、城市客运、交通固定资产投资、交通安全、交通科技与节能减排、行业精神文明和人才队伍建设等信息,反映行业年度运行情况。

2)全国公路水路运输量专项调查

为全面、准确掌握全国公路水路运输总量、结构性和区域性运输量数据,进一步规范统计范围口径,交通运输部与国家统计局于 2008 年联合组织开展了全国公路水路运输量专项调查,调查的主要内容为公路水路客(货)运输总量、结构性运输量、区域性运输量和燃油消耗指标。其中,结构性运输量主要包括分营业性质运输量、分车辆(船舶)类型运输量、分运距运输量及分货类运输量。信息主要包括客运船舶调查信息、货运船舶调查信息、航次签证调查信息、定期签证调查信息、内河货运船舶燃料消耗调查信息、营业性渡船调查信息、非营业性渡船调查信息、水路运输企业增加值核算调查信息等。

3)第三次全国港口普查

为全面、准确、系统地掌握全国港口现状,为港口规划、建设和管理提供信息服务和支持,交通运输部在国家统计局的支持下,于 2008 年组织开展了第三次全国港口普查工作。普查的范围是全国范围内具有船舶进出、停泊、靠泊,旅客上下，货物装卸、驳运、储存等功能，具有相应码头设施的所有港口。普查对象包括法定的从事港口生产活动的港口经营人和船厂，港口管理部门及使用港口岸线、陆域和水域的涉港管理部门。普查的信息包括港口管理部门现状情况、港口、港区基本情况、港口航道情况、锚地情况、港口管理部门及其他涉港管理部门使用港口资源情况、港口经营人基本情况、码头泊位基本情况、港口装卸机械情况、港口仓库堆场情况、港口生产情况、港口生产能源消费情况、船厂设施情况、港口其他设施情况、港口港务船舶情况等。

4）农村公路专项调查

为解决长期以来交通主管部门及公路行政管理部门对农村公路的基本情况存在了解不全、不细、不透，全国无统一的农村公路通达统计标准和现有统计年报未包括村道公路里程，不能准确反映农村公路实际情况的问题，交通运输部于2005年9月至2006年12月组织实施了全国农村公路通达情况专项调查工作。调查范围包括全国范围内所有农村公路的技术状况，即所有县道、乡道和村道的技术状况。其中通达情况重点调查乡（镇）及建制村名称、人口、所属地形等基本情况信息和通达路线名称、编码、通达位置等通达信息；技术状况重点调查路线的基本属性和桥梁、隧道、渡口等附属设施的情况。通过调查建立了农村公路数据库，包括乡镇基本情况及通达现状、建制村基本情况及通达现状、路线信息、路段信息、桥梁信息、隧道信息、渡口信息等。

4.2.2 公路管理信息

1）公路基础数据库

已建成国家公路基础数据库，该数据库分为部、省、地市版三级公路基础数据库。国家公路基础数据库系统包括七大指标集，分别为线路概况集、路基集、路面集、桥涵构筑物集、交通量集、沿线设施集、沿线环境集，共计800多个数据项。

2）公路统计数据库

根据《交通运输部公路统计报表制度》，已建立了公路统计数据库（HSDB），内容包含里程、桥隧、公路通达、绿化、养护工程、养护质量、水毁等内容。

3）地理空间信息

交通运输部现有的地理空间信息内容如表4-1所示。

交通运输部现有的地理空间信息表　　表 4-1

序号	数 据 集	数 据 项
1	基础地理信息	行政区划信息、乡镇以上行政机构所在地信息、主要河流及水域信息、山脉信息、旅游景点信息
2	交通地理空间信息	高速公路信息、普通公路信息、公路附属设施信息、桥梁信息、隧道信息、运输站点信息、机场信息、口岸信息、港口码头信息

4) 农村公路数据库

农村公路数据库包括乡(镇)基本情况及通达信息、建制村基本情况及通达现状、农村公路路线信息、路段信息、桥梁、隧道、渡口信息。

5) 超载超限管理数据

超载超限管理数据来源于全国公路超载超限信息管理系统,主要包括各省(区、市)上传的超载超限检测、执法数据、检测站属性数据、检测站视频数据、超限超载黑名单数据、重大装备跨省运输联合审批数据。

6) 收费公路数据

收费公路信息包括收费路段、收费站、收费里程、年收费额等信息。各省级交通运输主管部门责成本地区高速公路管理部门和省公路局按照交通运输部颁布的《收费公路统计报表制度》中的报表格式进行统一上报,采用 EXCEL 形式上报的报表包括:收费公路明细表、收费公路基本情况汇总表、收费公路收费标准统计表。

7) 路网结构改造信息

将各省(自治区、直辖市)交通主管部门的公路路网结构改造工程的相关数据统一汇总到交通运输部,形成全国公路路网结构改造工程项目库,包括公路网结构改造工程计划的危桥改造、公路安全保障工程和干线公路灾害防治工程建设项目的基本信息、进展情况和异常信息。

8) 公路建设及市场信用信息

公路建设及市场信用信息来源于公路建设市场诚信及项目监测系统,包括公路建设项目、公路建设企业、公路建设从业人员、工程建设违章记录、从业单位诚信记录、企业信用等级等信息。

4.2.3 道路运输信息

1)道路运输基础数据

依托部省道路运输信息系统联网试点工程建设,初步形成了道路运输基础信息库,涵盖道路运输从业人员、经营业户、营运车辆、营运线路的静态信息、运政稽查信息及运输管理机构信息等。

2)重点营运车辆卫星定位监控信息

依托重点营运车辆动态信息公共交换平台工程,采集汇总了100多万辆重点营运车辆(长途客车、旅游包车、危险品运输车)的车辆实时动态信息和管理类信息,包括车辆信息、业户信息、网点信息、紧急状态控制信息、运输货物信息、超速报警、疲劳驾驶信息等。车辆、业户信息来源于道路运输基础数据库。

3)道路运输统计数据

道路运输统计数据是指各级道路运输管理部门和企业定期或不定期报造的统计类信息,包括公路旅客营运车辆拥有量、公路货物营运车辆拥有量、公路客货运输量、公路分货类运输量、公路集装箱运车量、营业性汽车运输效率和燃料消耗、公路客运站旅客运输量调查、公路客运企业运输量调查、公路货运企业运输量调查、重点联系公路运输企业经营财务情况调查、道路运输行业行车事故及其汇总信息等。

4)燃料消耗量达标车型信息

根据《道路运输车辆燃料消耗量检测和监督管理办法》(交通运输部令2009年第11号)的规定,全国各地组织了燃料消耗量达标车型核查工作,并不定期发布了达标车辆信息,包括车辆型号、产品名称、商标、车辆生产企业等。

5)国际道路运输信息

根据《国际道路运输管理管理规定》,交通运输部主管全国国际道路运输管理工作,负责国际道路运输经营许可备案、外国道路运输企业在我国设立国际道路运输常驻代表机构的审批管理,需要对涉及国际道路运输管理的相关信息进行录入、综合查询、统计、分析工作,涉及国际道路运输管理的管理信息包括:国际道路运输经营业户(包括客运、货运、危险品运输),驾驶员,从业人员(包括装卸和押运人员),客运车辆,客运线路(包括事发客运站、终到客运站、途经边境口岸、途经停靠站点、班次等)。经营信息包括:客货运输量、车入境量次、许可证交换量、许可证使用量等。

6)道路运输外商投资信息

根据《外商投资道路运输业管理规定》,交通运输部负责对外商投资道路运输业进行审核管理,需要对各省级交通主管部门上报的申报信息进行录入和查询、统计分析管理,并对汇总的审批结果信息进行分类统计、查询。信息包括:按登记注册类型、核定经营范围、投资国别(地区)、所在省市等维度进行企业数量、合同(实际)投资额、投入客运车辆数、投入货运车辆数等分类统计。

7)重点时段客运信息

重点时段客运信息主要是指北京、上海、武汉、西安、成都等中心中心城市一级客运站在春运、"十一"黄金周等重点时段的跨省市道路客流信息、发班信息、运力信息,便于交通运输部及时、准确掌握全国重点时段道路客运流量、流向、运力储备等情况,并向社会发布,引导百姓提前安排出行计划。

8)道路运输应急资源

道路运输应急资源包括应急运输企业、应急车辆和应急驾驶员信息,自上而下建立和完善从交通运输部到各级交通主管部门、运输企业、车队、应急运力驾驶员之间的通信联络制度,掌握应急资源配置情况,确保发生紧急情况时信息畅通、反应迅速,能够以最快的速度集结运力,完成各项应急运输任务。

9)道路运输诚信信息

为加强道路运输市场管理,加快道路运输市场诚信体系建设,建设了经营业户与从业人员诚信信息管理系统,对道路运输企业和从业人员的信用管理需依据其安全生产、遵章守纪、服务质量、年审年检和资质等信息,通过建立相关信用指标体系,形成从业人员和业户的信用档案,包括道路运输企业及从业人员的诚信记录、考核评分、信用等级及从业人员异动信息。

4.2.4　水路运输信息

1)水路运输管理信息

根据国际海上运输管理方面的业务应用,并按照《国内船舶运输经营资质管理规定》《关于进一步加强国内船舶运输经营资质管理的通知》等相关管理政策的要求,主要包括:

国内航运企业信息:包括航运企业基本信息、资质信息、违章经营情况、年审信息、船舶运力信息、主要管理人员信息等。

国内航运船舶信息:包括国内航运船舶基本信息、船舶缴费信息、船舶营运证信息、船舶违规记录、船舶状态信息、船舶技术指标等。

国际海运企业信息:包括中国国际船舶运输企业信息、中国国际船舶运输企业开业申请基本信息、开业申请出资人及比例信息、开业申请高级业务管理人员信息、开业申请船舶信息、国际海运企业资质信息、国际海运企业投资单位信息、国际海运企业人员信息、国际海运业违章经营情况、国际海运企业经营资质管理规定、国际海运企业预警情况、国际海运企业年审信息、国际海运企业换证信息、国际海运企业船舶运力等。

国际运输船舶管理信息:包括国际运输船舶信息、船舶技术标准信息、租赁船舶情况、自有船舶情况、海峡两岸间运输船舶营运资质申请及核准信息、国际海上运输船舶备案申请信息、船舶违规经营行为信息、国际运输船舶营运证信息等。

国际班轮航线管理信息:包括国际班轮运输企业信息、国际班轮运输企业违章经营情况。

国际海运辅助业管理信息:包括国际海运企业申请审批、资质、违章信息。

2)水运生产信息

主要包括航运企业重点物资货运量、航运企业客运量、港口重点物资集疏运信息、港口港存物资信息、港口集装箱吞吐量信息、港口货物及旅客吞吐量、港口火车装卸信息、港口船舶动态信息、港口船舶动态货物信息等。

3)港口基础信息

主要包括港口基本信息、港区信息、码头信息、锚地信息、进港航道信息、库场信息、仓库信息、堆场信息、船闸、防波堤信息等。

4)港口经营信息管理

主要包括港口企业信息、引航企业信息、引航船舶信息、引航机构信息、企业经营许可证书信息、大吨级生产用泊位信息等。

5)港口安全及保安信息

主要包括安全评价机构、安全评价师、安全生产检查隐患、港口安全事故、安全检查信息、危险作业申报信息。

6) 水路运输核查信息

主要包括舱单中危险品信息、舱单中提单信息、舱单中船舶的基本信息、舱单中货物信息、舱单中集装箱信息、船舶运营资质信息等。

7) 水路建设项目备案信息

主要包括水运工程建设项目招标方案备案、水运工程建设项目招标文件备案、水运工程建设项目投标资格审查结果备案、水运工程建设项目投标结果备案、交通运输部支持系统船舶招标方案备案、交通运输部支持系统船舶招标文件备案、交通运输部支持系统船舶投标资格审查结果备案、交通运输部支持系统船舶评标结果备案等信息。

8) 水路建设专家库

主要包括水路建设项目基本信息、专家信息、单位信息、专家抽取与评定等信息。

9) 水路建设市场信用信息

主要包括建设单位基本情况、从事水运工程管理主要技术人员和注册技术人员情况、在建的主要基本建设项目汇总信息、建设单位科技进步状态、勘察设计单位基本情况、从事勘察设计专业主要技术人员和注册技术人员情况、单位自有水运工程主要勘探设备情况、近五年完成的主要水运工程勘察设计项目汇总、施工企业基本情况、施工企业人员情况、港口与航道专业建造师、企业近五年完成的主要水运工程汇总、工程监理单位基本情况、注册监理工程师和主要工程技术人员、近五年完成的主要水运工程监理项目汇总、试验检测机构基本情况、试验检测持证人员、主要试验检测设备及仪器情况、近五年完成的主要水运工程试验检测项目汇总、不良行为记录信息等。

10) 水路建设项目报送信息

主要包括在建项目信息、在建项目月报信息、用户已完工码头泊位信息、已完工航道工程信息、拟建项目信息。

11) 支持系统建设项目报送信息

主要包括支持系统建设项目基本信息、支持系统项目季报信息。

12) 航道信息

主要包括内河航道基本信息、地理位置、技术等级、航道断面等信息及枢纽、过河(海)建筑物、临河设施、航标、内河航道管理机构及养护力量等信息,数据分布在长江航道局及各省港航管理局。

4.2.5 科技教育信息

交通运输部依托交通科技信息资源共享平台,建成开放性、数字化、集成化的交通科技信息资源共享服务网络,形成权威、专业的交通科技信息资源服务门户,为全社会提供内容丰富、方便快捷的"一站式"交通科技信息资源服务,为交通科技创新和行业科技进步提供有力支撑。通过交通科技信息资源共享平台的建设,最大限度地整合交通科技项目、科技成果、仪器设备、科技人才、科学数据、科技文献等科技信息资源,实现交通科技信息资源共享。交通科技教育数据资源主要包括:

1)科技基础信息

主要包括科技教育单位位置信息、科技教育单位信息。

2)交通科技项目信息

交通运输科技项目数据库面向交通行业及社会公众提供国内交通领域科技项目信息检索服务,收录各级政府交通主管部门立项的项目信息。内容主要包括:交通科技项目基本信息、交通科技项目申报、交通科技项目评审、交通科技立项项目信息、交通科技项目执行、交通科技项目验收、交通科技项目经费等。

3)交通科技成果信息

交通科技成果数据库收录各级政府交通主管部门立项成果及科研机构、大专院校企业等取得的科技成果信息。内容主要包括:科技成果基础信息、科技成果完成人、科技成果评价情况、科技成果应用情况等。

4)科技人力资源信息

交通运输科技人才数据库收录我国交通及相关领域科学研究、技术开发、科技管理人员的基本信息。内容主要包括:科技人力资源基础信息、担任社会职务信息、专业技术职务信息、教育培训信息、外语语言能力信息、专业培训信息、工作履历信息、奖励和荣誉信息、科研成果信息等。

5)科技基础条件信息

科技基础条件信息主要包括以下几个数据库:交通运输行业实验室数据库,

主要存储交通行业实验室基础信息；交通运输仪器设备数据库主要对交通运输行业10万元以上仪器设备信息进行管理；交通运输实验设施数据库，收集近约360套实验设施信息；交通运输实验系统数据库，管理约200套实验系统信息；交通科技机构数据库则整合交通运输领域主要科研机构的基本信息。

6）交通科技文献信息

交通科技文献信息主要对包括交通科技文献基础信息、交通科技图书、交通科技期刊论文、交通学位论文、交通会议论文、交通专利、交通行业标准、交通科技报告等信息资源进行管理，为交通行业文献信息的归档、检索、使用等提供强有力的支持。

4.2.6　政策法规信息

政策法规主要包括立法信息、法规信息和执法人员信息。其中，立法信息包括立法机构、立法计划、立法成果、立法报告、立法建议、立法动态、立法要求等。法规信息包括经验交流、理论文章、参考资料、案例分析、法规信息等。执法人员信息包括执法人员姓名、身份证号、所在单位、资格证书、职称、联系方式等信息。

4.2.7　质监管理信息

工程质量与施工安全，是工程建设的永恒主题。部基本建设质量监督局在交通质监系统信息化方面开展了大量的工作，建设了公路水路建设质量与安全监督系统，积累了公路、水路建设项目信息、监理、检测企业信息及从业人员信息等。具体包括：

1）质量与安全监督管理基础信息

主要包括质量安全督查类型、质量安全督查内容、质量安全督查、内容抽查指标项。

2）质量与安全监督项目信息

主要包括公路水路工程项目信息、项目进度信息、项目业主信息、项目设计合同段信息、项目施工合同段信息、项目监理合同段信息、项目检测工地试验室信息、项目主要结构物信息。

3）试验检测信息

主要包括检测机构等级类型，检测机构等级，检测机构等级项目检测参数关系,检测机构等级项目设备关系,检测机构基本信息,检测机构资质证书,检测机构工程业绩,检测机构行政、技术、质量负责人信息,检测机构行政、技术、质量负责人资质证书信息,检测机构仪器设备类型,检测机构仪器设备,检测机构资格人员信息,检测机构资格人员业绩信息,检测人员资格证书信息,检测机构职工概况,检测专家库,检测机构信用评价,检测机构工地试验室信息,检测人员信用评价等。

4)工程监理信息

主要包括监理企业资质、监理人员资格专业等级、监理企业基本信息、监理企业资质证书、监理企业工程业绩、监理企业行政管理人员信息、监理企业资格人员信息、监理企业资格人员业绩信息、监理人员资格证书信息、监理企业职工概况、监理合同信息、监理合同人员、监理专家库、监理企业信用评价、监理人员信用评价等。

5)监理检测考试信息

主要包括报考人员注册信息、监理考试报考人员(考生)信息、检测考试报考人员(考生)信息、考试系统图片信息、考试科目、考试成绩等信息。

4.2.8 财务管理信息

财务管理信息主要包括预算决算信息、规费征缴信息、财会人才信息、审计信息等。

1)预算决算信息

主要包括资产负债信息、支出决算信息、收入决算信息、项目收支决算明细、预算指标信息等。

2)规费征缴信息

主要包括行政事业性收费信息、收费许可证信息、收费许可明细信息、收费票据登记、规章制度信息等。

3)财会人才信息

主要包括财会人才信息、单位信息、通知通告信息等。

4)审计信息

审计项目信息、审计项目组员信息、审计被审单位信息等。

4.2.9 人事管理信息

人事管理主要涵盖领导干部及各类交通人才信息，包括人事主管单位信息、人才基础信息、专家类别信息、担任社会职务信息、专业技术职务信息、职业技术资格信息、学历信息、外国语言能力信息、参加专业培训信息、工作履历信息、获奖信息、荣誉称号信息、获得专利信息、论著代表作信息、重大科研工程项目信息、主要业绩贡献信息等。

4.2.10 海事救捞信息

海事救捞主要涉及海事管理和救助打捞信息，其中海事管理包括航运公司、船舶信息、船员信息、载运货物、相关机构、资源信息、支撑能力信息、海事组织、事件信息等。救捞管理包括应急预案、救援力量、救援装备、事件信息及救助打捞相关的政策法规信息。

4.2.11 其他管理信息

1）政务办公信息

政务办公信息涵盖各类政务活动中产生的信息，包括公文文件、多媒体信息、研究报告及项目档案信息、信访信息等。因数据分散在各部门，数据量难以准确统计。

2）安全监管信息

安全监管信息包括应急预案、应急资源、应急知识、应急专家、培训演练、应急处置、事故调查等信息，信息较为分散，没有专门的管理系统。

3）国际合作信息

国际合作信息包括外事信息、国际合作项目、国际交流信息、驻外海事业务及国际职员信息等，信息较为分散，没有专门的管理系统。

4）交通公安信息

交通公安信息主要涉及公安管理和公安队伍信息。其中，公安管理包括管理政策、行政管理、案件侦办、治安保卫等信息。公安队伍信息包括公安人员、警务督察、教育训练等信息。信息较为分散，没有专门的管理系统。

4.2.12 行业数据资源分析

1)数据范围广、数据量大、数据项多

交通运输部级层面涵盖数据包括规划统计、公路管理、道路运输等十几类领域信息,各领域信息包括很多数据项,数据项累计超过万项,具有明显的数据范围广、数据量大、数据项多的特点。

2)数据存储分散,未能实现集中统一管理

以公路管理为例,公路管理涉及的8部分数据分散存储在部机关和部属单位。1:5万基础地理信息存储在交通运输部规划研究院,公路数据库存储在交通运输部公路科学研究院,农村公路数据库存储在交通运输部科学研究院,路网改造、收费公路、公路建设及信用数据存储在部机关机房。通过公路水路交通运输信息共享与服务系统工程,已有一部分数据迁移存储在部机关机房,但各领域数据依然由"五院一中心"(交通运输部公路科学研究院、交通运输部科学研究院、交通运输部水运科学研究院、天津水运工程科学研究院、中国交通通信信息中心)和部分社会企业负责运行维护,未能实现集中统一管理。

3)缺乏有效整合,数据交叉重复现象突出

全国公路数据库、农村公路数据库、公路地理空间数据均涉及公路的路线、路段等基础信息,但彼此间未能有效整合,造成部分数据重复采集。加上收费公路管理系统、路网改造管理系统、公路建设市场诚信及项目监测系统等也由不同单位开发,未能在部级层面统整合公路基础及空间数据,数据交叉重复现象突出,严重影响了公路基础数据的应用范围及效果。公路管理、水路运输和质量安全监督管理包含的建设项目信息、施工、监理、勘察设计、检测企业和从业人员等信息未能实现整合共享,对同一企业同一项目信息存在数据多头报送问题。

4.3 行业数据中心信息资源规划方法研究

4.3.1 规划方法研究的基本思路

1)规划依据

部级数据中心是部属业务信息系统服务器运行管理中心,是部属业务信息系统数据的物理存储中心、备份管理中心和交换中心，因此在虚拟化、云计算的技术背景下，需对支撑部署信息系统运行的网络环境、服务器环境、存储环境进行规划，需对提供交换业务管理的软硬件平台和提供交换服务的软硬件平台和共享信息平台进行规划。

2）规划内容

部级数据中心信息资源规划应该包括两个规划内容：一个是以 ITIL 为核心的 IT 基础设施服务规划，另一个是提供交换服务的共享数据规划。前者已有很成熟的 ITIL 做支撑，因此本书中不再涉及。本书只针对提供交换服务的共享信息资源进行规划的方法。

3）规划前提

部级数据中心信息资源规划涉及部机关全体政务业务，每个政务业务的不可替代性导致了每个政务工作人员对信息资源需求的不可替代性，因此，部级数据中心信息资源规划工作的前提是部机关全体政务工作人员能够充分地参与此项工作，尤其是充分参与信息资源共享需求调查。

显然，为保证每个政务工作人员的充分参与，部领导的重视是必不可少的工作前提；其次，需要有合适的工作学习安排，促进政务工作人员对信息资源共享需求的思考；最后，需要有便捷的平台，方便政务工作人员记录、沟通有关信息资源共享的需求，其平台对有关信息资源共享需求的描述方式，既能被业务人员准确地理解并掌握，又能为信息技术人员了解业务人员的需求指明方向。

4.3.2　部级数据中心共享信息资源规划架构

部级数据中心共享信息资源规划架构描述规划生命周期中各规划活动之间的关系。参照 IRP、FEAF 和 TOGAF，提出部级数据中心共享信息资源规划架构，如图 4-1 所示。

部级数据中心共享信息资源规划架构是有关部级数据中心共享信息资源规划活动的框架，其中包括两个阶段的活动，一是规划编制阶段的活动，另一是规划实施检验阶段的活动。前者包括现状视图开发、愿景视图开发、演进路线规划；后者包括规划实施跟踪、规划实施评价。

规划生命周期是指规划框架中现状视图对应的时间点（规划起始时间）到规划愿景视图实现时间点之间的时间周期。

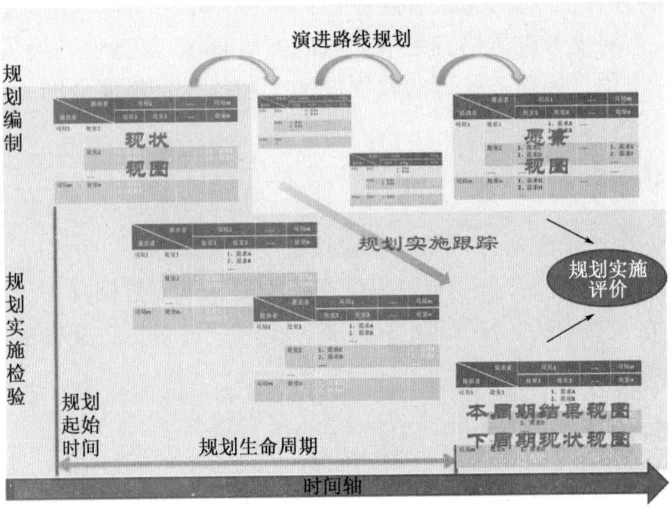

图 4-1　部级数据中心信息资源规划架构

4.3.3　相关基本概念

1)部级数据中心数据交换参与机构

部级数据中心数据交换参与机构是指直接参与部级数据中心共享交换数据的单位或机构,包括部内机构(司局处室)、部直属机构、省交通厅(委)等交通系统内部单位或机构,以及与交通系统内部单位或机构之间有数据交换需求的交通系统外部单位或机构。

以下"单位或机构"一词,均指部级数据中心数据交换参与机构。

2)数据共享系统中的角色

(1)数据所有者

数据所有者是指特定数据归属单位或机构。数据所有者负有相应数据语义解释权和数据管理权,同时负有为相应数据需求方授权使用该数据的权力和对数据使用方解除数据使用权的权力。数据所有者负有数据质量保证责任,但因数据交换通道问题导致的数据质量问题不在此列。数据所有者可以将其数据的管理权授权给数据管理者。

(2)数据管理者

数据管理者是经数据所有者授权管理特定数据的单位或机构。数据管理者负有按数据所有者的授权管理数据的责任和权力。

(3)数据提供者

数据提供者是指数据交换过程中提供数据的单位或机构。数据所有者可成为数据提供者,数据管理者在数据所有者授权的情况下可以成为数据提供者。

(4)数据需求者

数据需求者是指数据交换过程中索取数据的单位或机构。数据需求者应按数据所有者提供的授权从事数据利用工作,不得逾越数据使用授权的范围及方式。

3)数据需求

数据需求是数据需求者向数据提供者提出的使用数据的请求。数据需求应说明欲使用的数据内容(时间范围、地域范围、数据项集、数据采集规则等),使用目的,使用场合(包括使用范围、使用时限),使用方式,对数据提供者的特殊要求等。

其中数据使用方式,包括人工数据查询、软件系统调用、复制处理三种数据使用方式。

人工数据查询是指人工利用系统界面设定查询条件、查询数据,查询结果可以被导出到文件系统。

软件系统调用是指数据需求者所拥有的系统向数据提供者拥有的系统发起数据查询请求,查询结果返回数据需求者系统,查询结果被利用后不在数据需求者系统中存储。

复制处理是指数据需求者所拥有的系统向数据提供者拥有的系统发起数据查询请求,查询结果返回并存储在数据需求者系统中,以便数据需求者系统对数据进行后续处理。

4)数据供需矩阵

每个数据提供者对应行,每个数据需求者对应列,将数据需求按数据提供者和数据需求者分类,以矩阵方式组织,形成数据供需矩阵。如表4-2所示。

数据供需矩阵样例　　表4-2

提供者	机构1	机构2	……	机构 n
机构1	(空白)	1. 数据需求A 2. 数据需求B ……	……	1. 数据需求L 2. 数据需求M ……

续上表

提供者	机构 1	机构 2	……	机构 n
机构 2	1. 数据需求 C 2. 数据需求 D ……	(空白)	……	1. 数据需求 N 2. 数据需求 O ……
……	……	……	(空白)	……
机构 n	1. 数据需求 E 2. 数据需求 F ……	1. 数据需求 I 2. 数据需求 J ……	……	(空白)

每对供需之间可以存在多个数据需求,不同的数据需求间的差别可以包括数据内容、使用目的、场合、方式中的一项或多项不同。

5) 现状视图

如果数据供需矩阵中包含的数据需求均已实现,且某时间点前已实现的所有部级数据中心数据交换参与机构间的数据需求均已在数据供需矩阵中有所表示,则该数据供需矩阵为相应时间点信息资源规划现状视图。

6) 愿景视图

如果希望在将来的某时间点以前实现的所有部级数据中心数据交换参与机构间的数据需求均在数据供需矩阵中有所表示,则该数据供需矩阵为相应时间点部级数据中心信息资源规划的愿景视图。

7) 演进路线

演进路线是由规划生命周期中的不同时间点愿景视图组成的愿景视图序列。设计演进路线的活动称为演进路线规划。

8) 规划实施跟踪

规划实施跟踪是指利用一定的手段,在规划生命周期中的不同时间点上,获取的现状视图组成的现状视图序列。

9) 规划实施评价

规划实施评价是对演进路线和规划实施跟踪的差异性进行分析与总结的活动。

4.3.4　共享信息资源规划流程

共享信息资源规划经历两阶段五个活动。规划阶段的活动包括现状视图开发、愿景视图开发和演进路线规划，规划实施检验阶段包括规划实施跟踪和规划实施评价。活动成果间的关系如图 4-2 所示。

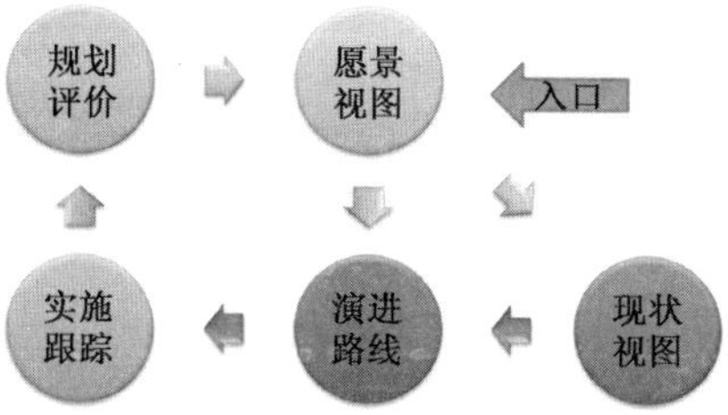

图 4-2　信息资源规划活动流程图

规划实施跟踪中最后一个视图，即规划生命周期结束时间点的现状视图，可以作为下一个规划生命周期的现状视图，迭代循环。

规划实施跟踪和规划实施评价两个活动可交替进行，即规划实施评价活动可以在演进路线规划完毕后的任一时间点进行，只要有足够的对比分析材料。

1）愿景视图开发

愿景视图是期望达到的数据交换共享需求的体现，这种需求只能通过调研得到。因此只能用需求分析工程的方法，调研、分析各单位或机构的数据使用需求，尤其是调研职责使命使然的需求。

进行愿景视图开发的方法有两类，一类是自顶向下的基于业务梳理的愿景视图开发方法，另一类是基于调研的愿景视图开发方法。

（1）基于业务流程梳理的愿景视图开发方法

基于业务流程梳理的愿景视图开发方法从分析部政务业务出发，经过以下四个步骤，形成愿景视图：

①分析部业务中隐藏的业务线，形成业务线目录。即从部职能部门三定方案出发，提取其中的动宾词组，考察是否有实际的操作流程，且此次规划是否关注，如果答案肯定，则暂定为业务线，纳入业务线目录。业务线目录如表 4-3 所示。如果业务线有相应的应用系统支撑其工作，应在备注中注明。

业务线目录 表4-3

编码	主管司局	主管处室	业务线名称	业务线说明	业务线流程图文件	备注

②分析业务线与信息的关系,确定业务线信息需求,即业务线输入的信息(从其他业务线采集而来,或从行政相对人提交的材料采集而来),业务线输出的信息(提交给其他业务线,或提交给行政相对人),业务线存储的信息(以备业务线下一个运作周期使用的信息);形成业务线信息生成存储使用表。如表4-4所示。其中输入信息中如果有从其他业务线采集的信息,应标注其来源;针对每个输入信息应标明使用方式;输出信息中如果有提交给其他业务线的信息,应标注去向。

业务线信息生成存储使用表样表 表4-4

编码	主管司局	主管处室	业务线名称	输入信息	输出信息	存储信息

③与信息资源目录对照,标准化有关输入信息、输出信息、存储信息的描述,并形成全局性信息生成使用表,如表4-5所示。针对信息资源目录中缺失的信息,可以启动信息资源目录增补工作。

全局性信息生成使用表 表4-5

<table>
<tr><td colspan="2" rowspan="4">部 门 业 务</td><td colspan="2">主管司局</td></tr>
<tr><td colspan="2">主管处室1</td></tr>
<tr><td>业务线1</td><td>业务线2</td></tr>
<tr><td>应用系统</td><td></td></tr>
<tr><td>信息数据元分类</td><td>数据元</td><td>生成使用情况</td><td></td></tr>
<tr><td></td><td></td><td></td><td></td></tr>
</table>

④结合业务线目录表、业务线信息生成存储使用表和全局信息生成使用表,分析数据流向,抽出信息共享需求,针对共享需求形成数据供需矩阵,该数据供需矩阵即为愿景视图。

本方法适用于应用系统或相应应用系统已建、在建或准备建设的业务线。

(2)基于调研的愿景视图开发方法

基于调研的愿景视图开发方法,以数据供需矩阵的形成、确认、变更为核心,主要步骤如下：

①数据需求调查。

通过问卷调查，初步了解司局之间、司局内处室之间数据供需关系。该问卷要以记名形式填写，以备后续处理疑问时面对面交流。

针对每个问卷回馈，参照信息资源目录和数据元标准，尽可能填写数据供需矩阵。有不清晰之处，可以通过座谈、个别探讨的方式解决疑问，直至针对每个问卷中提出的数据需求都能在数据供需矩阵中得到反映。

②愿景视图需求方确认。

针对已按需求方提出的方式满足的数据需求，向需求方提供信息获取途径。

针对能提供数据需求，但数据提供方式不是需求者提出的方式，或提供的时间不满足工作要求时，应促进需求者与提供者的沟通，促其达成令双方在一个时间段内都可接受的协议。

针对不能提供的数据，需向需求者提供数据潜在提供者不能提供数据的原因，探讨是否能调整数据需求。

③信息需求布局。

整理数据供需矩阵，形成愿景视图。整理原则如下：

利用数据元标准规范地描述数据内容；

利用信息资源目录正确地反映出提供数据的系统；

尽可能归并对省里的数据采集，即省厅同一个数据的出口统一。

尽可能归并部级系统的数据提供，即同一个数据尽可能用同一个部级系统提供服务。

数据供需矩阵的每个元素是一个需求集合，该集合中元素的分解与合并要具有合理性，如：依据资源目录，可以合并由同一个系统在一致的限制条件下以同种提供方式提供的不同数据内容；在同一对机构间对同一数据内容尽量不同时出现"软件系统调用"方式的需求和"复制处理"方式的需求等。

2）现状视图开发

首次利用本方法进行规划时，需开发现状视图；前期规划已使用本办法且规划实施跟踪不到位时，仍需要再次开发现状视图。如果前期规划实施跟踪活动到位，可将规划实施跟踪在规划生命周期结束时间点的跟踪视图作为新规划的现状视图。

现状视图可从愿景视图的调研中得到，即愿景视图中凡注明已按需求方提出的方式得到满足的数据需求组成现状视图。

附件3给出了一个调研样例，从其中可见现状视图的开发和愿景视图的开发可同期进行。

3）差距分析

愿景视图与现状视图之间的差距分析是演进路线规划的依据。

差距分析的结果用差距矩阵表示，即：

$$
\begin{aligned}
\text{差距矩阵} &\triangleq \text{愿景视图} - \text{现状视图} \\
&= \begin{pmatrix} a_{11} & \cdots & a_{1n} \\ \vdots & \ddots & \vdots \\ a_{n1} & \cdots & a_{nn} \end{pmatrix} - \begin{pmatrix} b_{11} & \cdots & b_{1n} \\ \vdots & \ddots & \vdots \\ b_{n1} & \cdots & b_{nn} \end{pmatrix} \\
&= \begin{pmatrix} a_{11} - b_{11} & \cdots & a_{1n} - b_{1n} \\ \vdots & \ddots & \vdots \\ a_{n1} - b_{n1} & \cdots & a_{nn} - b_{nn} \end{pmatrix}
\end{aligned}
$$

式中：a_{ij}——在愿景视图中第 i 个机构应向第 j 个机构提供数据需求；

b_{ij}——在现状视图中第 i 个机构已经满足向第 j 个机构提供数据的需求；

$a_{ij} - b_{ij}$——在第 i 个机构向第 j 个机构提供数据方面愿景与现状的差距。

愿景与现状的差距可以是多方面的，包括数据内容不满足需求、数据质量不满足需求、数据流转方式不满足需求等。

4）演进路线规划

（1）部级系统建设计划搜集

演进路线的规划，首先应搜集部级系统建设计划，包括：新业务系统及原有业务系统的新建和改扩建施工计划；整理新建或改扩建系统涉及的数据采集内容及数据采集特性（采集方式、采集频度、管理责任、质量评估指标等），数据服务内容等。然后按照新建或改扩建系统施工计划标注的完工时间点，制作不同时间点的可实现的数据供需矩阵。

（2）提出针对共享实施的系统改扩建计划

根据现状视图和愿景视图之间的差距，首先依据愿景视图中登记的在规划期内可满足的需求，按时间点顺序组织，形成演进路线；其次应就具体数据需求征求需求方意见，考察是否有必要加快演进步伐，如有必要，则考察加快步伐的限制条件，探讨克服限制的手段，如增加投资、增加人力、行政命令等，并提出相关系统改扩建计划。

(3)演进路线的设置要经过数据需求方和提供方的确认

5)规划实施跟踪

实质上,演进路线规划就是共享实施规划,该规划的实施情况需通过管理手段进行跟踪监控,以便在必要时对具体的实施情况采取措施,以保障计划的顺利进行。因此规划实施跟踪的目的是如实地掌握共享需求满足的情况。

规划实施跟踪的核心是利用一个信息系统建设管理的有效手段,获取有关该系统建设过程中对信息共享需求的响应结果,在跟踪视图中记录相应时间点,通过相应系统建设满足或部分满足的数据需求,形成新的时间点的跟踪视图。

跟踪视图最初始状态为规划的现状视图,在规划生命周期中,随着新系统的建设或老系统的改造,跟踪视图将逐渐丰富起来,并接近愿景视图。

进行规划实施跟踪最有效的手段是系统建设验收,即系统验收时根据系统设计的功能进行检测,可获得系统对数据共享实现的实际情况。另外,还可以利用部级系统建设的标准符合性检测。

6)规划实施评价

规划期结束时,分析规划初期现状视图与愿景视图的差距矩阵,以及规划实施结束时现状视图与规划的愿景视图之间差距矩阵,两个差距矩阵自然反映了规划实施情况。对愿景矩阵中未能实现的共享需求分析原因,可作为下期规划的经验。

4.4　行业信息资源分类方法

信息资源分类是根据信息资源自身内容的属性或特征,将其按一定的原则和方法进行区分和归类,并建立起一定的分类体系和排列顺序。信息资源分类的依据取决于分类对象的属性或特征。根据不同群体对信息资源观察角度的不同,可以从不同的维度对同一个信息资源进行多重分类。既可以从信息资源性质和业务角度分类,也可以从信息主题和内容角度分类,还可以从行业管理部门或地理位置角度分类,甚至可以从载体、体裁、服务方式等多种角度进行分类,分类的目的主要是为了满足查找信息用户的不同习惯,提供查找和定位的便利性。

同信息资源的特征与信息的特征基本一致的原因相同,狭义的信息资源可以被看作是信息本身,所以对信息资源的分类应该与信息的分类基本一致。

4.4.1 按性质划分

信息资源可分为自然信息资源和社会信息资源两类。前者指产生于自然界的信息资源,如地质信息资源、地理信息资源、太空信息资源、气象信息资源、地震信息资源、生命信息资源、海洋信息资源等;社会信息资源是产生于人类生产与社会实践活动过程中的信息资源,按内容可以分为教育信息资源、体育信息资源、法律信息资源、交通信息资源、经济信息资源、医疗信息资源等。

4.4.2 按载体划分

按载体不同,可划分为人脑信息资源、实物信息资源、文献信息资源。人脑信息资源是以人的大脑为载体的信息资源,是人脑资源的一大部分;实物信息资源是以自然物质为载体的信息资源,可分为自然实物信息资源,如地球、河流、山川、大气等和人工实物信息资源,如雕塑、碑石、模型、建筑、船舶、车辆等;文献信息资源是以介质为载体的信息资源,如书刊信息资源、声像信息资源、电子信息资源等。

4.4.3 按表现形态划分

按表现形态可以划分为潜在信息资源与现实信息资源。前者是指个人在认知和创造过程中储存在大脑中的信息资源,只能为个人所理解和利用,无法为他人直接理解和利用,是一种没有表达出来的、有限再生的信息资源;现实信息资源是指潜在信息资源经过个人表述后能为他人所利用的信息资源,其主要特征是具有社会性,通过特定的符号表述和传递,可以广泛地、连续反复地为人类所利用,是一种可无限再生的信息资源。

4.4.4 按构成要素划分

按构成要素,信息资源可分为信息内容资源、信息技术资源及信息人才资源。

交通信息资源按构成要素划分,信息内容资源有公路信息资源、水路信息资源、业务信息资源、主题信息资源等;信息技术资源有智能交通信息资源、公路建设技术信息资源、水路建设技术信息资源、船舶监管信息资源、交通通信信息资源等;信息人才资源有公路设计、公路研究、水运设计、水运研究、海事管理、智能交通、物流技术等人才资源。

4.4.5　按空间位置划分

按信息资源所处的空间划分，有国际信息资源、国家信息资源、地区信息资源、单位信息资源、个人信息资源。

交通信息资源按空间位置划分，有部级信息资源、省级信息资源、地市信息资源、公路信息资源、水路信息资源等。

4.5　行业信息资源分类结构

4.5.1　业务分类结构

1）业务资源目录分类结构

业务分类主要依据交通运输主管部门职责定位，进行信息资源统计分析，定位信息资源的来源与去向，信息资源使用的业务需求，反映信息资源开发利用之间的业务关系和职能关系。因此，在分析交通运输部机关各司局业务职能和主要业务信息需求后，业务分类展示以交通运输各级管理部门或为节点进行分类，为建立各个业务之间的信息共享和交换奠定业务联系的基础。

2）业务资源目录元数据结构

业务资源目录元数据主要通过管理部门、职能职责、产生资源、资源来源、数据采集途径和共享要求等描述和说明信息资源，其信息元数据结构如表 4-6 所示。

业务资源目录元数据结构　　　　表 4-6

元数据集	元数据项	数据项名称
司局（主键）	司局名称	sijuname
	司局编码	sijunamecode
业务职责	业务名称（副键）	businessname
	部门职责	departmentduty
处室	处室名称	chushiname

续上表

元 数 据 集	元 数 据 项	数据项名称
产生资源	资源名称	ziguanname
	资料来源或产生单位	ziliao
	载体形式	zaiti
	体裁	ticai
	信息量	xinxiliang
	密级	yewumiji
数据采集	采集数据依托的系统	onsystem
	采集数据的具体内容	data
共享信息	是否可提供给其他司局共享	sharestate
	共享条件	sharingcondition
	不能共享的原因	reason

4.5.2 信息系统分类结构

信息系统目录主要以收集交通运输部政务外网非涉密应用系统的建设和管理信息为基础,以系统名称为检索对象,掌握业务应用系统的建设信息、功能信息、运行信息、使用信息、维护信息和开发商信息等,并建立目录元数据结构,如表4-7所示。

业务应用系统目录元数据结构 表4-7

元 数 据 集	元 数 据 项	数据项名称
业务应用系统名称	业务应用系统名称(主键)	ywyyxtname
系统所属部门	部门名称(副键)	xtssbmname
	部门编码	xtssbmcode
应用系统信息	英文名或简称	yyxtname
	运行版本	yybb
	访问网址	fwwz
	登录用户名	dlyhm
	登录密码	dlmm
系统结构	系统结构类别	xtjgname
	系统架构	xtjiagou
	操作系统	czxt
	操作系统密码	czxtyhm

续上表

元 数 据 集	元 数 据 项	数据项名称
数据库	数据库名称	sjkname
	数据库用户名	shujuku
	数据库密码	sjkmm
中间件	中间件名称	zjjname
	中间件用户名	zjjyhm
	中间件密码	zjjmm
系统建设	系统使用或建设状态	xtjsname
	系统的建设单位名称	xtjsdwmc
	建设单位联系人	jsdwlxr
	建设单位联系电话	jsdwlxdh
	系统上线时间	xtsxsj
开发商	开发商名称	kfshangname
	资质	zizhi
	公司地址	gsdz
	公司电话	gsdh
	企业法人	qyfr
	公司 Email	gsemail
	联系人	lxren
	联系电话	lxdh
	联系人 Email	lxrem
运行维护	姓名	yxwhname
	性别	xingb
	单位	danwei
	办公地点	bgddian
	电话	dianh
	Email	email
	学历	xueli
	专业	zhuanye
	人员资质	renyuanzz
	技术职称	jszhicheng

续上表

元 数 据 集	元 数 据 项	数据项名称
运行维护	功能描述	gnms
	技术资料	jsziliao
	支撑的业务应用	zcdywyy
	与其他应用系统接口	yqtyyxtjk
	部署位置	bushuweizhi
	依托网络	ytwl
本部门内使用系统的单位	本部门内使用系统的单位名称	bbmnsyxtdwname
	用户数	yhshu
	单位分布	dwfenbu
本部门外使用系统的单位	横向使用的单位名称	bbmwsydxtdwname
	横向使用单位的用户数	hxsyxtdwyhs
	纵向使用的单位名称	zxsydwmc
	纵向使用单位的类别	zxsydwlb
	纵向使用单位的用户数	zxsydwyhs
部门外使用系统的单位访问	访问最繁忙时间段	bbwsyxtdwfwname
	最忙时间内最大并发用户数	zmsjnzdbfyh
	最忙时间内的最大并发流量	zmsjnzdbfll
安全管理	等保定级	aqglname
	是否涉密	sfsm
	是否软件测评	sfrjcp
	是否安全评估	sfwqpg
	数据备份措施	sjbfcs
	防病毒措施	fbdcs
其他	备注	beizu

4.5.3 基础设施分类结构

基础设施资源管理分类主要解决准确掌握交通运输部硬件基础设施设备信息，为信息化管理和建设提供基础设施建设条件依据，提高资源利用效率，减少建设投资，实现资源共享。此分类以交通运输部网管中心设备资产管理为基础，选定管理需要的元数据项。具体资源目录元数据结构见表4-8。

基础设施资源目录元数据结构表　　表 4-8

元 数 据 集	元 数 据 项	数据项名称
—	资产编号(主键)	yjjcssbname
设备信息	设备类型	sblx
	型号	xinghao
	设备名称	sbmc
	出厂编号	ccbh
	序列号	xliehao
	规格	guige
	现承载应用	xczyy
辅助信息	附件	fujian
	耗材	haocai
	操作系统	czxtong
	中间件	zjjian
	数据库	sjkxx
服务信息	是否开启 SNMP 服务	sfkqSNMPfw
	是否可以协调厂商	sfkyxtcs
网络交换设备	结构形式	wljhsbname
	交换容量	jhrl
	包转发率	bzfl
	槽位数	caoweishu
	端口数	duankoushu
	已用端口数	yydks
	已用槽位数	yycws
处理器	处理器型号	chuliqiname
	主频	zhupin
	处理器个数	zlqgs
	内存	neicun
硬盘	硬盘容量	yingpanname
	硬盘个数	ypgs
	硬盘类型	raidleixing
	空间使用量	kjsyl

续上表

元 数 据 集	元 数 据 项	数据项名称
硬盘	年增长量	nzcl
	可扩充硬盘数	kkcyps
路由设备	转发性能	lysbName
	路由端口	lydk
	插槽数	chacaoshu
	路由已用端口数	lyyydks
	路由已用槽位数	llyycws
安全设备	电源	dianyuan
	包过滤	anquanshebeiname
	应用层过滤	yyglc
	抗攻击特性	kgjtx
	VPN	VPN
	网络协议	wlxy
IP 地址	默认网关	ipdizhiname
	内部 IP	neibuIP
	外部 IP	waibuIP
	子网掩码	zwym
	MAC 地址	MACdz
设备位置	存放地点	sbwzname
	设备所在地	sbszd
	机柜	jigui
	U 位	Uwei
KVM 管理	KVM 编号	KVMglname
	KVM 位置	KVMwz
	KVM 名称	KVMmc
购置信息	设备采购时间	gzxxname
	设备采购价格	sbcgjg
	取得日期	qdrq
	保修截止日期	bcjzrq
	保修期	baoxiuqi

续上表

元 数 据 集	元 数 据 项	数据项名称
设备维护单位	单位名称	sbwhdwname
	联系人	lianxiren
	联系电话	lxdh
建设单位	建设单位名称	jsdwname
	建设联系人	lxren
	建设联系电话	jslxdh
管理员用户	管理员用户名称	glyyhname
	管理员密码	glymm
供应商	供应商名称	gyshangname
	供应商联系人	gyslxr
	供应商联系电话	gysxdh
其他	备注	beizhu

4.5.4 通用软件基础设施分类结构

通用软件基础设施资源管理分类主要解决准确掌握交通运输部通用软件基础设施资源信息,为信息化管理和建设提供基础支撑建设条件的依据,提高资源利用效率,减少建设投资,降低建设成本,实现资源共享。此分类以交通运输部网管中心设备已安装软件资产管理为分析基础,选定管理需要的元数据项。具体资源目录元数据结构见表4-9。

通用软件基础设施资源目录元数据结构表　　表4-9

元 数 据 集	元 数 据 项	数据项名称
—	资产编号(主键)	tyrjjcssbname
—	软件名称(副键)	rjmc
基本信息	版本	banben
	类型	leixing
	型号	xinghao
	是否正版	shifouzhengban
厂商信息	厂家	changshangname
	厂家联系人	changjialianxi
	厂家联系方式	cjlxfs

续上表

元 数 据 集	元 数 据 项	数据项名称
厂商信息	技术支持电话	jszclxdh
供应商	供应商名称	gyshangname
	注册联系人	zclxr
	注册联系人联系方式	lxrlxfs
许可授权	所属工程或项目	ssgchxm
	介质	jiezhi
	授权号	xksqname
	许可证号	xkzh
	许可证持有人	xkzcyr
	许可证日期	xkzrq
	注册许可联系人	zclxren
	注册许可联系人联系方式	zcxklxfs
	技术支持年限	jszcnx
	软件保障结束日期	rjbzjsrq
管理员用户	管理员用户名称	glyyhmcname
	管理员密码	glymm
备注		beizhu

4.5.5 共享资源分类结构

1)资源目录分类结构

共享资源分类按照《公路水路交通信息资源业务分类》(JT/T 748—2009)标准进行结构搭建,并通过信息资源标识符编码建立信息资源与主管部门之间的联系,达到通过检索分类或部门定位的方式查找信息资源的位置。并且已经在公路水路交通信息资源共享工程的建设中得到实施应用,效果良好。

2)资源目录元数据结构

共享资源元数据采用《交通信息资源核心元数据》(JT/T 747—2009)标准建立,并增加基础数据库表名称,使该目录内容与各个业务系统的基础数据库建立关联关系,实现目录定位和内容查询的目的。具体元数据结构表如表 4-10 所示。

交通运输共享信息资源元数据结构表　　表 4-10

元数据集	元数据项	数据项名称
信息资源基本信息	信息资源名称	resourcename
	信息资源发布日期	pubdate
	信息资源摘要	abstract
	信息资源语种	language
	数据志说明	statement
信息资源提供方	资源提供方单位	idpocname
	资源提供方单位编码	idpoccode
	资源提供方地址	cntadd
	资源提供方电子邮件地址	emailadd
资源限制信息	使用限制名称	useconstsname
	使用限制编码	useconstscode
信息资源分类	分类方式名称（业务、基础数据、主题）	catestdname
	分类方式编码	catestdcode
关键字说明	关键字	desckeysname
	词典名称	thesaname
安全访问限制分级	安全访问限制分级名称	secaccclassname
	安全访问限制分级编码	secaccclasscode
业务资源类目	业务资源类目名称	infocatename
	业务资源类目编码	infocatecode
	在线资源链接地址	onlinesrc
政务主题类目	政务主题类目名称	zwztlmname
	政务主题类目编码	zwztlmcode
科技资源类目	科技资源类目名称	kjzylmname
	科技资源类目编码	kjzylmcode
	信息资源标识符	resid
时间范围信息	起始时间	timeperiodname
	结束时间	enddate
	空间范围	sptdom

续上表

元数据集	元数据项	数据项名称
大地坐标参照系统	大地坐标参照系统名称	coorrsidname
	大地坐标参照系统名称	coorrsidname
垂向坐标参照系统	垂向坐标参照系统名称	verrsidname
	垂向坐标参照系统编码	verrsidcode
坐标系信息	坐标系类型名称	coorinfoname
	坐标系类型编码	coorinfocode
服务类型	服务类型名称	servtypename
	服务类型编码	servtypecode
	服务地址	servurl
维护更新周期	维护更新周期名称	mainfreqname
	维护更新周期编码	mainfreqcode
	发布日期	reldate
元数据维护方	元数据标识符	metadataid
	元数据联系单位	mdcontactname
	元数据联系单位编码	mdcontactcode
	元数据维护方地址	mdadd
	元数据更新日期	mddateupd
—	基础库表名称（通过接口实现）	dbtablename

4.5.6 基础数据分类结构

1)基础数据目录分类结构

基础数据目录建议遵循《交通信息基础数据元　第2部分:公路信息基础数据元》(JT/T 697.2—2014)的规定,包括公路、港口、航道、船舶、船员、道路运输、水路运输、建设项目、交通统计、船舶检验、船载客货、收费公路和城市客运13个业务领域目录。

各领域的基础数据的具体层级科目分类根据《交通信息基础数据元　第2部分:公路信息基础数据元》(JT/T 697.2—2014)建立,这种分类方法在交通信息基础数据元标准中得到很好的应用与实践,也基本涵盖了公路水路交通行业管理中的基本管理对象和基础业务信息。

2) 基础数据目录元数据结构

在同样采用共享资源元数据适用的《交通信息资源核心元数据》(JT/T 747—2009)标准的基础上，建议增加一个元数据集“基础数据类目”(包括：一级分类类目名称、二级分类类目名称、三级分类类目名称、类目分类编码、类目说明)和一个元数据项(既数据元名称)，并在现有业务资源分类方式的基础上补充(基础数据分类和主题数据分类)。建立并实现基础数据资源注册与交通运输行业标准《交通信息基础数据元　第 2 部分：公路信息基础数据元》(JT/T 697.2—2014)以及其他数据元标准中数据元项内容的一一对应关系，使基础数据目录与数据元标准协调统一。

基础数据资源元数据结构见表 4-11。

交通运输基础数据资源元数据结构表　　表 4-11

元数据集	元数据项	数据项名称
信息资源基本信息	信息资源名称	resourcename
	信息资源发布日期	pubdate
	信息资源摘要	abstract
	信息资源语种	language
	数据志说明	statement
信息资源提供方	资源提供方单位	idpocname
	资源提供方单位编码	idpoccode
	资源提供方地址	cntadd
	资源提供方电子邮件地址	emailadd
资源限制信息	使用限制名称	useconstsname
	使用限制编码	useconstscode
信息资源分类	分类方式名称 (业务、基础数据、主题)	catestdname
	分类方式编码	catestdcode
关键字说明	关键字	desckeysname
	词典名称	thesaname
安全访问限制分级	安全访问限制分级名称	secaccclassname
	安全访问限制分级编码	secaccclasscode
业务资源类目	业务资源类目名称	infocatename
	业务资源类目编码	infocatecode

续上表

元数据集	元数据项	数据项名称
基础数据类目	分类类目名称	catelistname
	类目编码	catelistcode
	类目说明	cateexplain
	数据元名称	dataelemname
	在线资源链接地址	onlinesrc
政务主题类目	政务主题类目名称	zwztlmname
	政务主题类目编码	zwztlmcode
科技资源类目	科技资源类目名称	kjzylmname
	科技资源类目编码	kjzylmcode
	信息资源标识符	resid
时间范围信息	起始时间	timeperiodname
	结束时间	enddate
	空间范围	sptdom
大地坐标参照系统	大地坐标参照系统名称	coorrsidname
	大地坐标参照系统名称	coorrsidname
垂向坐标参照系统	垂向坐标参照系统名称	verrsidname
	垂向坐标参照系统编码	verrsidcode
坐标系信息	坐标系类型名称	coorinfoname
	坐标系类型编码	coorinfocode
服务类型	服务类型名称	servtypename
	服务类型编码	servtypecode
	服务地址	servurl
维护更新周期	维护更新周期名称	mainfreqname
	维护更新周期编码	mainfreqcode
	发布日期	reldate
元数据维护方	元数据标识符	metadataid
	元数据联系单位	mdcontactname
	元数据联系单位编码	mdcontactcode
	元数据维护方地址	mdadd
	元数据更新日期	mddateupd
—	基础库表名称	dbtablename

4.5.7　主题数据分类结构

1）主题数据目录分类结构

通过开展相关司局业务摸底调研分析，业务主题数据目录建议结合《公路水路交通信息资源分类》（JT/T 478—2009）的规定，分析现有主题应用数据，主要包括党务工作、综合事务、政策法规、公路交通、水路交通、客货运输、安全与质量监督、交通科技、政务公开、组织机构 10 个业务领域的主题目录。主题数据层级深度为四级，开头使用 B 字母标记。

具体分类层级参见《交通运输数据中心互联技术规范　第 2 部分：基础信息资源目录及数据层级标准》的附录 B《交通运输数据中心主题数据资源业务分类科目表》。

2）主题数据目录元数据结构

主题数据目录元数据结构与共享资源分类元数据结构基本相同，通过信息资源分类属性元数据可以清晰地界定目录分类（业务、基础数据、主题数据），同时增加建立主题数据分类方式，提供区分共享资源信息、基础数据和主题数据等信息的查找与服务。

主题数据资源元数据结构见表 4-12。

交通运输主题数据资源元数据结构表　　表 4-12

元 数 据 集	元 数 据 项	数据项名称
信息资源基本信息	信息资源名称	resourcename
	信息资源发布日期	pubdate
	信息资源摘要	abstract
	信息资源语种	language
	数据志说明	statement
信息资源提供方	资源提供方单位	idpocname
	资源提供方单位编码	idpoccode
	资源提供方地址	cntadd
	资源提供方电子邮件地址	emailadd
资源限制信息	使用限制名称	useconstsname
	使用限制编码	useconstscode

续上表

元数据集	元数据项	数据项名称
信息资源分类	分类方式名称（业务、基础数据、主题）	catestdname
	分类方式编码	catestdcode
关键字说明	关键字	desckeysname
	词典名称	thesaname
安全访问限制分级	安全访问限制分级名称	secaccclassname
	安全访问限制分级编码	secaccclasscode
业务资源类目	业务资源类目名称	infocatename
	业务资源类目编码	infocatecode
主题数据类目	主题类目名称	catelistname
	主题类目编码	catelistcode
	主题类目说明	cateexplain
	在线资源链接地址	onlinesrc
政务主题类目	政务主题类目名称	zwztlmname
	政务主题类目编码	zwztlmcode
科技资源类目	科技资源类目名称	kjzylmname
	科技资源类目编码	kjzylmcode
	信息资源标识符	resid
时间范围信息	起始时间	timeperiodname
	结束时间	enddate
	空间范围	sptdom
大地坐标参照系统	大地坐标参照系统名称	coorrsidname
	大地坐标参照系统名称	coorrsidname
垂向坐标参照系统	垂向坐标参照系统名称	verrsidname
	垂向坐标参照系统编码	verrsidcode
坐标系信息	坐标系类型名称	coorinfoname
	坐标系类型编码	coorinfocode
服务类型	服务类型名称	servtypename
	服务类型编码	servtypecode
	服务地址	servurl

续上表

元数据集	元数据项	数据项名称
维护更新周期	维护更新周期名称	mainfreqname
	维护更新周期编码	mainfreqcode
	发布日期	reldate
元数据维护方	元数据标识符	metadataid
	元数据联系单位	mdcontactname
	元数据联系单位编码	mdcontactcode
	元数据维护方地址	mdadd
	元数据更新日期	mddateupd
—	基础库表名称	dbtablename

4.6　行业信息资源管理规章体系

4.6.1　行业信息资源管理规章需求

作为一种新兴的、高效的信息化管理手段，建设数据中心的方式已经被各级政府部门高度认可，但数据中心终究是一种工具，没有高效的管理，也不可能有完善的数据中心。为了避免信息资源重复投资建设、缺乏统一标准、管理过程协调难度大等问题，数据中心信息资源开发利用工作应当遵循相应的规章制度。

通过规章制度对信息资源进行全生命周期的管理，对于信息资源如何开展交换共享、信息资源的安全保障、信息资源的建设等均需制定相应的规章制度，使得信息资源管理人员能够有章可循，提高信息的可靠性、完整性、适时性等。结合数据中心及信息资源特征，目前比较重要的管理制度有：信息资源标准管理制度、信息资源存储管理制度、信息资源交换共享管理制度、信息资源管理组织机构设置制度、信息资源安全保障制度等。

1）信息资源的内容管理对规章制度的需求

信息资源内容管理是指对信息资源本身的属性或特征进行管理的过程，包括信息资源的类型、分类、描述、表示等。通过某一信息资源的属性或特征可以准确掌握该信息资源的意义。

部级数据中心汇聚的信息资源丰富而复杂，存在既相互包含又互为交叉的可能,存在结构化数据和非结构化数据,各种数据格式、数据的描述表示因来源于不同省(市)、部门而具有较大的差异,为了避免混乱歧义、规范数据中心信息资源内容,需要制定相应的管理规章对信息资源的内容进行规范。通过对信息资源的各个属性要求进行统一规定,达到一定范围的某种统一局面,以利于信息交换的进行。

数据内容的管理多通过在建设过程中执行相应的标准要求,保证数据内容的规范化。因我国尚未正式建立统一协调的信息资源管理标准体系和工作规范。各省(市)及部级业务部门在信息资源的建设过程中,根据自身需求采用或制定了相应的规范,部分部门形成一套自己的工作规范和标准体系,致使信息资源共享难以发展,因此数据内容管理需要对数据内容各属性的标准应用作出相应的规定。

2)信息资源开发利用过程管理对规章制度的需求

根据部级数据中心定位,部级数据中心是行业基础数据的汇集、交换、共享和服务中心,只有抓好数据、用好数据、管好数据,保证了数据的真实性、准确性、及时性、权威性,才能发挥数据中心真正作用。因此在数据中心信息资源的管理工作是数据中心基础性工作内容,是直接影响数据中心建设成败的重要内容。

数据中心信息资源的内容管理的基础上,对于信息资源的生产过程也需要依据相应的管理制度,确保管理工作有条不紊地开展。数据中心信息资源生产过程管理贯穿数据的全生命周期,按照其流转环节包括信息汇聚、组织加工、数据存储、交换共享、信息服务等。因此信息资源生产过程对管理规章需求主要包括:数据抽取制度、数据组织加工制度、数据存储制度、数据交换共享制度、数据服务支撑制度等。部分相应规章制度需求如下:

(1)数据抽取制度

数据抽取管理是数据中心信息资源管理的第一环,要结合省(市)及部级业务部门已有数据资源特征,建立信息抽取制度,明确各相关部门间合理的信息采集分工负责制度,同时要适当放宽采集权限,远期容许非政府机构和社会公众采集的信息作为数据抽取的资源范围,充分发挥各部门在信息采集方面的作用。

(2)数据组织加工制度

进行信息资源的生产必须按照规定的程序,对信息进行组织、加工处理,而且在信息资源的生产过程中,要确保信息的真实可靠性,信息的组织加工需通过相应的制度流程进行约束规范。信息组织加工制度包括对信息生产内容和信息生产程序的规定。

(3)信息交换制度

通过建立关联部门间的信息交换制度,强制推动信息在相关部门间的交流,可使各部门工作能获得更及时、更准确、更完整的信息,加快决策制定和实施过程的协调,提高行政效率,根除"信息孤岛"现象,避免信息的重复采集、重复加工,减少信息资源的重复建设和资金的浪费。

(4)信息共享制度

信息共享可以最小的成本来满足最大多数人的信息需求。信息资源共享制度应明确规定共享的主体、共享的内容、共享的方式和程序。要制定合理的信息资源共享制度,尽量消除形形色色的信息隔阂、信息壁垒,构建一个信息资源自由流动、畅通无阻的"大信息系统",使该共享的信息完全共享,这是信息资源共享制度的目标和应完成的任务。

(5)信息利用制度

对信息资源进行各种管理,其目的归根到底是为了方便用户使用。何种信息可以提供给何种用户使用,信息资源以何种形式、何种途径最快地、有效地到达目标用户,这是信息资源利用制度建设的内容。同时信息利用制度还应根据信息的内容和目标用户的特征,规定各种信息资源传递的形式。

3)信息资源开发利用环境管理对规章制度的需求

信息资源的运转是在一定的环境下进行的,包括相关政策法规环境、组织结构环境、人员及技术环境等,当环境发生一定的变化,信息资源的管理将受到相应的影响。信息资源开发利用环境管理规章主要包含:规章制度的制定及维护制度、信息资源规划建设制度、数据运行维护制度、数据质量及安全保障制度、数据管理人力及技术保障制度等。对应规章制度需求如下:

(1)信息资源规划建设制度

为了实现数据中心对信息资源进行有计划的、统一的、全面的开发建设,需要制定信息资源规划建设制度,通过该制度对数据中心所需要的信息,从汇聚、处理、传输到使用进行全面规划。

(2)数据运行维护制度

为了加强和规范数据中心对信息资源的运行维护管理,确保系统安全稳定运行,需结合中心特点制定数据运行维护制度,该制度主要包括数据运行维护的职责分工、数据操作管理、运行维护管理、应用维护等。

(3)信息资源安全保障制度

伴随着信息化进程的深入,云计算、物联网、三网融合等新技术的兴起和产业变革,使得新的信息安全问题也摆在现实面前,如:云计算带来的存储数据的安全、黑客攻击损失以及保护隐私的法律风险;系统机器的本地安全问题和在传输过程中端到端的安全问题等。基于信息安全面临的严峻形势和信息安全在战略层面的重要地位和作用,为完善信息安全保障,应制定信息资源安全保障制度。

4.6.2 规章体系研究方法

对交通运输部级数据中心信息资源管理规章体系的研究,主要采用以下方法:

1)文献研究

对国内外信息资源管理规章体系相关文件、研究报告等进行全面、深入、系统的研究分析,为数据中心管理规章体系的建设梳理思路。

2)调查分析

对相关部委信息资源管理规章体系现状进行调查分析,对各省(市)交通数据中心进行问卷调研,调研规章制度建设现状,对调研内容进行比较分析,为数据中心规章制度体系的建设提供参考。

3)反馈验证

数据中心信息资源管理规章体系研究报告初步形成后,将研究成果提供给各相关部门,征求意见,结合反馈意见,进行修改调整。

4.6.3 规章体系架构的搭建

信息资源规范、高效的流转是数据中心功能发挥的基础,信息资源的建设、运行是在各种因素条件下进行的,即在相关政策法规的引导约束下,由相应的管理组织机构,在对应的管理机制、规章制度及相关技术标准体系下进行,如图 4-3所示,因素间具有相互影响关系,因此信息资源管理规章体系的建立需综合考虑相关因素。

部级数据中心信息资源管理规章体系的建设,本着在对信息资源的管理实现制度系统化、流程规范化、工作标准化的思想,为数据中心搭建分层的制度体系,使得中心数据管理的所有活动都得到控制,结合数据中心信息资源管理规章需求分析,数据管理规章体系框架如图 4-4 所示。

数据中心信息资源管理规章体系框架由国家及交通运输部、其他相关部委相关政策规章,数据中心总体指导性管理制度(信息资源管理总则)和数据中心具体支持性管理规章三个层次构成。

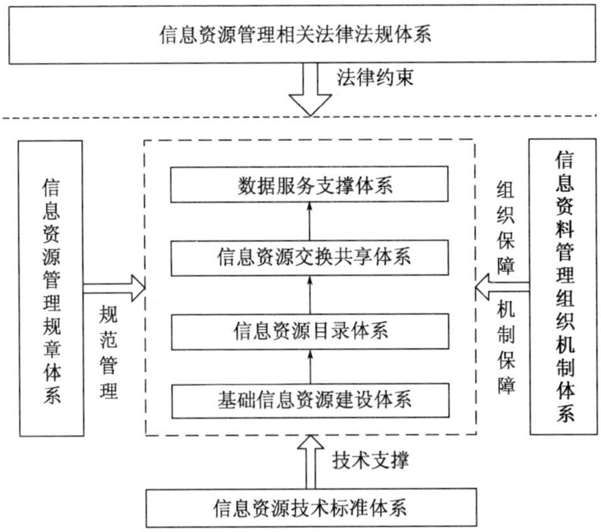

图 4-3　信息资源建设运行的影响因素

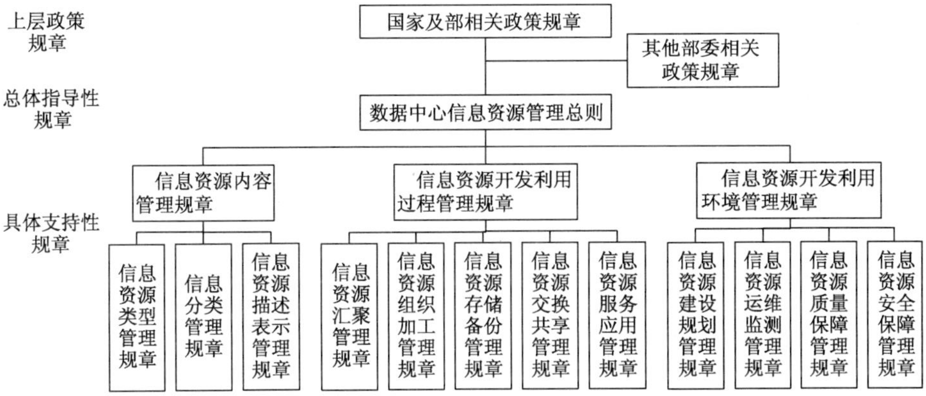

图 4-4　信息资源管理规章体系框架

国家及交通运输部、其他相关部委相关政策规章,为已有的上层政策规章,数据中心在信息资源建设管理过程中需要遵守。在数据中心建设管理过程中,可根据需求对已有的政策制度提出修订建议。信息资源管理总则及信息资源管理具体规章为在上层政策制度的基础上,根据需求制定的管理规章。

信息资源管理总则:规定数据中心数据管理的总体要求;明确各个管理体系

在管理中的关系及其要求，使组织的各个机构和职能明确自身在整个体系中的地位和作用，明确机构的职责权利和相互关系，使其在组织的总体策划下进行管理；对数据管理的管理流程作出规定，以保证各项管理活动遵循一定的途径和方法，减少管理过程的随意性。

信息资源管理具体规章：主要从管理的角度，将信息资源的管理分成三个方面，即信息资源内容管理、信息资源开发利用过程管理、信息资源开发利用环境管理，针对三个方面制定信息资源管理的具体规章，对管理总则进行补充，以保证局部的管理活动能够符合总体管理活动的要求。

4.6.4 规章体系内容研究

1)信息资源管理总则

信息资源管理总则是数据中心在进行数据管理时应当遵循的总体指导文件。总则包括数据管理总体要求及根据数据中心组织结构、部门设置、岗位设置、工作流程等制定的数据管理组织结构、管理岗位及职责、数据管理流程等。

2)信息资源内容管理规章

信息资源内容管理是对信息资源属性或特征的管理，相关规章包括如下几方面：

信息资源分类型管理规章：对信息资源的类型进行管理，并结合不同类型实施不同的管理方式、方法，如按照信息资源的载体和存储技术，可分印刷型、声像型、数字化型等；按照信息加工深度可分为原始信息、一次加工信息、二次加工信息等；按照信息的时间，可分为历史信息、实时信息，各种不同类型的信息所需的管理手段、管理方法也不同，因此需要通过管理规章进行约束规范。

信息资源分类、描述、表示等的管理多通过在建设过程中执行相应的标准规范，保证数据内容的规范化。使得不同来源、不同应用领域的信息资源在数据中心具有统一的分类标准、信息描述及表示标准等。因此信息资源内容管理规章主要是对数据内容各属性标准应用的规定。

3)信息资源开发利用过程管理规章

信息资源开发利用过程管理是指以数据流转环节为数据管理重点，实现全流程的管理。数据中心信息资源开发利用过程管理贯穿信息汇聚、组织加工、数据存储、交换共享、信息服务等环节。数据生产过程管理规章主要包括：信息资源汇集制度、信息资源组织加工制度、信息存储备份制度、信息交换共享制度、信息服务应用制度。

4)信息资源开发利用环境管理规章

信息资源开发利用环境管理包括对政策制定、统筹规划、运维监测、数据质量与安全保障,以及对人员和技术等方面的管理与保障,确保数据的内容与流转过程有序合理进行。信息资源开发利用环境管理规章主要包含:信息资源建设规划、信息数据运维监测制度、数据质量管理与评估办法、数据安全保障制度等。

4.7　行业信息资源技术标准体系

4.7.1　数据中心数据流转过程分析

根据部级数据中心定位为:"是行业基础数据和主题数据的汇集和服务中心、是交通运输行业数据中心体系的国家级交换节点、是部级信息系统运行的统一基础支撑环境",因此信息资源是数据中心的基础,是直接影响数据中心建设成效的重要内容。

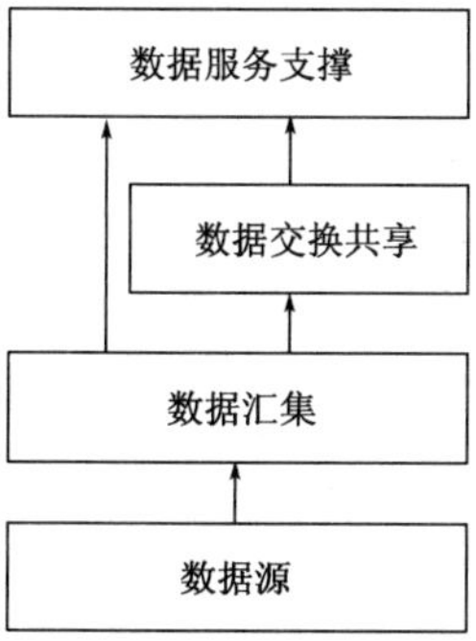

图 4-5　数据中心数据流转过程简图

通过对数据中心定位进行分析,"汇集、交换、服务"是数据中心主要实现三个功能,三个功能同时代表着数据在数据中心的流转过程。根据数据流转过程进行分析,将数据流转过程简化为图 4-5。

为实现信息资源在数据中心能够正常流转,首先需要不同来源的信息资源在数据中心具有统一、规范的描述,并需要信息资源具有统一的类别划分,避免出现信息资源多义、歧义的局面,其次需要各个重要流转过程有标准可依,如数据存储、数据交换等相关标准。因此数据中心数据流转过程中,信息资源的标准主要可概括为两大类:

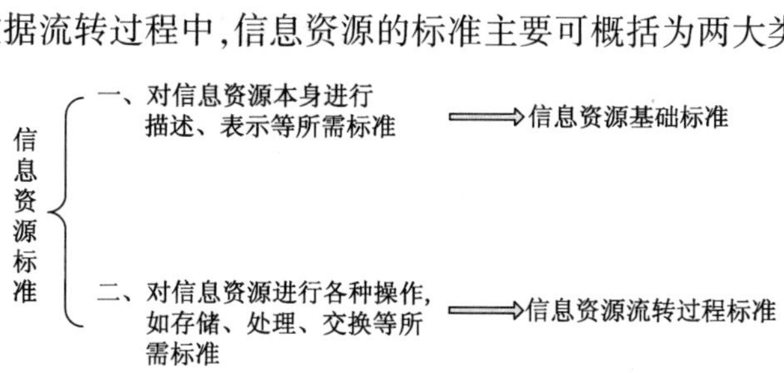

(1)基础标准,此部分标准是数据中心信息资源流转实现的基础,主要包括对信息资源本身的描述表示、分类的标准。

(2)数据流转过程标准,此部分标准为实现数据流转过程所需标准,主要包括:数据汇聚环节所需标准、数据交换共享环节所需标准及数据服务支撑所需标准。

4.7.2 数据中心信息资源基础标准

1)信息资源描述对标准的需求

信息资源描述是根据一定的需要或满足相应的需求,依据一定的规则和标准,对信息资源的定义、标识、表示和允许值等进行分析、选择、记录的活动。为达到准确、全面表达出信息资源的主题内容、形态、特征等的目的,需对信息资源进行描述。用上述属性(如:定义、标识、表示和允许值等)描述信息资源,在一定语境下构成的被认为是不可再分的数据最小单元,称为数据元。

在信息资源的采集、处理、发布和交换等过程中,为了提高数据库建库质量,促进数据加工的规范化、标准化,实现数据交流与共享,需要对数据元进行规范/标准化,即对信息资源的内容、状况和其他特性等进行描述,对数据的定义、命名和一致性进行标准化管理。

而用于描述要素、数据集或数据集系列的内容、覆盖范围、质量、管理方式、数据的所有者、数据的提供方式等有关的信息的数据,即描述数据及其环境的数据,称为元数据。没有元数据,信息资源管理将是十分困难的。由于揭示对象不同,因而元数据的格式、项目和符号等也有所不同,因此数据中心在进行信息资源管理时需要依据统一的元数据标准。

因此对于信息资源的描述需要元数据标准和数据元标准。

2)信息资源的统一分类与编码对标准的需求

部级数据中心汇聚的信息资源丰富而复杂,存在既相互包含又互为交叉的可能,为了实现对部级数据中心的大量数据进行有效管理,确保信息的一致性,需要基于统一的信息资源分类标准,对多源海量数据进行管理。

在数据分类的基础上,对信息赋予代码,以便管理和使用。通过制定、发布和贯彻实施各种信息分类编码标准而达到一定范围的某种统一局面,有利于信息交换的进行。

因此,数据中心信息资源的管理、交换需要信息资源分类及编码标准。

4.7.3　数据汇集对标准的需求

数据汇集主要实现从各省(市)交通数据中心、部级应用系统、四大工程应用系统将所需的基础数据和共享数据抽取出来,经数据清洗转换之后加载到数据中心相应的目标数据库中,供数据中心进行加工处理,提供服务支撑及交换共享。数据汇集环节各过程及所需标准/规则/规范如图 4-6 所示。

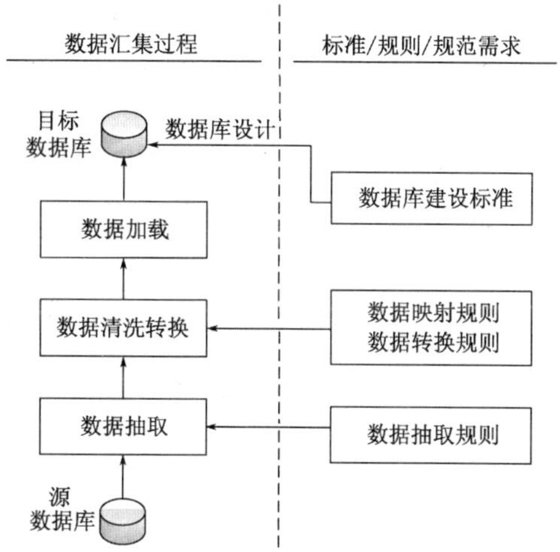

图 4-6　数据汇集对标准的需求

1) 数据抽取对标准的需求

数据抽取是指从各省(市)交通数据中心、业务系统等中抽取需求的数据,为中心数据库输入数据。数据抽取阶段主要需界定数据抽取的类别,并按照一定的抽取策略/规则进行,确保数据抽取规律、规范、可控。

抽取的数据类别,主要通过交通信息资源规划界定,主要包括行业基础数据和行业主题数据。这些信息涵盖了公路建设与管理、水路建设与管理、运输及物流、安全应急和综合事务五个领域。

数据的抽取规则主要包含抽取方式(如增量抽取、完全抽取),抽取周期/频率等。因数据中心抽取的数据种类较多,为尽量保障采集信息完整,采集工作有序、稳定、持续开展,并为上层应用系统提供准确、及时的数据,需结合不同类型数据的特征,界定数据的抽取方式、时间间隔等,制定相应的实施细则、管理规定等相关标准或规范。

2) 数据清洗转换对标准的需求

数据的清洗转换是对于抽取的数据,将不符合要求的(如不完整的数据、错误的数据、重复的数据等）过滤/修正后，根据数据转换规则对数据进行转换以得到符合需求的一致的数据。在整个数据汇集环节，数据的清洗转换一般占整个环节2/3的工作量。

数据转换过程中，数据转换处理模块根据数据源数据自动加载相应的数据映射关系信息并由映射信息中的数据转换规则描述，调用相关数据转换程序，实现数据的转换处理。

所以数据清洗转换阶段需要数据映射规则和数据转换规则。数据映射规则主要是要解决数据间的异构，由于不同的数据源在体系结构、数据类型和操作方法上存在各式各样的异构关系，要进行数据转换，就必须在两者之间建立明确的对应关系。数据转换规则主要执行对数据的处理，如对数据进行组合、拆分、移位、数学运算、关系运算、逻辑运算及格式转换等。

3）数据加载对标准的需求

将抽取、清洗转换后的数据加载到目标数据库中。数据加载至目标数据库前，需实现对目标数据库的建设。数据中心数据量大，数据种类繁多，在数据库的建设过程中需建立数据库建设标准。

部级数据中心数据库建设标准用于规定部级数据中心各数据库建库的数据内容和数据结构，包括基础数据库建设标准和主题数据库建设标准。标准的内容覆盖数据字典、数据存储、数据模型等，以便系统的长期运维管理。

4.7.4 数据交换共享对标准的需求

通过数据汇聚环节加载至目标数据库的数据，存储于部级数据中心的行业基础数据库、行业主题数据库或共享数据库中，同时部级数据中心在实现为部级、行业内提供数据交换和为上层应用系统提供数据支撑的同时，还可与公安、安监、铁路等其他部委业务系统进行数据交换与共享。要实现数据交换共享，在具有数据交换平台的基础上，还应具有统一的数据交换标准，使用户尽可能采用规定的数据标准，如图4-7所示。

在数据的交换共享过程中，为了实现对信息资源的有序化整理和管理，且有利于信息资源的使用者全面了解和利用全局信息资源，需要对数据中心的信息资源制作目录。因部级数据中心包含的数据量庞大、数据种类众多，信息资源目录需要依据相应的信息资源目录标准。部级数据中心信息资源目录标准是对信息资源目录的元数据、目录分类与代码、标识编码规则、目录交换数据等内容的规范。

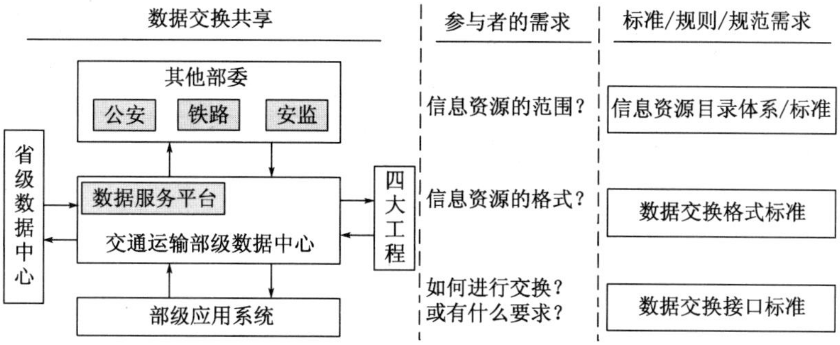

图 4-7　数据交换共享标准需求分析示意图

为了使部级数据中心更好地进行数据交换，必须制定统一的数据交换格式标准及接口标准，保证数据交换的有效性。数据交换格式标准包括数据交换代码格式规范、服务请求标准、服务请求应答格式规范、会话协议标准。因省级数据中心之间接口规范存在不一致现象，需要制定相应的部级数据中心互联平台接口标准，以利于行业信息资源的共享交换。

因此，数据交换共享环节主要需要数据交换格式、接口、数据交换内容及信息资源目录标准。

4.7.5　数据服务支撑对标准的需求

数据服务支撑主要为满足数据服务平台、四大工程、部级业务系统的应用、服务、信息展示等需求提供服务支撑，为了实现服务支撑功能及后续服务支撑范围的扩展，如需要规范信息资源服务对象的访问规则、服务资源框架、目录服务、消息交换模式、服务描述语言等，因此需要相应的数据服务支撑标准/规范，如图 4-8所示。

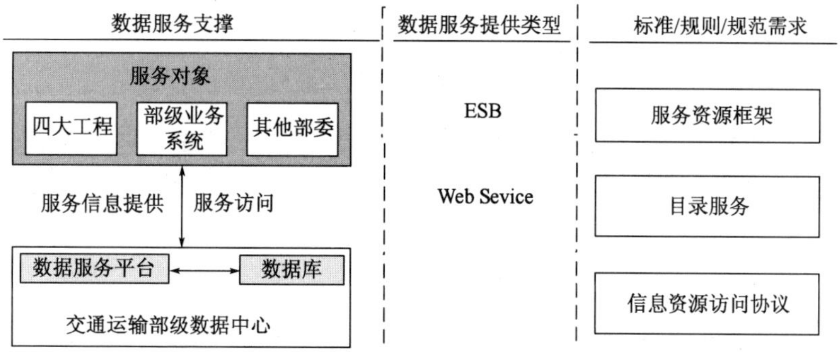

图 4-8　数据服务支撑环节标准需求

根据本节分析,在数据中心的信息资源流转过程中,需要相应的标准、规则、策略等,交通运输部级数据中心信息资源需求标准及标准主要内容见表4-13。

交通运输部级数据中心信息资源需求标准 表4-13

序号	标准类别	标准主要涵盖内容
1	术语标准	
2	信息分类及编码标准	信息分类原则、分类方法、信息资源分类表; 编码原则、编码规则,或编码/代码表
3	元数据标准	
4	数据元标准	
5	数据库建设标准	含数据字典、数据结构、数据模型、数据存储等标准
6	数据交换格式标准	数据交换格式、通信协议、接口规范等
7	接口标准	
8	信息资源目录体系	
9	数据抽取规则	数据抽取种类、数据抽取方式、数据抽取的周期等
10	数据映射转换规则	

4.7.6 标准体系研究方法

对交通运输部级数据中心信息资源的标准体系的研究主要采用以下方法:

1)文献研究

对《中华人民共和国标准化法》《标准体系表编制原则和要求》(GB/T 13016—2009)、《标准化工作导则 第1部分:标准的结构和编写》(GB/T 1.1—2009)等有关法律法规和标准文件进行梳理,对国家各部委、有关部门关于标准体系构建的最新进展进行全面、深入、系统的检索和整理,为数据中心标准体系建设梳理思路。

2)调查分析

对相关部委信息资源标准体系现状进行调查分析,对各省(市)交通数据中心进行问卷调研,调研标准建设现状及对标准的需求,对调研内容进行比较分析,为数据中心标准体系建设提供参考。

3)参照细化

标准体系表是标准体系的图示表达,是对标准体系分析、认识和研究的最终成果。数据中心信息资源标准体系表包括标准体系结构图、标准明细表、标准统计表和编制说明。通过参考《交通信息化标准体系表》(2013)标准体系框架模型,结合信息资源特点对标准进行细化,搭建部级数据中心信息资源标准体系模型。

4)反馈验证

数据中心信息资源标准体系层次结构初步形成后,将已颁布标准、在研标准、计划制定标准以及相关标准,逐一纳入标准体系层次结构中,然后将研究成果提供给各相关部门,征求意见。结合反馈意见,不断修改调整,反复验证,逐步完善标准体系的层次结构,确保标准体系合理性及各项标准的唯一性。

4.7.7　标准体系的搭建

1)标准体系框架的选择

标准体系框架是标准体系的重要组成部分,它表现为一种标准的分类方法,用来对标准进行粗线条的分类,通过它可以把大量的已制定的无序的标准映射为有序子体系,划清各部分的界限,并能发现标准制定的空白区域,提出需要加强的方面。

标准的种类极其繁多,不可能只用一个标志对所有标准进行分类。为了不同的目的,可以从不同的角度对标准进行分类。通过查阅文献,可归纳几种常用的标准分类为:标准化的对象、标准的适用范围、标准的内容、标准的性质等。标准体系的构建可以同时从不同的分类角度进行考虑,形成包含多个维度的标准体系框架。

根据现状调研,一般的体系框架采用较为简洁的二维结构,但它只能表达出标准二维要素的联系,当标准要素错综交汇的时候,二维结构就不能准确表达出每一个标准在框架中的地位,且相互间易发生干扰,因此整个框架中的标准的容量就比较小。用标准的三要素或三种分类分别作为坐标轴所构成的空间叫作标准的三维空间,这一概念最早是由波兰的约·沃吉次基在 1960 年提出的,后来桑德斯(英)、魏尔曼(印度)也都描述过。这种三维结构,在每一维结构中又增加了小门类,延伸了结构的空间,大大扩展了标准的存储容量,并可将标准体系的不断充实看作是一个发展的过程,为标准体系的未来发展准备了广阔的空间,结构上体现了框架的先进性和科学性。

目前,信息资源标准体系建设刚刚起步,为了便于体系的不断扩展,建议采用三维标准体系框架。

2)体系框架模型的构建

信息资源标准体系的结构要能够包含和反映信息资源标准化活动的全部要素和内容。针对三个维度属性,通过广泛比较,结合部级数据中心信息资源标准需求,建议采用标准化的对象、标准的适用范围(级别/种类)、标准的内容三要素,即交通信息资源内容、专业领域、标准种类。三个维度相互独立,三者之间相互结合构成的立体区域为数据中心信息资源标准体系的内容范围。

现有的《交通运输信息化标准体系表》(2013)标准体系模型是对国内交通信息化标准体系的总体规划或蓝图,交通运输部级数据中心信息资源标准体系为总体规划中的一部分内容。为系统性反映标准对象、标准适用性、应用业务领域三个维度的逻辑关系,因此数据中心标准体系基于《交通运输信息化标准体系》(2013)标准体系的三维结构化模型,在其基础上结合信息资源特点进行扩展,搭建部级数据中心信息资源标准体系模型。

交通运输部级数据中心信息资源标准体系结构框架模型如图4-9所示。

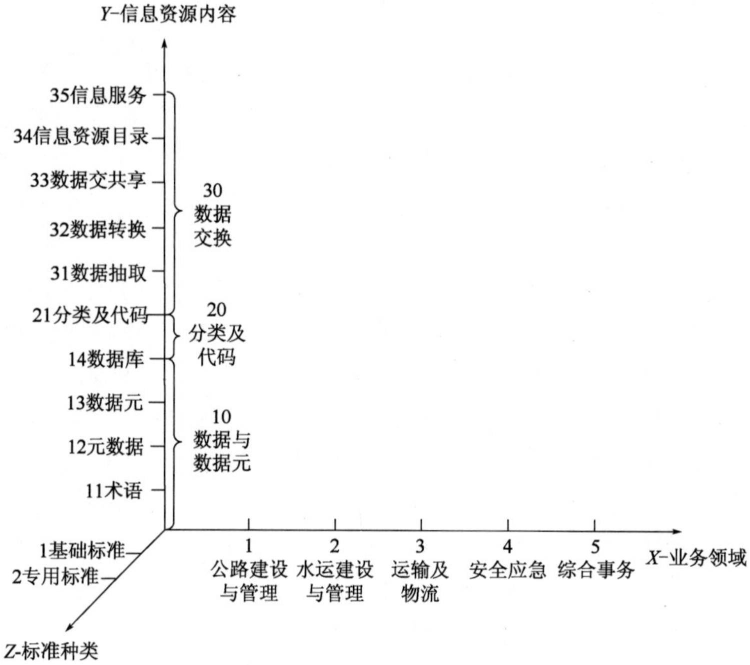

图4-9　数据中心信息资源标准体系结构框架模型

在上述框架模型中,标准的范围是由三维确定的立体空间。但是三维模型只是用来协助描述信息资源标准内容范围,并不是直接用来确定信息资源所应制定的具体标准,尤其是不能认为三维中各取一点所确立的立体空间的一个具体点就必须对应一个具体标准。实际上,欲制定的具体标准在三维空间中对应的可以是一个点,也可能是一条线段甚至一个平面区域。另外,实际中不同具体标准在空间上还可能会有交叉,但这种交叉并非模型的致命缺陷,恰恰相反,若交叉不可避免,那么当交叉情况通过模型得以清晰反映后,就可以尽量保持交叉部分的一致,从而保持标准体系的整体协调性。

3)分类及编号说明

(1)标准分类

交通运输部级数据中心信息资源标准体系采用三维结构模型组成。第一层按照专业领域分类,具体包括公路建设与管理、水运建设与管理、运输及物流、安全应急、综合事务五个分类。第二层按照信息资源内容分类,在《交通信息化标准体系》(2012.11)的基础上细分为元数据标准、数据元标准、数据库标准、分类与代码标准、数据交换标准、信息资源目录标准、信息服务标准。第三层按照标准种类分类,在基础标准和专用标准的基础上,考虑到本标准体系是针对数据中心,因此将专用标准细分为行业专用标准和数据中心专用标准。其中,中心专用标准为在基础标准、行业专用标准不满足需求时,结合中心的建设和运行而制定的适于中心的专用标准。

(2)编号说明

借鉴《交通信息化标准体系》(2013)标准体系号方法,交通运输部级数据中心信息资源标准体系由标准体系第一层分类编号、第二层分类编号、第三层分类编号和标准序号组成,并以符号“.”分隔,形成标准体系号如:Y + n. X. Z. N,其中,第1位编码X为第一层分类编号,第2位编码Y + n为第二层分类编号,第3位编码Z为第三层分类编号,N表示同类标准的排序号,具体分类及编号如下所示:

第一层分类(X)编号:

1 公路建设与管理

2 水运建设与管理

3 运输及物流

4 安全应急

5 综合事务

第二层分类(Y+n)编号:

10 数据与数据元

11 术语

12 元数据

13 数据元

14 数据库

20 分类及代码

30 数据交换

31 数据抽取

32 数据转换

33 数据交换共享

34 信息资源目录

35 数据服务

第三层分类(Z)编号:

1 基础标准

2 专用标准

4)结构框架图

根据数据中心信息资源标准体系架构模型,采用第一层、第二层、第三层逐个维度相交的方式,将标准分类的涉及情况分别进行标注,如图 4-10 ~ 图 4-20 所示。

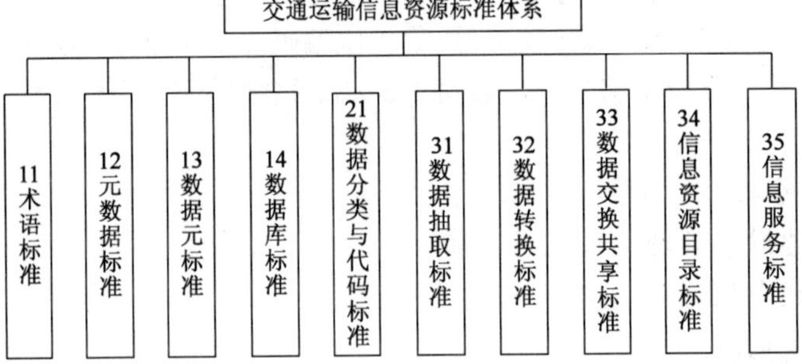

图 4-10 信息资源标准体系结构框图

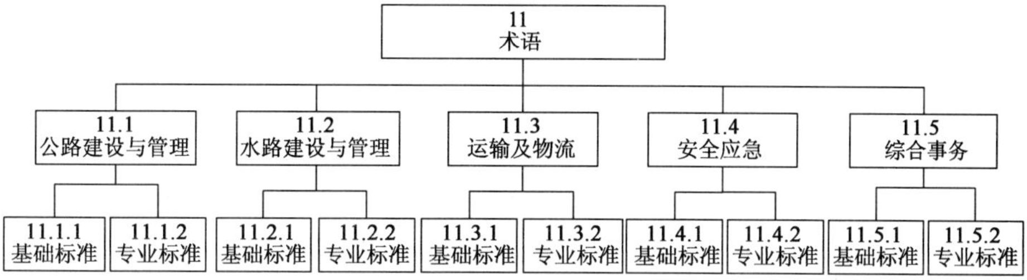

图 4-11　术语标准结构框图

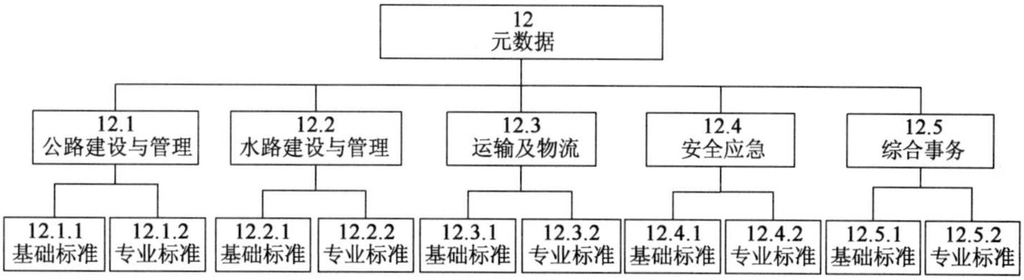

图 4-12　元数据标准结构框图

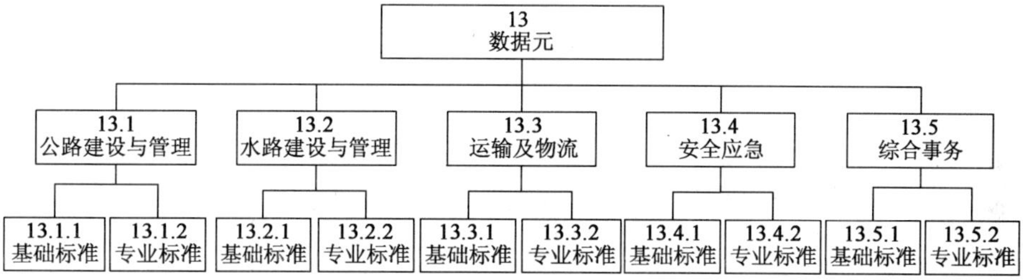

图 4-13　数据元标准结构框图

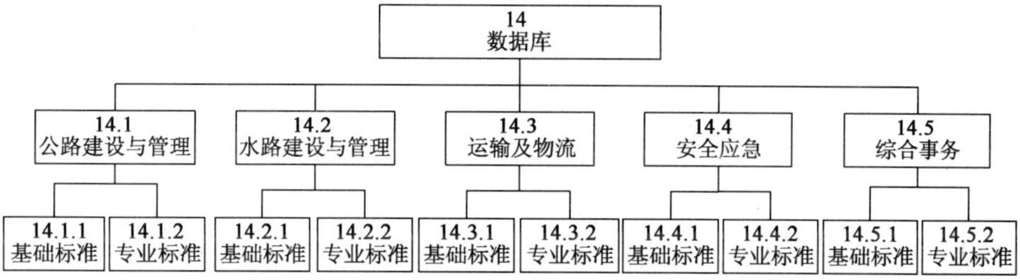

图 4-14　数据库标准结构框图

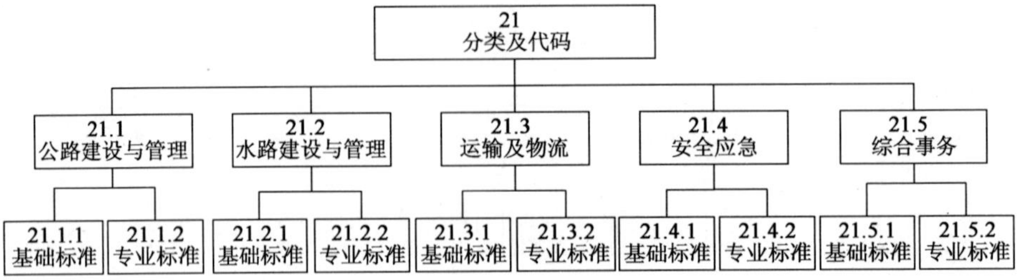

图 4-15　分类及代码标准结构框图

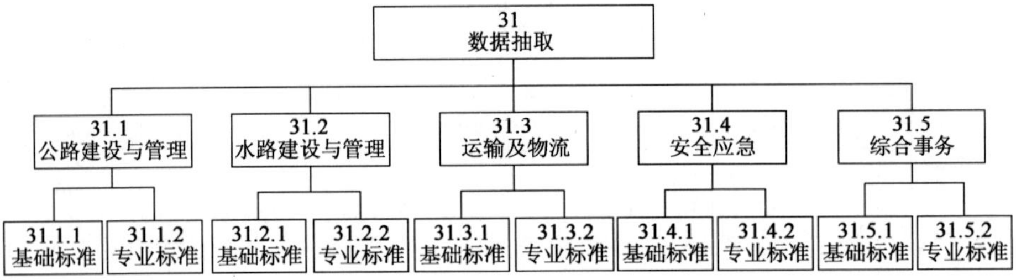

图 4-16　数据抽取标准结构框图

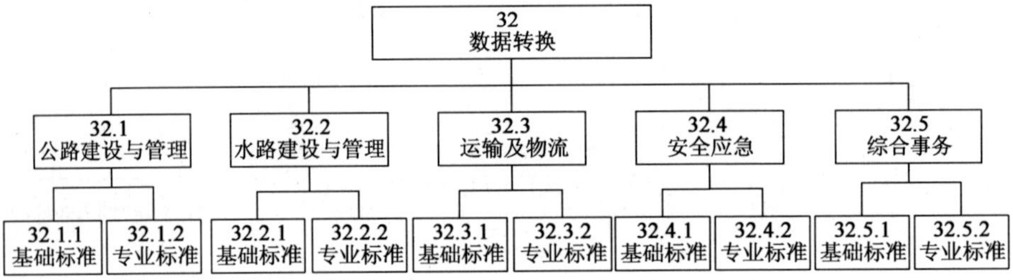

图 4-17　数据映射转换标准结构框图

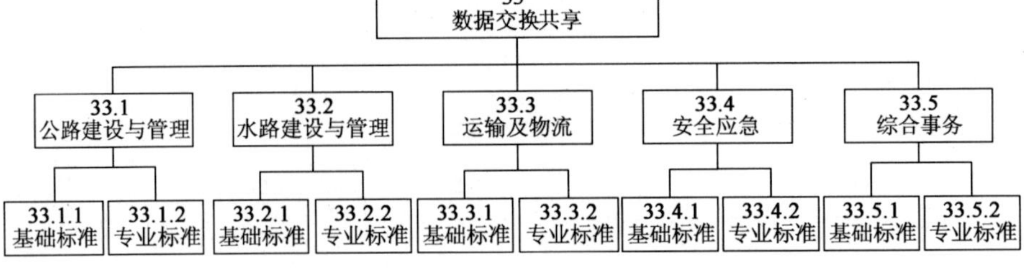

图 4-18　数据交换共享标准结构框图

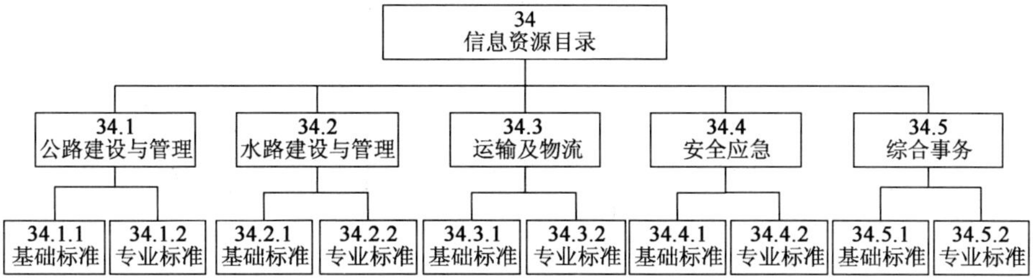

图 4-19　信息资源目录标准结构框图

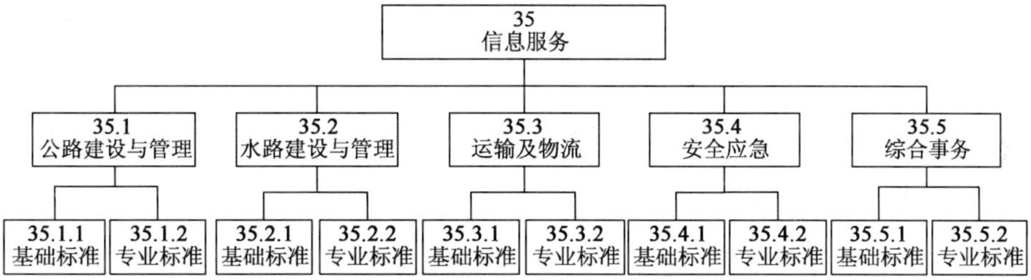

图 4-20　信息服务标准结构框图

5)与交通信息化标准体系的关系

交通运输部级数据中心信息资源标准体系与交通信息化标准体系的关系如下：

(1)交通运输部级数据中心信息资源标准体系内容总体上属于交通信息化标准体系的范畴。

(2)交通运输部级数据中心信息资源标准体系是交通信息化标准体系在具体应用领域(部级数据中心)应用范围内在信息资源内容方面的扩展、细化。

(3)交通运输部级数据中心信息资源标准体系中标准主要分为两大类：一类是与数据中心数据建设有关的国家和交通运输行业标准，此部分标准属于交通信息化标准体系表；另一类是数据中心专用技术标准。

第5章　行业数据中心建设

随着交通运输行业信息化发展建设的加快，伴随各业务系统建设则形成了大量独立运行的数据库，数据库相对独立、基础数据不能共享，存在多头采集、数据交叉、标准不一、架构独立等多方面问题，没有形成覆盖全行业的部省两级数据中心体系。另一方面，随着信息化应用的深入，部机关信息化机房空间资源和行业应用基础运行环境已经不能适应交通运输部“十三五”信息化发展的需要；交通运输部机关及各业务司局的信息化运维部门自成体系，标准和流程不统一，运维服务质量不高。因此，迫切需要开展交通运输部级数据中心的建设，满足未来交通运输部级信息化发展需要。

本章将从交通运输行业的大数据应用、数据中心需求、定位、总体框架、建设目标和内容、总体设计规划内容等多个角度展开分析，详细分析交通运输行业的数据中心建设的主要内容和技术要点。

5.1　行业数据中心需求

5.1.1　数据中心服务对象分析

交通运输部级数据中心服务对象主要包括交通运输部各司局、部直属机构、各省厅及省级交通管理部门、交通运输企业、社会公众、其他行业用户等，具体分析如下：

1）交通运输部

交通运输部级数据中心将行业数据在部级层面汇集，并建立面向领导层进行数据挖掘和分析，帮助部领导实时、全面地掌握行业运行态势及发展趋势，为部领导决策提供全面、准确、一致的数据支撑。

交通运输部各业务司局担负着行业管理与业务指导的责任，及时获取全国交通运输行业管理与运行数据，可以有效地支撑各司局开展行业管理和业务指导工作。

①有效地支撑综合规划司的战略研究、公路水运规划管理、交通支持系统规划管理、交通信息化规划和示范工程建设、行业运行信息统计等业务。

②满足科技司综合信息分析、科技发展规划、科技项目管理、信息化管理、教育培训等业务需求。

③有效地支撑公路局、水运局、道路运输司等业务司局的行业管理与业务指导工作。

④支持安全监督司的应急管理与安全监督等业务数据需求。

⑤其他司局的日常办公、行业管理、统计分析等业务数据需求。

交通运输部现有业务系统也是交通运输部级数据中心服务的重点对象。数据中心建成后，在对这些系统数据进行有效整合的基础上，为其提供一致性好、安全性高的数据资源支持。

2)各省厅及省级交通管理部门

各省交通运输厅和其所属的二级业务局是交通运输部级数据中心在省级层面的重点服务对象。部级数据中心是各省交通运输管理部门实现数据报送、跨省域数据交换共享和业务协同的基础，通过部级数据中心建设，可以有效地促进跨省域数据共享与应用，并为各省数据中心提供数据异地灾备。

(1)省厅

各省(自治区、市)交通运输厅(委)在通过建立本省交通运输数据中心对本省行业数据进行管理与整合的同时，需要建立与部级层面的数据联通渠道。部级数据中心作为面向全国性的交通运输行业数据汇集中心，对于为各省提供数据交换、异地灾备、数据质量管理、数据一致性校验、行业运行情况统计数据上报、数据标准化推进等方面有着重要的意义。

(2)省级二层局

各省(自治区、市)公路局、运管局、港航局、高管局等二级业务局承载着本省的交通实际业务管理工作，虽自身建有各种类型的业务系统，可以满足本省或辖区内的行业管理需求，但缺乏跨省域、跨部门、跨行业的数据沟通渠道。尽管部分二级业务局已经建立了与部业务司局的数据报送渠道，但由于各单线业务系统间相互独立，且在部级层面没有对这些信息进行有效的整合，未能形成畅通的交换共享渠道。部级数据中心的建设可以有效地解决这些问题，为各省交通管理部门提供全国范围的数据支持，以支撑其跨省业务办理的数据需求。

3）交通运输企业

交通运输企业是交通运输行业市场化运作的主力军，是交通运输实际运行的主体。近年来，随着跨省、跨区运输业务的增多，交通运输企业对跨省数据的需求不断提升，交通运输企业的自身运营管理、业务优化、安全监管、规税缴纳、人车管理等业务都需要精确、权威的数据支持。能够及时、全面地获取企业运营所涉及地区的交通和运输数据已成为保证交通运输企业安全、平稳运营的必要条件。如全国联网联控平台的建设对于道路客运和危险品运输的实时监控和调度起到重要作用。随着企业自身对信息化的认识不断深入，一些大型交通运输企业已建立自己的数据中心，对于公司的运营与管理起到了良好的促进作用。这些企业数据中心的建立也是对政府主导建设数据中心的有力补充，对于行业管理部门及时掌握交通运输市场信息、制定相关政策提供有效的支撑。

另外，交通基础设施建设、管理与维护也需要精确、一致、权威数据的支持。一方面可以提高交通基础设施建、管、养效率，提升行业服务水平；另一方面，交通运输建设市场的管理、建设企业信用、质量监督检查等信息的公开透明对于促进交通运输建设市场发展有着重要的意义。

部级数据中心的建设，可以有效地整合相关数据资源，为交通建设企业提供全方位的基础数据支持，为政府监管、公众监督提供有力的数据支撑。

4）社会公众

交通运输部级数据中心可以为社会公众提供全方位的出行信息服务提供数据支持。数据中心的建设对于促进省际公路出行信息共享、推动出行信息服务产业化，加强政府与企业的合作，促进出行信息服务的研发和新技术应用等有着重要的意义。社会公众对数据中心的需求主要体现在：

①出行信息发布。

②经营业户、从业人员和营运车辆诚信信息查询。

③全国交通法律法规、公路通行费收费标准等信息发布。

④交通政策、法律法规、办事流程等进行咨询，对政策制订、法规起草、审核过程等交通主管部门的监督等。

通过数据中心的建设，可以为公众出行等服务部门或网站门户提供全方位的数据支撑，为社会公众及时了解交通运输动态、准确获取出行信息、便捷安全出行提供保障，也为交通运输管理部门、企业提升公共服务能力、树立社会良好形象提供支持。

5)其他行业用户

交通运输行业与公安、气象、国土资源、铁路、民航等其他行业之间有着广泛的联系。交通管理信息、交警执法数据、交通违章数据、旅游信息数据、交通监控数据、应急相关信息等、各地区的年鉴统计性数据,铁路、民航、公安、气象、测绘等综合交通运输服务相关的数据等。随着综合运输体系建设的不断深入,跨行业的数据共享已成为当前数据中心重要的服务内容之一。

5.1.2 部级业务应用对数据中心的需求

交通运输部级数据中心的建设要充分考虑到部各业务司局的数据应用需求,充分体现数据中心对行业管理、顶层设计和领导决策的支持。交通运输部级数据中心通过整合部级、省级行业数据资源,使得行业各类数据在部级层面汇集,为部各司局和业务部门行业管理提供强有力的数据支撑。部级业务应用对交通运输部级数据中心建设需求主要体现在以下几个方面:

(1)掌握行业运行数据,辅助行业宏观决策与顶层设计的需求

部级业务管理部门担负着行业发展规划制定与行业运行指导等工作,做好行业发展宏观决策与顶层设计需要全面、客观的数据支持。通过充分整合部级层面数据资源,汇集各省厅行业运行基础数据,获取行业建设和运行实时数据,并对数据进行有效的挖掘分析,实时准确地掌握行业运行状态,为各司局政策制定、行业管理、统筹规划、顶层设计提供全面、准确的数据支持,以保障行业可持续发展。

(2)建立完善信息资源体系,助力各司局业务协同的需求

当前,部机关各司局业务系统管理与运维部门各异,未形成有效的数据共享与交换机制,随着信息化进程的加快,已不能满足各司局间不断增强的业务协同需求。通过部级数据中心建设,建立部级统一的数据交换与共享平台,规范各司局之间数据沟通方式。建立完善的数据资源体系,明确数据采集、管理与更新责任机制,确保一数一源,提升行业数据服务能力。同时,通过衔接各司局现有业务系统,为其提供全面的数据接口服务,方便各业务部门获取数据,以满足各司局间业务协同数据需求。

(3)强化行业市场监管,全面掌握经济运行数据的需求

行业市场监管需要行业实时运行数据的支持,目前,行业监管数据分布于各管理部门,通过传统的数据汇报方式存在时效性差、流程复杂等问题。数据中心建设可以将这些数据在部级层面汇集,为部机关相关司局科学决策、政策标准制

修订管理提供数据支持,为交通运输行业经济运行分析监测预警提供实时、准确的数据支撑,为相关业务部门提供全面的行业运行宏观数据。

(4)确保部省数据沟通渠道的畅通

交通运输部有指导行业信息化建设的职能,作为行业信息化总体规划与顶层设计的设计部门,可以规范和指导各省数据中心建设,以确保省级数据中心建设的规范性,推进行业数据标准的实施。通过部级数据中心建设,统筹协调部省数据中心沟通渠道,建立完善的数据报送与推送机制,盘活各省数据资源,促进跨省域数据资源共享与应用,提升行业数据服务水平,推进全国交通运输信息资源整合。

(5)有效联通其他部委数据中心,协调跨行业数据共享的需求

目前,在部级层面还没有与其他行业形成统一的数据交换与共享机制,跨行业数据获取难,未建立部级数据交换接口,从而影响了行业间数据互通,不利于行业交流和综合运输体系的建立。通过部级数据中心建设,在部级层面与其他行业建立完善的数据交换与共享体制,制定交换规范与协议。

通过对交通运输部各司局进行业务梳理,对数据来源或生产单位进行分类和统计。交通运输部各司局业务数据来源及存在数据交互的部门主要有:国务院、其他部委、交通运输部内各司局(包括司局之间及司局内部)部分部属单位、各省(市)交通运输厅(局、委)、交通行业科研院所及企事业单位、公众和其他。通过交通运输部级数据中心建设,引导跨行业数据应用,鼓励跨行业数据共享与交换。

5.1.3 跨区域、跨部门数据交换共享的需求

近年来,随着交通运输行业快速发展,跨区域公路、水路运输已成为交通运输的重要组成部分,跨省域客货运输量逐年攀升,跨区域信息共享与业务协同已成为当前行业信息化建设的重要议题。且随着综合运输体系建设概念的提出,公路、水路、铁路、航空在内的各种运输方式逐步走向整合,跨部门协作已成常态,跨部门信息共享需求迫切。

(1)部省数据交换与共享需求

为实现部省之间业务协同,满足交通运输部和各省业务管理和宏观决策需求,充分利用部级层面整合的全国交通数据资源,各省与交通运输部需建立完善的交换与共享机制。通过数据中心建设,可以有效地沟通部省两级数据中心,简化部省间数据报送与推送流程,满足部省数据共享与交换需求。部省间共享数据需求主要包括公路路网信息、交通阻断信息、道路运输管理业务数据、两客一

危车辆、卫星定位监控数据等，并可为交通运输部提供道路运输管理的业务数据，同时获取部路网信息、交通阻断信息和卫星定位车辆监控数据等。

(2)跨省数据交换与共享的需求

为促进行业管理部门跨省之间业务协同，提高行业管理水平和公众信息服务水平，需要跨省域数据共享的支撑，特别是相邻省份的交通运输主管部门实现数据共享。当前，已有部分社会经济联系较为紧密的区域试点跨省交通运输信息共享建设，极大地推进了当地交通运输资源跨省域整合进程，提升了运输效率和管理水平。通过部级数据中心建设，有效连接各省交通运输数据资源，沟通共享渠道，为跨省域行业应用提供有力的支撑。

跨省域数据共享需求主要包括公路路网信息、收费站及周边旅游景点信息、服务区信息、收费标准信息、交通突发事件信息、交通管制信息和拥堵信息、全国公路水路地理信息、路况信息、高速收费信息、联网联控车辆信息、车船客货运班线数据、客运售票信息、全国物流管理信息等。需实现跨区域信息资源高效共享，信息能及时互通和发布，为公众提供便捷的信息服务和跨区域业务协同提供有效的技术手段，以促进跨区域信息资源共享。

(3)行业内跨部门业务协同的需求

实现行业内跨部门业务协同是提高政务效率的基础，数据信息的互联互通是实现跨部门协作的前提。近年来，随着综合运输体系建设进程的加快，交通运输行业跨部门业务协同已成为行业管理必不可少的工作手段。交通运输基础设施的规划、建设、维护以及对从业人员、营运车辆、业户、线路的管理等一系列的工作都需要一致性数据的支持。通过部级数据中心的建设，可以实现跨部门数据资源整合，是为交通管理部门、企事业单位和公众提供综合信息服务的基础。

(4)跨行业数据交换与共享需求

交通运输主管部门在进行行业管理或对外服务过程中，需要与各级政府、公安部门、国土部门、气象部门、旅游部门、林业部门等进行数据交换，实现行业协同。共享的数据需求包括：需要公安部门共享交警视频监控信息、平安城市视频监控信息、车辆数据、交通事故信息、交通管制信息、高速公路、普通国省干线公路视频监控信息、路况信息等；需与气象部门共享气象信息、灾害预警信息；需与旅游相关部门共享旅游交通信息；需与国土部门共享地理信息等。需实现相关部门之间信息资源的及时、快速共享，共享信息能动态更新。

5.1.4　省级行业应用需求

通过对各省数据中心建设情况调研结果进行深入分析，各省数据中心根据自身的建设现状，对交通运输部数据中心的建设提出部分需求，主要体现在以下几个方面：

(1)建立部省数据交换渠道，形成部级共享与交换平台需求

目前，已有部分省市建立了自己的交通运输数据中心，对本省交通行业数据进行管理，而部级层面没有一个统一的整合平台，对省交通运输数据进行整合，并作为跨省域数据应用的基础。部级层面不能全面地掌握全国各省市交通运行、监管等数据，从而影响顶层设计和决策规划。通过交通运输部数据中心建设可以建立畅通的部省数据交换与共享渠道，为行业顶层设计和决策规划提供精确的数据支持。

(2)指导各省交通运输数据中心建设，促进跨省域共享与应用需求

由于各省数据中心建设水平参差不齐，定位不明确，缺乏顶层设计与合理引导。通过交通运输部数据中心建设，促进各省标准化、规范化其业务系统，为各省数据中心建设提供技术支持，缩小由于区域经济造成的数据中心建设不均衡的状况，合理地支持信息化建设滞后地区建设。通过交通运输部级数据中心建设，实现铁路、民航、公安、气象、测绘等综合交通运输服务相关数据跨省域共享。

(3)推进行业数据标准规范贯彻执行，规范各省数据管理需求

通过交通运输部数据中心的建设，督促各省贯彻实施已制定的《交通数据元标准》等一批行业标准，规范化管理交通数据资源。在各省数据中心建设及部省联网的进程中，建立统一的数据质量控制体系，确保一数一源，保证数据质量。

5.1.5 运输企业服务需求

交通运输企业的信息化建设和业务发展需要数据中心的支持，数据中心的建设可以促进企业信息化建设和企业自身业务水平的提高。道路运输企业在经营管理过程中，需要实时掌握行业运行动态信息，以便及时调整经营策略。其自身业务管理也需要行业数据的支持。交通运输企业的业务管理、客货运输、运输安全、节能减排等多个方面都需要行业数据中心数据的支持，涉及运政管理、车辆调度、站务管理、仓储管理、配送管理、安全管理、售票管理等业务系统，这些系统是数据中心数据的重要来源，数据中心也是这些系统建设的基础。需要的数据主要包括：政策法规、标准规范、交通路况、实时流量、施工信息、交通气象信息、道路封闭信息、道路收费信息、航道信息等，为交通企业的决策和管理提供数据支持。

5.1.6　基础设施整合利用的需求

交通运输部现有机房虽然已具备信息化基础环境，但是物理环境、电力能力、通风空调等发展空间十分有限，而且现有的系统普遍存在 CPU 使用率低、内存负载不均衡、服务器存在老化现象、处理器类型相对集中等问题，信息化软硬件环境不集约。各部门业务系统建设相对独立，运维管理由不同的运维公司或单位进行，统一管理和协调难度较大，不利于信息化建设与运维的统一管理。另外，没有形成完善的信息资源规划体系，信息化建设顶层设计缺失，信息化建设存在各自为政的现象，不利于跨系统信息资源整合与应用，形成信息孤岛，不能形成信息资源集群规模效益。通过数据中心建设，可以统筹规划现有信息化资源，在对基础设施进行整合的基础上，实现从网络、软硬件环境、计算存储、系统应用等多个层面的整合，以实现集约化的数据中心和业务系统运行环境。

5.2　行业数据中心定位

5.2.1　功能定位

交通运输行业数据中心体系主要为部—省二级节点，省级可根据自身情况建设省—市二级节点或仅省级节点。基于条块分割、信息孤岛普遍的现状，数据中心的定位不是一步达成和一成不变，而是在总体规划的前提下，数据中心建设与业务系统间是一个迭代促进的过程，实施过程中由简单到复杂，稳步推进、逐步完善。

交通运输部级数据中心是交通运输行业信息化建设的重要信息基础设施，其功能定位主要有：

（1）部级数据中心是交通运输行业数据中心体系的国家级节点

部级数据中心作为两级（部—省）、两层（部—司局专业数据区域）交通运输行业数据中心体系的部级节点，管理交通运输部级信息资源；同时，部级数据中心作为交通运输部与国家其他各部委之间信息资源交互的关键节点，将成为交通运输行业数据中心体系的国家级节点。

（2）部级数据中心是行业基础数据的汇集、交换、共享和服务中心

部级数据中心将建立基础数据库、共享交换平台以及数据服务平台，基础数据库完成了行业基础数据的汇集，共享交换平台将承担基础数据在各个层面的交互与共享，同时，服务平台将提供面向政府、企业、公众提供各类基础数据服务

支撑。

(3)部级数据中心是交通行业信息系统运行的统一支撑环境

部级数据中心将依据基础环境集约化原则、以云计算框架为基础，建立一整套适用于交通行业信息系统运行的统一支撑环境，为信息系统提供软硬件基础设备、统一运维管理等支持。

5.2.2 职责定位

通过对典型行业数据中心的研究分析，结合行业信息化现状和发展，交通运输部级数据中心是一个单独设立的部门，有相应的人员负责管理数据中心设备设施和相关系统、数据。

围绕部级数据中心功能定位，交通运输部级数据中心的职责定位主要有：

(1)提供跨部门、跨区域数据交换共享技术服务

部级数据中心作为行业基础数据的汇集、交换、共享和服务中心存放了所有的交通行业基础数据信息资源，这些信息资源是交通运输各个管理部门所需要的基础数据，部级数据中心的职责之一正是提供跨部门、跨区域数据交换共享技术服务。

(2)提供部级数据资源运维管理技术条件

部级数据中心负责组织交通行业基础数据的更新与维护；同时为各司局数据提供数据存储空间和维护手段，而不涉及其具体内容管理。

(3)提供数据中心运行环境的运维服务，提出更新改造建议

部级数据中心建立统一的运行支撑环境，为部各主要业务司局及各省(自治区、直辖市)交通运输部门信息系统的环境搭建及更新改造提供合理建议，并提供运行维护支撑服务。

5.3 行业数据中心总体框架

5.3.1 体系结构

交通运输行业数据中心体系采用“两级”架构，即以部级数据中心为核心节点，省级数据中心为二级节点，通过安全、畅通的“部—省”两级数据交换渠道的建设，形成部省两级数据交换体系。具体结构如图 5-1 所示。

部级数据中心内部采用“两层”架构，由业务层和核心层构成。业务层支撑部级业务系统运行，由业务系统和业务数据库(分中心)组成。核心层支撑部级

业务系统间的信息共享与协同，由数据交换平台和从业务层抽取的为多个系统提供共享服务的基础和主题数据库组成。

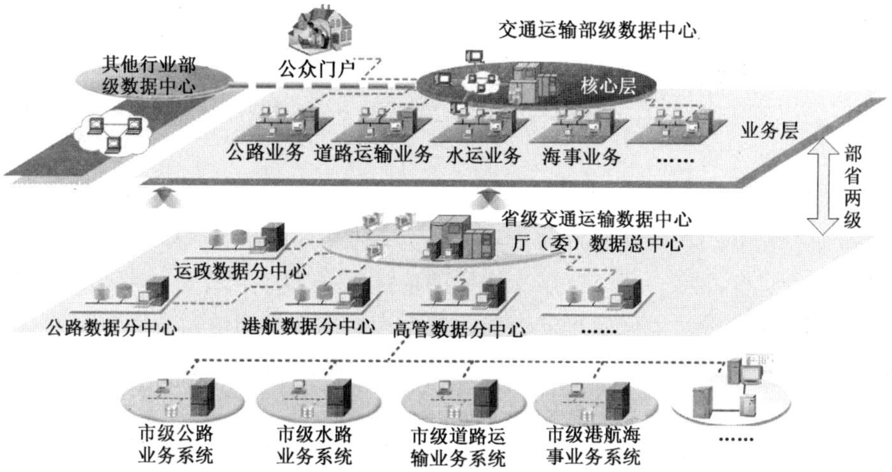

图 5-1　行业数据中心体系框架

目前，交通运输部机关部分业务司局由于管理需要，与部分省（市）建立了数据采集与发布渠道，形成了一些业务针对性较强的数据资源体系。交通运输部级数据中心重点围绕部级数据资源的横向整合、与省级数据中心的纵向连通展开建设。横向梳理部级数据资源，按业务管理和行业应用分别建立数据节点，部分信息化条件较好的部直属单位、大型交通运输企业数据中心统一纳入部级数据中心体系框架内。纵向建立有效部省数据交换渠道，及时获取部级数据中心所需要的各类数据。部级数据中心作为交通运输数据中心的国家级节点，还将履行与其他行业部级层面或国家级层面的数据共享与交换职能。

各省交通运输数据中心是部级数据中心的数据资源的重要来源，也是其重要的服务对象。省级交通运输数据区域由各省负责建设，充分整合本省公路、运政、港航、高管等业务局数据资源。各厅属业务局根据自身需求建立数据区域，在满足自身业务管理需求的同时，为省级数据区域提供本业务领域数据资源，并做好相关业务数据的维护与更新工作。

部分交通运输信息化基础好、业务需求较强的市级交通管理部门也可以根据自身业务需求建立市级交通数据中心，与省厅数据区域形成省市两级数据中心架构，有效地促进数据共享与业务协同。

5.3.2 逻辑框架

交通运输部级数据中心的基本目的是整合交通运输信息资源，建立行业基础数据模型，通过数据交换平台和服务平台，实现交通运输基础数据的汇集管理、交换共享和服务应用，为交通运输行业各类应用提供统一的信息交换与数据支撑平台，为部机关信息系统提供统一的软硬件基础支撑环境，并与行业外相关部门实现信息交换与共享。

通过开展信息资源梳理，全方位梳理现有信息资源，结合数据规范体系建立交通运输行业基础数据模型。在基础设备层软、硬件基础上严格遵循基础数据模型构建信息资源层。通过应用支持层的应用服务器中间件、虚拟化软件平台等提供对基础设备及上层应用的支撑。数据交换实现交通运输基础数据的交换与共享，并利用数据质量服务体系保障数据可追踪、质量可监控、标准可执行。

服务层基于面向服务架构将信息资源层和行业内常用的应用进行服务封装，提供资源查询目录和服务查询目录。应用层既可以通过交换层实现对信息资源层共享数据访问，也可以通过服务层调用数据资源与服务资源。运维服务及数据标准规范体系贯穿于交通运输部级数据中心建设始终，规范交通运输信息资源，更好地服务于交通行业。交通运输部级数据中心的总体结构由基础设备层等八部分组成，其体系框架如图 5-2 所示。

交通运输部级数据中心的八个主要部分内容详细分析如下：

(1)物理环境层

物理环境层包括机房、电力、空调、综合布线、消防等，为数据中心提供物理支撑环境。

(2)基础设备层

基础设备层由硬件设施组成。通过虚拟化技术将物理服务器、存储以及网络资源虚拟化，并形成相应的资源池供上层调用。

(3)信息资源层

信息资源层位于基础设备层之上，主要功能是为上层的各类服务提供数据支撑，其主要由基础数据库、数据仓库以及元数据库组成。

基础数据库存储的是准实时数据。对源系统数据剖析与质量分析，经过数据清洗、转换、整合后，为统一数据共享服务提供数据支撑。

数据仓库侧重于数据的存储和整合，通常采用轻量级索引。数据仓库区内的数据按照主题存放，数据粒度与基础数据库的数据一致，包含了长期的、概要的分析型信息，用来支持决策和填充数据集市。

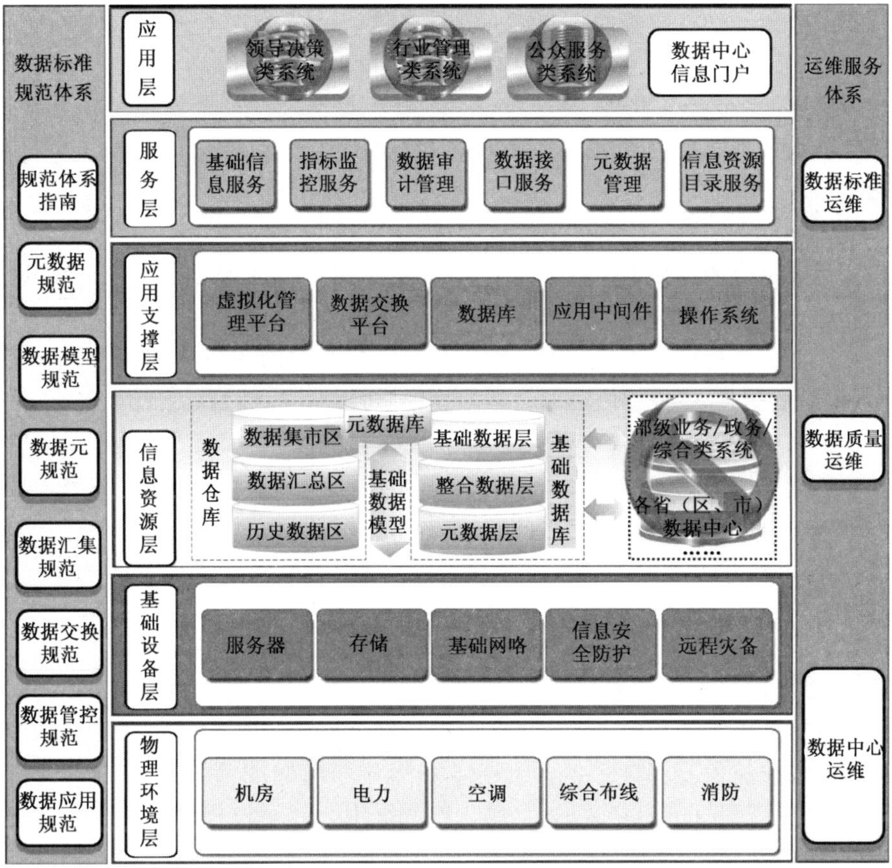

图 5-2　交通运输部级数据中心逻辑框架

元数据库统一保存了数据中心全生命周期的业务元数据、技术元数据与管理元数据，是数据管理中的元数据管理系统的数据支撑。

(4)应用支撑层

应用支撑层包含有操作系统、数据库以及应用服务器中间件、消息中间件、工作流平台等众多通用软件和支撑软件平台，是各类服务与底层硬件设施层之间的桥梁。交换平台实现数据中心与各信息系统间有机结合。使用者通过信息资源目录对数据信息资源进行目录查询，利用数据交换共享平台实现数据的自动提取与转换，为不同数据库、不同数据格式之间进行数据交换提供支撑，实现跨区域、跨业务的数据交换与共享。

(5)服务层

服务层位于信息资源层上,以企业服务总线为基础,采用面向服务架构理念进行构建。通过服务注册管理、组件库、服务池和服务请求管理四部分共同作用实现了信息服务的“可扩展、可编排、可重用、可组装、可管理、可维护”,利用目录服务检索信息资源,通过数据服务平台提供各类数据和信息服务,极大地提高了数据中心架构的灵活性与对用户需求应对的实时性。

(6)应用层

应用层是交通运输部级数据中心的最顶层,其架构于服务层之上。以信息资源层提供的数据为基础,充分利用服务层提供的各类服务,为领导决策、行业管理和社会公众提供良好的数据支撑与应用服务。同时,专门开发数据中心信息门户,便于行业内、外用户及时获取数据中心关键指标信息。

(7)运维服务体系

运维服务体系是为了规范数据标准、提高数据质量和保证数据一致性而建立的组织、流程、工具和评价考核体系。包括数据标准运维、数据质量运维及数据中心的运维组织和管控机制,对数据产生到应用全过程、数据质量分析以及反馈、数据参标率分析及反馈进行统一管理,保证数据的准确性、一致性、完整性和可用性。

(8)数据标准规范体系

数据标准规范体系包含了建设交通运输部级数据中心过程中必须遵守或逐步形成的各类技术要求与标准规范,包含有基础设施标准、数据仓库标准、数据元标准、数据交换标准等众多内容,用于对数据中心建设过程的约束,从而保证数据资源的一致性与服务的高质量。

5.4 行业数据中心建设目标和建设内容

5.4.1 建设目标

部级数据中心是交通运输行业数据中心体系的国家级节点,是行业基础数据和共享数据的部级支撑核心,承担部级业务系统的生产运行、运维管理等职能。因此,交通运输部级数据中心的建设任重道远,应紧密结合行业信息化建设实际需要和发展趋势,统筹规划、分步实施,分阶段有序推进工程的建设。

部级数据中心已经完成了机房搬迁工程、全国高速公路光纤网、部机关电子政务信息安全等级保护等项目的建设,初步建设了高效集约的部级业务系统基础支撑环境,实现网络、存储和计算资源的统一分配和调度管理;初步扩展了部级数据交换共享平台,满足行业内外信息交换共享的需求。在此基础上,将进一步构建行业共享数据资源库,实现对公路、航道、港口、营运车辆、船舶、经营业户、从业人员等基础数据与行政许可、执法、信用评价、应急等主题数据的汇聚,为行业管理和业务协同提供综合信息服务。

部级数据中心的总体目标是建成覆盖行业主要业务领域,数据权威、准确、动态更新的行业基础和主题数据库,建立规范高效的行业数据交换共享平台及配套的管理机制,搭建安全集约的部级业务系统运行基础支撑环境,全面提升行业信息资源交换共享和开发利用水平,为强化各种运输方式高效衔接,提高公众信息服务水平,增强政府监管和应急处置能力,提升决策管理效能,促进行业可持续发展提供有力的数据资源保障。

5.4.2 建设内容

部级数据中心一期工程主要建设内容分三大部分,分别是数据工程、基础支撑环境、运维管理;其中,数据工程包括数据架构、数据资源库、目录服务系统、数据交换共享平台、数据质量服务体系、数据服务平台、数据规范体系内容;基础支撑环境包括机房运行环境、调试环境、网络、安全、服务器和存储设备等内容;运维管理包括综合运维管理平台、运维管理机构、人员及相关管理制度等内容。

1)数据工程

数据是数据中心的核心。因此,部级数据中心以数据资源为中心,开展数据架构、数据资源库、数据交换平台等数据工程建设工作,具体包括:

(1)数据架构

数据架构的目标是基于交通运输行业业务范围,围绕业务职能,分析交通运输行业的业务架构和具体业务活动,定义行业业务模型、业务流程、业务数据流图,了解各业务活动产生利用的信息,建立行业基础数据架构,定义基础数据模型,明确数据对象及其关系,并定义数据标准及编码规范。

数据架构的主要内容包括交通运输信息资源梳理、基础数据模型、基础数据管理。

(2)数据资源库

数据资源库建立目的是确保基础数据的准确性、一致性、时效性和安全性,数据资源库建设内容主要包括基础数据库、数据仓库、元数据库。主要包括公路、航道、港口、营运车辆、船舶、经营业户、从业人员、基础地理信息等基础数据库,行政许可、执法管理、信用评价、应急指挥等主题数据库。

(3)数据交换共享平台

数据交换共享平台包括交换共享体系架构设计、交换技术应用、交换场景设计、数据交换的监控管理、目录服务系统完善等内容。目录服务系统为部、省等交通运输部门提供交通运输行业基础数据资源目录和部级交通运输信息资源目录。数据交换共享平台为数据中心与信息系统间互联互通和数据交换共享建立桥梁,使用者通过信息资源目录对数据信息资源进行目录查询,利用数据交换共享平台实现数据的自动提取与转换,为不同数据库、不同数据格式之间进行数据交换提供支撑,实现跨区域、跨业务的数据交换与共享。

(4)数据质量服务体系

数据质量服务体系建立的目的是实现成体系的数据质量管理服务,规范数据的录入和使用,保障数据的一致性、规范性、完整性和可控性。

数据质量服务体系包括元数据管理系统、数据标准管理系统、数据质量服务系统、数据审计管理系统及数据管控制度。

(5)数据服务平台

数据服务平台为部机关业务系统、省级数据中心、企业等部门提供高效、实时、稳定和高数据质量的数据。

数据服务平台主要包括基础数据查询、地理信息服务、指标监控服务、业务报表服务、挖掘分析服务、数据服务接口等内容。

(6)数据标准规范体系

参照国家、交通运输部各项标准,并结合交通业务特点,设计符合数据中心实际的数据标准规范体系,包括基础设施标准、数据仓库标准、数据元标准、数据交换标准等众多内容,用于对数据中心建设过程的约束,从而保证数据资源的一致性与服务的高质量。

2)基础支撑环境

基础支撑环境主要包括空间场地、物理设施和技术体系。空间场地主要包括机房、辅助设备场地,物理设施主要包括服务器、存储设备、网络设备、安全设施等内容。技术体系主要是指实现数据中心建设所需的技术支撑体系,包括虚拟化、分布式计算、组件技术等。

3)运维服务管理平台及配套制度

为适应新建设数据中心安全、高效运行的需求,初步搭建部级数据中心运维服务管理平台及运维服务体系,主要包括运维服务管理平台、运维管理规范等运维管理内容。

建立运维服务管理平台,通过信息化手段统一提供基础设施监控管理、服务流程管理、资产管理、知识库管理等功能,提高运维管理水平和工作效率。运维管理规范主要从制度及人员组织上规范部级数据中心的运维方式。

5.5 行业数据资源规划和数据库设计

信息资源层位于基础设备层之上,主要功能是为上层的各类服务提供数据支撑,其主要由基础数据库、数据仓库以及元数据库三部分组成。

基础数据库存储的是准实时数据。对源系统数据剖析与质量分析,经过数据清洗、转换、整合后,为统一数据共享服务提供数据支撑。数据仓库侧重于数据的存储和整合,通常采用轻量级索引。数据仓库区内的数据按照主题存放,数据粒度与基础数据库的数据一致,包含了长期的、概要的分析型信息,用来支持决策和填充数据集市。

元数据库统一保存了数据中心全生命周期的业务元数据、技术元数据与管理元数据,是数据管理中的元数据管理系统的数据支撑。

5.5.1 交通数据中心信息资源及数据库规划总体方案

数据中心数据资源库建设包括基础数据库、数据仓库及元数据库三个部分的建设内容,总体建设框架图如5-3所示。

5.5.2 数据架构建设方案

数据架构是指对所掌握的信息,进行从采集、处理、传输到使用的全面规划。在交通运输行业业务开展与应用中,无时无刻都有信息的产生、流动和使用。要保持单位内部、单位之间、单位与外部单位的频繁、复杂的信息流畅通,同时充分发挥信息资源的作用,就必须进行统一的、全面的规划。

1)数据架构定义

数据架构是数据中心建设的初始工作,是数据中心建设的基础,同时也是交通运输信息化建设的重要组成部分,因此做好数据架构设计工作具有非常重要的意义。

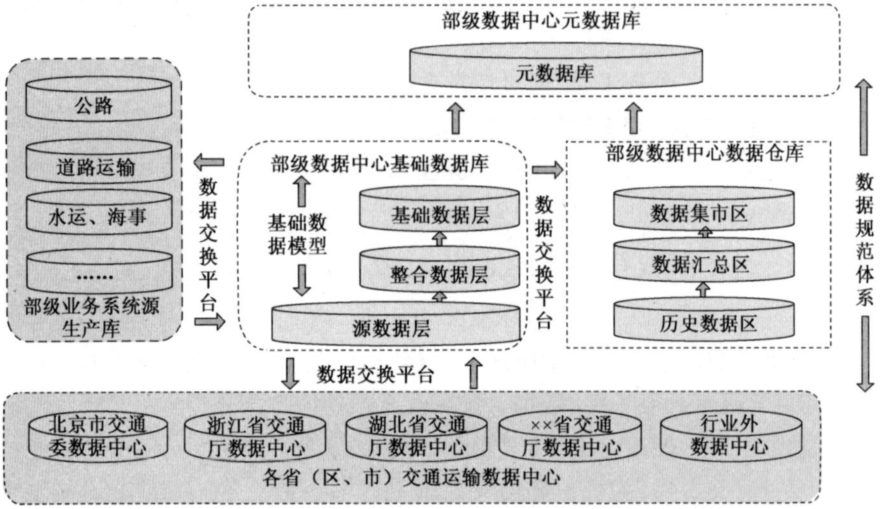

图 5-3　数据资源总体框架

数据架构的目标是基于交通运输行业全业务范围，根据交通运输全行业的业务架构，梳理定义行业业务模型、业务流程、业务数据流图，由此定义数据模型，明确数据对象及其关系，并定义数据标准及编码规范，是全域数据模型实现的基础工作。

通过数据架构，交通运输行业业务数据将被划分为若干个面向主题的数据域，主题库是基于业务环境视角设计的，并不考虑现有业务系统的实际数据状况，因此定义了各类业务对象的属性以及关系的理想模型，这也是交通运输业务系统数据资源规划的目标。

2）数据架构产出

基于交通运输部级数据中心的建设目标及建设内容，本次数据架构的主要产出为基础数据模型。基础数据是业务中相对静态不变的实体信息的描述，是业务运行中所必需的关键信息及其元数据，在多个业务事务实例中反复使用。基础数据模型包括：基础数据对象、基础数据对象的元数据、基础数据对象之间的关系描述。

3）数据架构步骤

（1）业务架构及活动梳理

根据交通运输建设、管理、养护、收费、运输、服务的总体职能和公路、企业（业户）、人员、车辆、班线、航线、船舶、港口、航道等管理对象，分析梳理了交通运输业务管理职能域,包括规划统计、政策法规、公路建设、水路建设、公路管理、道路运输、水路运输、港航管理、海事管理、行政执法、安全应急、科技教育、综合事务、公众服务等14类业务域。

对14类业务域,进一步细分业务,明确各类业务域包含的具体内容,构建的业务架构细化如图5-4所示,对细化的具体业务再细分到具体的业务活动,为确定应用架构和基础数据模型奠定基础。如图5-5所示为业务架构的细化。

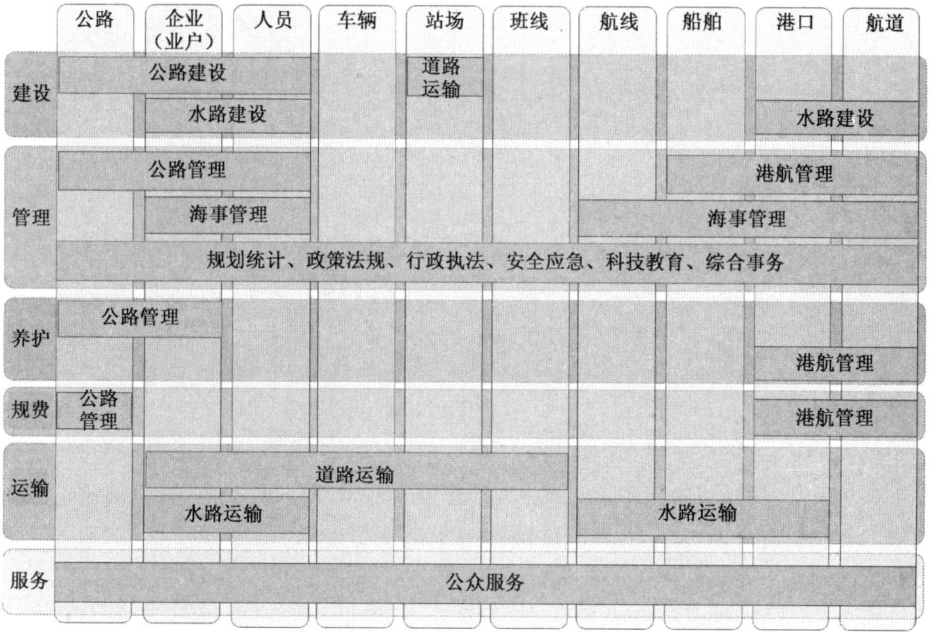

图5-4　交通运输业务架构

(2)应用架构

对照业务细化架构,结合现状梳理的信息系统,分析业务管理与现有应用系统的关系,得到交通运输现有应用架构如图5-6所示。与此同时,结合分析交通运输业务管理与规划应用系统的关系,得到交通运输规划建设应用架构如图5-7所示。

(3)产生利用资源

在此基础上,以规划统计和道路运输两部分业务职能活动与应用系统为例进行深入分析,找出业务活动中应用系统产生的数据来源,与业务活动中需要应用的数据,构建CU(Create-Use,产生应用)矩阵,示意如表5-1所示。

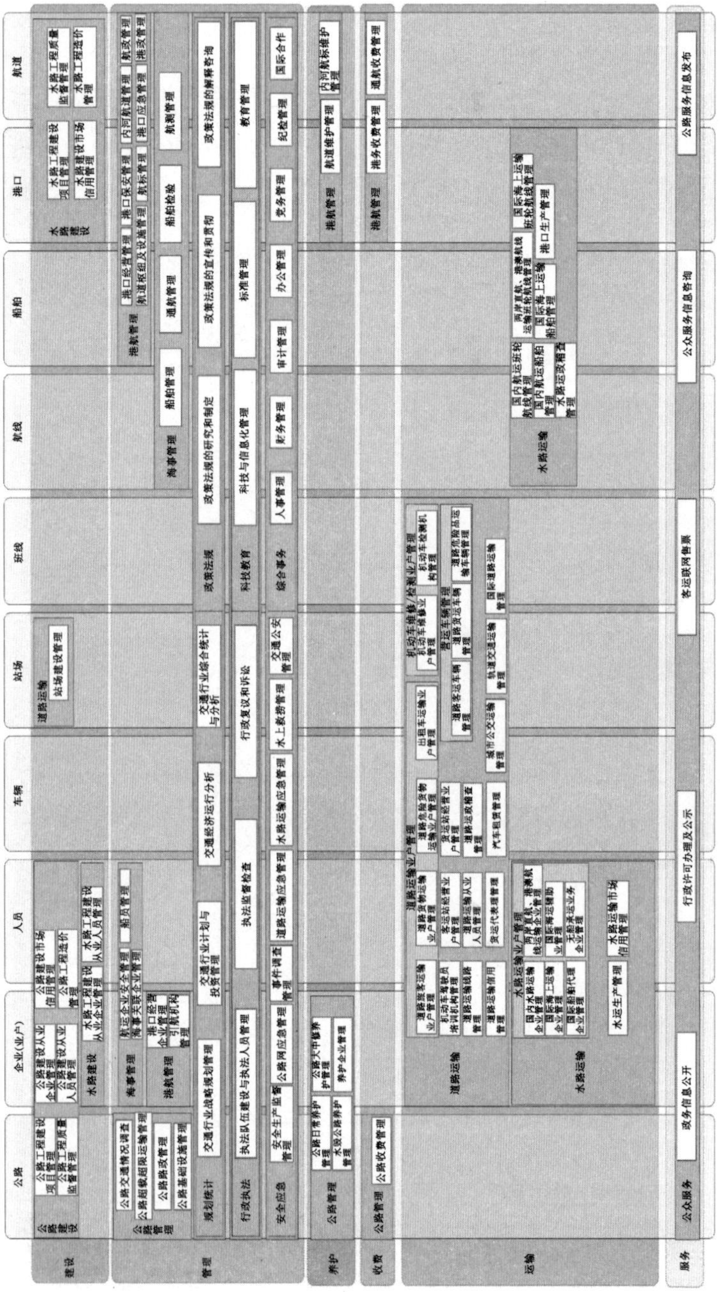

图5-5 交通运输业务架构细化

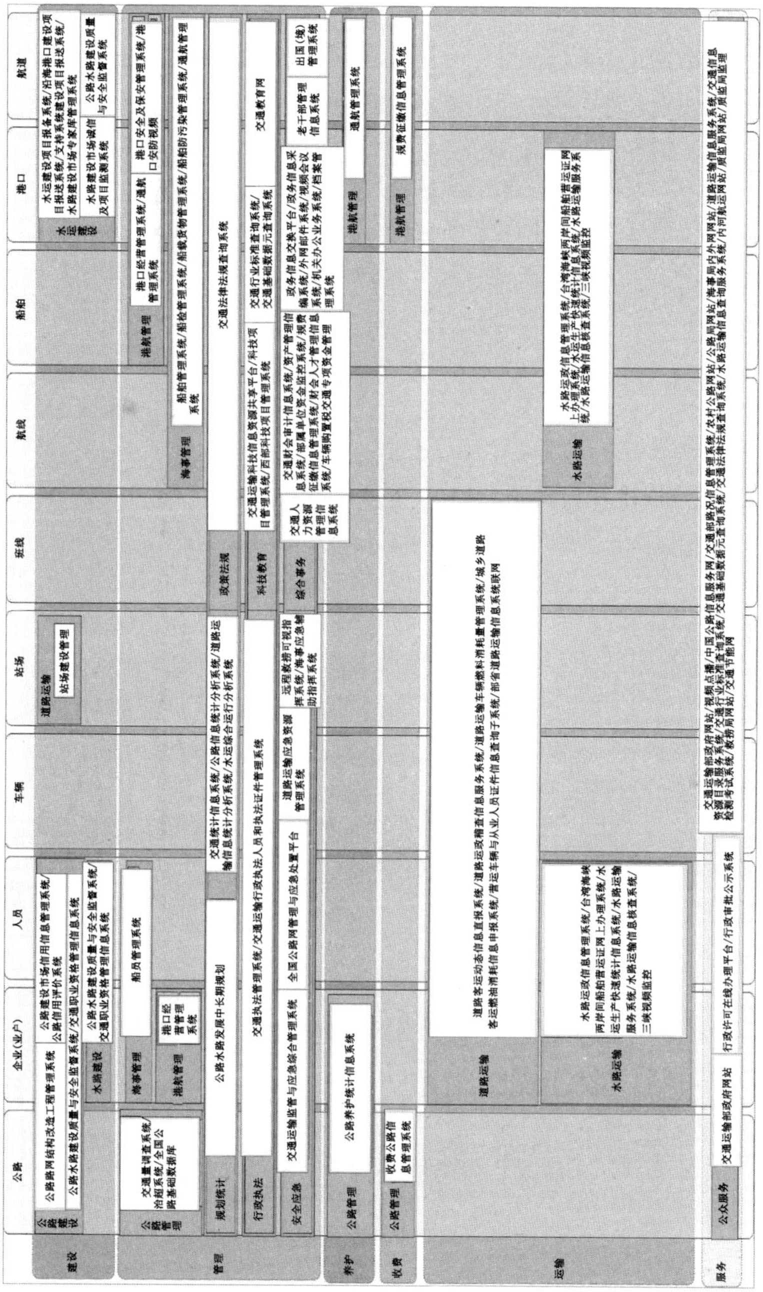

图5-6　交通运输现有应用构架

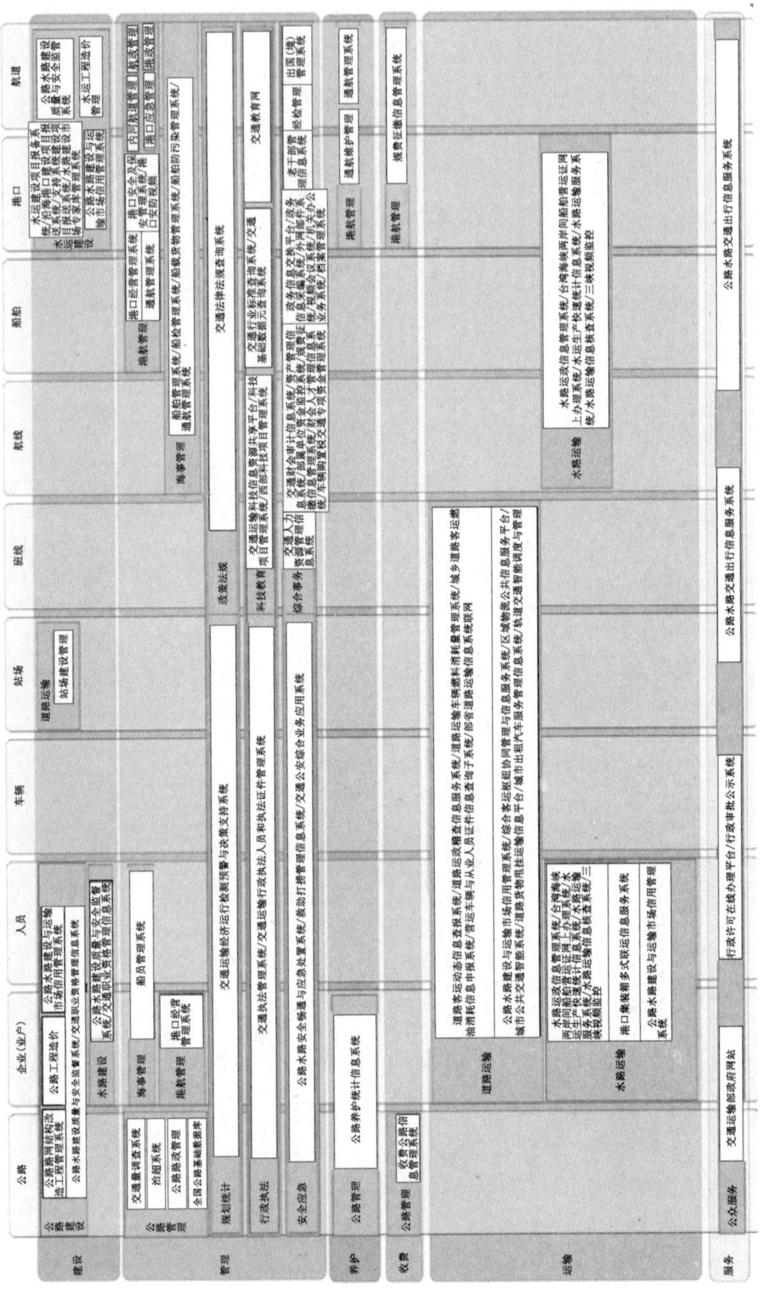

图5-7　交通运输规划建设应用架构

5.5.3　基础数据模型建立

1) 基础数据定义的原则

基础数据是交通运输行业重要的、基础的、面向共享的数据集，基础数据管理规范定义了基础数据范围、分布、所属、管理机制等内容，作为业务系统数据建模与数据获取的重要依据。基础数据定义主要包括以下三个原则：

①一数一源：一数一源是数据交换的基本原则，任意一个被交换的数据对象，都有唯一确定的数据来源。

②相对静态：所有基础数据必须为非业务交易类动态数据，具有相对稳定性。

③源头维护：所有的基础数据由唯一确定的源头负责对其进行维护，并承担责任。

2) 基础数据模型概述

基础数据模型总体由概念模型层、逻辑模型层、物理模型层三层构成：

(1) 概念模型层

基于当前的业务模型以及可预见业务模型变化，对基础数据进行较高抽象层次的基础数据域划分，并且描述基础数据域之间的关系。

(2) 逻辑模型层

以概念模型为前置输入，在概念模型中划分好的基础数据域中开展实体和实体关系的识别和梳理，构建逻辑层面的实体关系模型。

数据产生应用示意　　表 5-1

业务线	战略规划	年度计划	统计分析	道路旅客运输业户信息	出租车运输业户信息	道路货物运输业户信息	机动车维修/检测业户信息	机动车驾驶员培训业户信息	客运班线信息	客货运站(场)信息	营运车辆(客运车辆)	营运车辆(货运车辆)	道路运输从业人员信息
交通行业战备规划管理	c		u										
交通行业年度计划管理	u	c	u										
交通经济运行分析			u										

续上表

业务线	战略规划	年度计划	统计分析	道路旅客运输业户信息	出租车运输业户信息	道路货物运输业户信息	机动车维修/检测业户信息	机动车驾驶员培训业户信息	客运班线信息	客货运站(场)信息	营运车辆(客运车辆)	营运车辆(货运车辆)	道路运输从业人员信息
交通行业综合统计			c	u	u	u	u	u	u	u	u	u	u
道路旅客运输管理				c					u	u	u		u
出租车运输管理					c						u		u
道路货物运输管理						c				u		u	u
车辆维修与检测管理							c						u
机动车驾驶员培训管理								c					u
客运班线管理									c				
道路客运站管理										c			
道路货运站(场)管理										c			
道路客运车辆管理				u	u						c		
道路货运车辆管理						u						c	
道路运输从业人员管理				u	u	u	u	u					c

注:c 为 create 的缩写,代表数据来源;u 为 use 的缩写,代表数据应用。

(3)物理模型层

以逻辑为参照,结合非功能性设计,对逻辑模型做物理上的优化设计,形成最终落地的物理数据模型。

3)基础数据模型建模思路

交通运输行业基础数据模型设计总体上划分为四大阶段,具体如下:

①业务架构:为前置阶段(预备阶段),核心是对交通运输业务现状及应用需求的分析梳理,明确交通运输管理的业务发展目标,构建交通运输管理的流程模型和组织模型。

②概念模型:核心是在相关数据标准的基础上完成对交通运输基础数据的梳理与分类,并定义一系列抽象的原则,如静态数据与动态数据分离原则等,对交通运输的基础数据进行抽象,提取基础数据域。

③逻辑模型:是在概念模型的基础上对抽取出来的基础数据域中的数据进行分类组织,识别实体、实体属性及实体关系。

④物理模型:核心是设计数据架构的非功能需求,将逻辑模型,结合非功能需求进行物理化建模。

4)基础数据模型元模型

基础数据模型元模型是交通运输基础数据模型的元数据整体结构体系框架,用来记录基础数据模型中的任一数据对象的元数据信息。元模型框架是以"数据对象信息"为核心实体,用来记录交通运输基础数据模型中的数据对象的公共信息,并通过"元模型"和"元模型结构"实体用以记录全部数据对象类型对应的元模型结构。

元模型是实现数据目录、数据交换监控与数据质量服务系统建设的基础,并将指引元数据采集的开发,具有重要的意义。

5)基础数据域列表

根据交通运输管理的业务架构,依据高内聚、低耦合的原则,初步将交通运输基础数据模型的实体划分为公路信息、站场信息、港口信息、航道信息、营运车辆信息、班线信息、船舶信息等20类数据域,61类数据子域,本次建设选择公路局、海事局、水运局和道路运输司作为示范单位,如表5-2所示。

交通运输数据域及其子域列表　　表5-2

序号	类　别	子序号	数据子域	序号	类　别	子序号	数据子域
1	公路信息	1-1	公路基础设施信息	1	公路信息	1-3	公路路况信息
		1-2	公路养护信息			1-4	公路收费信息

续上表

序号	类　别	子序号	数据子域	序号	类　别	子序号	数据子域
1	公路信息	1-5	公路路产路权信息	10	从业人员信息	10-1	公路建设从业人员信息
		1-6	公路超载超限信息			10-2	水路建设从业人员信息
		1-7	公路视频监控信息			10-3	道路运输从业人员信息
2	站场信息	2-1	客运站信息			10-4	船员信息
		2-2	货运站信息	11	建设项目信息	11-1	公路建设项目信息
3	港口信息	3-1	港口基础设施信息			11-2	水路建设项目信息
		3-2	港口经营和服务信息			11-3	公路建设项目质量安全监督信息
		3-3	港口生产信息			11-4	水路建设项目质量安全监督信息
		3-4	港口保安信息			11-5	公路工程造价信息
		3-5	港政信息			11-6	水路工程造价信息
4	航道信息	4-1	航道基础设施信息			11-7	站场建设项目信息
		4-2	航道维护信息	12	规划统计信息	12-1	战略规划信息
		4-3	航标维护信息			12-2	年度计划投资信息
		4-4	航政信息			12-3	统计分析信息
5	营运车辆信息	5-1	车辆基础信息	13	政策法规信息	13-1	政策法规信息
		5-2	车辆动态信息	14	行政执法信息	14-1	执法机构人员信息
		5-3	车载危险货物信息			14-2	执法督察信息
6	班线信息	6-1	道路运输班线信息	15	安全应急	15-1	安全生产检查信息
7	船舶信息	7-1	船舶基础信息			15-2	交通应急信息
		7-2	船舶动态信息	16	科技教育	16-1	交通科技信息
		7-3	船载危险货物信息			16-2	教育培训信息
		7-4	船舶防污染信息				
		7-5	通航信息				
8	航线信息	8-1	物理航线信息				
		8-2	经营航线信息				
9	企业(业户)信息	9-1	公路建设企业信息				
		9-2	水路建设企业信息				
		9-3	道路运输业户信息				
		9-4	水路运输业户信息				

续上表

序号	类别	子序号	数据子域	序号	类别	子序号	数据子域
17	标准规范	17-1	标准规范信息	19	地理空间信息	19-1	交通地理空间信息
18	管理机构及人员	18-1	管理机构信息			19-2	交通遥感信息
		18-2	管理人员信息	20	其他信息	20-1	其他基础类信息
		18-3	政务办公信息				

6)模型应用

全域基础数据模型是基于全行业基础信息的完整模型。全域基础数据模型应用目标包括：

①描述交通运输运行管理过程中所必需的基础信息。

②当进行战略性的业务调整时,保障灵活支持信息系统的重构。

③为交通运输行业各类应用系统的数据模型设计提供定义和标准。保障基于全域基础数据模型开发出的应用系统,能够高质量地满足行业信息处理的需要。

④通过建立的全域基础数据模型,保障在新建系统进行数据模型设计时,可以从全域数据模型中进行映射并检查信息的完整性。

⑤保障进行行业应用系统集成时,找出多个系统中相关和重合的信息。尤其是多个系统间数据的重复定义和不一致的信息,从而减小了应用集成的难度,形成交通应用系统集成的路线图。

7)基础数据交换与共享模式

基础数据的交换与共享涉及两大场景:上行,即基础数据的采集场景;下行,即基础数据的下发传播场景。每个场景中使用到的技术体系如表 5-3 所示。

数据交换场景技术体系表　　表 5-3

场景	数据实时同步	数据清洗转换和装载	数据服务
上行(采集)	√	√	√
下行(下发)	√		√

下行场景中主要涉及以下两种模式：

①模式一:通过数据交换体系中的数据实时同步平台,将基础数据库的基础数据层中的基础数据,实时同步给需要使用的业务系统。

②模式二:通过数据中心服务平台,开放与基础数据相关的数据服务,提供

给需要使用的业务系统进行调用,来获取基础数据。

8)基础数据变更管理模式

当基础数据范围和内容发生变化时,必须要进入基础数据变更管理流程进行处理。基础数据变更管理流程参见图5-8。

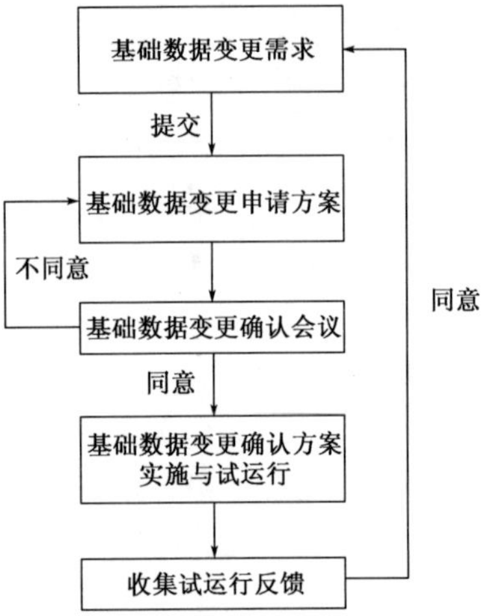

图5-8　基础数据变更控制流程

基础数据作为数据中心向外提供共享的核心和基础,其修改和调整会对诸多系统造成影响,对此应保持充分的谨慎,必须遵循基础数据变更控制流程,具体说明如下:

由业务处室提交基础数据变更需求,由基础数据维护小组经充分讨论和分析,提交基础数据变更方案和相关设计文档,经业务处室、部信息通信中心和基础数据维护小组三方参与的基础数据变更确认后,正式发布基础数据变更确认方案,并开展实施和试运行。收集试运行反馈信息,进入下一轮迭代过程。

5.5.4　行业基础数据库

基础数据库主要存放行业管理部门在业务处理过程中均需使用到的基础性、战略性的公用数据,基础数据库主要由源数据层、整合数据层、基础数据层组成,框架图如图5-9所示。

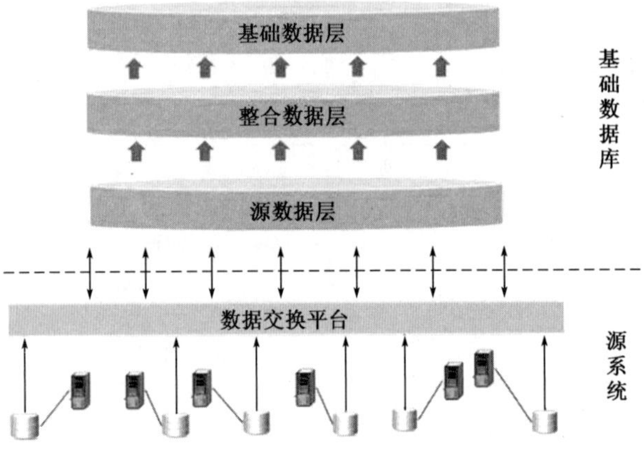

图5-9　基础数据库

源数据层存储的是由基础数据库从源系统采集的数据,其数据结构与源系统保持一致并与源系统保持实时/准实时同步。在该层可进行源系统数据剖析与质量分析的工作。整合数据层存储的是经过数据清洗、转换、整合后的数据,整合数据层中的数据原则上是统一编码格式的数据。基础数据层存储的基础性、战略性公用信息资源,是基础数据库的核心数据,是基础数据模型的数据核心。部级数据中心从不同业务管理和应用系统抽取、存储基础性、权威性的信息资源,形成部级公路、航道、港口、营运车辆、船舶、经营业户、从业人员七大类行业基础数据库。

1)基础数据库设计目标

(1)统一准实时数据共享

基础数据库为各类业务系统提供统一共享数据接口,减少系统间相互接口的重复性,降低接口的复杂程度,提高系统间接口效率与质量,同时为跨系统数据应用提供数据支撑。

(2)源系统数据质量检查

基础数据库作为收纳各类业务系统的数据存储单元,是提升业务数据质量的承载平台。基础数据库结合数据质量服务系统对抽取到的各生产系统的数据进行属性合法性检查、数据表关联性检查、数据比对稽核等以发现数据质量问题,提交给源生产系统做数据的修正后再提交给数据中心,形成这样一个数据质量管理的闭环流程,提升业务系统的数据质量。另外,基础数据库通过向其他应用提供经过数据质量提升、标准化后的数据,可促进行业标准化数据的应用。

(3)统一数据视图展示

通过基础数据库基础数据层的数据,可以向各业务单位与领导提供统一的数据视图,如人员、车辆、企业的基础信息、许可信息、信用信息、卫星定位地理信息、执法信息等,都可在统一的界面上集中展现,并建立起良好的关联关系。

(4)基础数据管理

基础数据库基础数据层保存的是标准的、相对干净的准实时数据,可以为各个系统间基础数据的同步提供支撑。

(5)业务报表统一提供与展示

基础数据库提供了准实时的业务数据,可以为业务报表系统提供数据支撑,业务报表系统的具体功能可参见相关章节。

(6)关键业务指标与风险监控

基础数据库提供了准实时的业务数据,可以为数据应用中的关键指标监控系统提供数据支撑，关键指标监控系统的具体功能可参见数据应用相关介绍。

2）基础数据库数据范围

对基础数据库进行建库，将现有数据资源按照基础数据模型的分类体系对数据进行分类装载。根据实际应用的需要，通过手工录入、网页引用等方式完善数据资源。

（1）基础数据库物理建模规范

基础数据库是基于全域基础数据模型物理化实现的，以下规范定义了物理化过程中需要遵循的规范。

①主扩展模式

主扩展模式，通常用来将几个相似的对象的共有属性抽取出来，形成一个“公共属性表”；其余属性则分别形成“专有属性表”，且“公共属性表”与“专有属性表”都是“一对一”的关系。“专有属性表”可以看作是对“公共属性表”的扩展，两者合在一起就是对一个特定对象的完整描述，称为“主扩展模式”。

对象的个数不多；各个对象之间的属性有一定差别；各个对象的属性在数据库设计阶段能够完全确定；各个扩展对象有独立的、相对比较复杂的业务处理需求，此时用“主扩展模式”。将各个对象的共有属性抽取出来设计为“主表”，将各个对象的剩余属性分别设计为相应的“扩展表”，“主表”与各个“扩展表”分别建立一对一的关系。

②主从模式

主从模式，是数据库设计模式中最常见、也是大家日常设计工作中用得最多的一种模式，它描述了两个表之间的主从关系，是典型的“一对多”关系。对象的个数较多且不固定；各个对象之间的属性几乎没有差异；对象的属性在数据库设计阶段能够完全确定；各个对象没有独立的业务处理需求，此时用“主从模式”。将各个对象设计为“从表”的记录，与“主表”对象建立一对多的关系。

③名值模式

名值模式，通常用来描述在系统设计阶段不能完全确定属性的对象，这些对象的属性在系统运行时会有很大的变更，或者是多个对象之间的属性存在很大的差异。对象的个数极多；各个对象之间的属性有较大差异；对象属性在数据库设计阶段不能确定，或者在系统运行时有较大变更；各个对象没有相互独立的业务处理需求，此时用“名值模式”。

④多对多模式

多对多模式，也是一种比较常见的数据库设计模式，它所描述的两个对象不分主次、地位对等,互为一对多的关系。

(2)行业基础数据库建设内容

部级数据中心从不同业务管理和应用系统抽取、存储基础性、权威性的信息资源,形成部级公路、航道、港口、营运车辆、船舶、经营业户、从业人员等多类行业基础数据库。

①从业人员基础数据库

数据来源主要为船员信息管理系统、公路建设市场信用信息管理系统、部省道路运输信息系统联网系统、部省执法证件与执法人员管理系统,数据内容如下:

——道路运输从业人员基本信息,包括姓名、身份证号码2个数据项;

——道路运输从业人员从业资格证信息,包括从业资格类别、从业资格证号、从业资格证初领时间、从业资格证发证日期、证件有效期至、发证机关、证照状态7个数据项;

——船员基本信息,包括姓名、身份证号码2个数据项;

——船员证书信息,包括船员证书种类、船员证书名称、船员证书编号、证书签发日期、证书有效期截止日期、发证机关6个数据项;

——监理工程师基本信息,包括姓名、身份证号码2个数据项;

——监理工程师资格证书信息,包括资格证书名称、资格证书编号、资格证级别、发证机关、评定日期、有效时间6个数据项;

——检测人员基本信息,包括姓名、身份证号码2个数据项;

——检测人员资格证书信息,包括资格证书名称、资格证书编号、资格证级别、发证机关、评定日期、有效时间6个数据项;

——执法人员基本信息,包括姓名、身份证号码2个数据项;

——执法证信息,包括执法证号、执法证初领日期、执法证有效期起、执法证有效期止、执法证发证机关、执法证发证日期、执法证审验日期7个数据项。

②经营业户基础数据库

主要来源于全国部省道路运输信息系统、重点营运车辆联网联控系统、水路建设市场诚信及项目监测系统、水路运政信息管理系统,数据内容如下:

——道路运输经营业户基本信息,包括业户名称、业户地址、行政区划代码、经济类型、经营范围5个数据项;

——道路运输许可证基本信息,包括经营许可证号、初次领证日期、有效期起、有效期止、发证机关、经营状态6个数据项;

——船公司基本信息,包括企业注册号、企业名称、主管部门、法人代表姓名、法人代表国籍、企业地址、经济类型、经营业务、实际经营地址、经营口岸 10 个数据项；

——船公司经营许可信息，包括许可证编号、证件类型、客运航线分类、货运航线分类、企业经营范围（客）、企业经营范围（货）、企业兼营范围、经营项目、班轮业务种类、国际经营范围、经营台湾海峡两岸间运输许可证发证日期、经营台湾海峡两岸间运输许可证发证有效期至 12 个数据项；

——建设企业基本信息，包括企业注册号、单位名称、单位地址、法人代表、注册资金 5 个数据项；

——建设企业资质信息，包括资质证书编号、资质证书名称、资质级别、企业经营范围、发证日期、证书有效期截止日期 6 个数据项；

——建设企业信用信息，包括信用等级、评价机构 2 个数据项。

③车辆船舶基础数据库

数据来源主要为部省道路运输信息系统、重点营运车辆联网联控系统、船舶登记系统、船舶检验系统，数据内容如下：

——营运车辆基础信息，包括车辆（挂车）号牌、车牌颜色、车辆类型、厂牌型号 4 个数据项；

——营运车辆运输证信息，包括道路运输证号、发证机关、初次配发日期、有效期起、经营范围、核定载客位、车辆（挂车）吨位、车辆营运状态 8 个数据项；

——船舶基本信息，包括船舶识别号、识别号生成时间、中文船名、英文船名、船籍港名称、船旗国代码、IMO 编号、MMSI 编码、船舶呼号、船舶初次登记号、船舶总长、船舶型宽、船舶型深、总吨位、净吨位、船舶种类、船舶所有人名称、船舶经营人名称、船舶 IC 卡号、航区 20 个数据项；

——船舶证书信息，包括船舶证书名称、船舶证书编号、船舶证书发证机关、船舶证书发证日期、有效期截止日期 5 个数据项；

——船舶营运证信息，包括船舶营运证编号、船舶核定的经营范围、经营航线、发证日期、证件状态、营运证类别 6 个数据项。

④基础设施数据库

数据来源主要为公路基础数据库、航道维护管理系统、港口经营管理系统等，数据内容如下：

——路线基础信息，包括路线名称、路线编号、起点桩号、终点桩号、技术等级、路面宽度、车道数量 7 个数据项；

——路面基础信息，包括行车道宽度、超车道宽度、路肩宽度 3 个数据项；

——桥梁基本信息，包括桥梁名称、中心桩号、桥长、桥宽 4 个数据项；

——隧道基本信息，包括隧道名称、中心桩号、隧道长度、净宽、净高 5 个数据项；

——涵洞基本信息，包括涵洞名称、中心桩号、涵洞类型、跨径、净高、全长、全宽 7 个数据项；

——客运站基本信息，包括客运站名称、行政区划代码、客运站代码、客运站级别、客运站地址 5 个数据项；

——货运站基本信息，包括货运站名称、行政区划代码、货运站级别、货运站地址 4 个数据项；

——航道基本信息，包括航道名称、航道概况介绍、航道管理机构名称、航道起点名称、航道终点名称、航道里程、航道属性、航道技术等级、航道水深、航道宽度、航道最小弯曲半径、航道所在河流名称、碍航物名称、碍航物位置经度、碍航物位置纬度、碍航物所在航道里程、碍航物属性、碍航物发生日期、碍航物历史碍航情况 19 个数据项；

——枢纽基本信息，包括枢纽名称、枢纽建成年份、枢纽管理单位、枢纽距航道起点里程、枢纽设计水级、枢纽位置经度、枢纽位置纬度 7 个数据项；

——过河（海）建筑物基本信息，包括过河（海）建筑物名称、过河（海）建筑物类型、建成年份、管理单位、距航道起点里程 5 个数据项；

——临河（海）设施基本信息，包括临河（海）设施名称、临河（海）设施类型、建成年份、管理单位、距航道起点里程 5 个数据项；

——港口基本信息，包括港口名称、国家或地区名称、港口所在地海区、港口码头最大水深、港口距河口里程、港口地理位置纬度、港口地理位置经度、所辖港区名称、港区地理位置纬度、港区地理位置经度、港区面积、水域范围、水域面积、港区自然岸线长度、港区码头岸线长度、海关名称、检验检疫机构名称、边防名称、库场名称、库场位置类型、库场主要用途、库场容量、库场容积、港口码头名称、泊位结构形式、码头所属企业、码头泊位个数、码头前沿设计水深、码头年货物通过能力、码头年旅客通过能力、进出港航道名称、进出港航道性质、进出港航道起点名称、进出港航道讫点名称、进出港航道通过能力、进出港航道满载通航最大船舶吨级 36 个数据项。

5.5.5　行业主题数据库

建设内容以行业行政许可、执法管理、信用评价、应急指挥等方面业务和应用系统间的数据共享需求为导向，建设行业主题数据库，为部相关司局间、部省、省省间资源共享和业务协同提供数据支撑，满足其他行业对交通运输行业信息的共享需要，包括：

——基于部相关司局、行业管理单位开展行政审批、行政执法等业务的需要，建立危险货物申报信息数据库、行业企业行政许可审批结果数据库等行业主题数据库；

——基于部省行业管理单位行业监管需要，建立建设企业及从业人员信用记录数据库、运输企业及从业人员信用记录数据库等行业主题数据库；

——基于部相关司局间、部省间应急联动的需要，建立风险隐患数据库、突发事件接警数据库、应急人员、装备、资源数据库、险情动态数据库等行业主题数据库；

——基于海关、公安、水利、海洋、农业、安监等其他相关行业对交通行业的资源共享需要，建立对外共享数据库。

1）空间数据库

空间数据库是基础数据库的一个重要组成部分，空间数据库是采用数字图形化方式的地理数据存储区域。空间数据主要体现为对点、线、面等几何形体的空间位置（x、y、z）和拓扑关系进行描述，以及基于空间位置和几何特征而创建的公路平面几何网络体系和单维线性参照体系。

空间数据库是数据中心的重要组成部分，实现交通行业对空间数据资源的充分有效管理和综合利用。将空间数据和属性数据有机地集成起来，实现有效的存储和管理，并在此基础上实现便利的空间索引、查询和各种分析操作。采用无缝数据库管理模型这一目前最先进的模型，实现图形数据和属性数据的综合统一管理。

空间数据库的数据包括两类：空间基础地理数据和交通专题空间数据。

（1）空间基础地理数据

主要提供交通业务应用的基础底图，通过点、线、面表达地面各种对象的数据，可以反映出各种对象间的空间关系和相关的属性信息。空间基础地理数据是交通分析决策的主要空间地理信息依据。其数据来源为国家基础测绘数据，采取与国家测绘局进行部级合作，免费获取基础数据的方式，并定期更新。

（2）交通专题空间数据

主要依托行业基础数据如公路、航道、港口、场站等基础数据生成交通专题空间数据，包括：公路线数据，提供公路数据空间位置，可从公路局公路基础数据库获取相关数据，定期更新；航道线、面数据，提供航道基础数据空间位置，港口点、线、面数据，提供港口及港口设施空间位置，可从海事局获取电子航道数据，定期更新,尤其内河航道数据,由于内河航道复杂多变,更新频度应适当增加;场站点数据,提供交通场站空间位置,可从道路运输司道路运政管理系统获取相关数据,定期更新。

2)元数据库

元数据是关于数据的数据,描述数据集的内容、质量、表示方式、空间参考、管理方式以及数据集的其他特征。

元数据库统一保存了数据中心全生命周期的业务元数据、技术元数据与管理元数据,是数据管理中的元数据管理系统的数据支撑。针对公路、航道、车辆船舶、经营业户、从业人员等数据资源的元数据,包含以下三类:

(1)技术元数据

技术元数据描述了数据中心技术领域相关概念、关系和规则的数据,主要包括对数据结构、数据处理方面的特征描述,覆盖各类数据源接口、数据库、ETL、OLAP、数据封装和前端展现等全部数据处理环节。

(2)业务元数据

业务元数据描述了业务领域相关概念、关系和规则的数据,主要包括业务术语、信息分类、指标定义和业务规则等信息。

(3)管理元数据

管理元数据描述了数据中心以及各类应用系统中管理领域相关概念、关系和规则的数据,主要包括人员角色、岗位职责和管理流程等信息。遵循JT/T 747—2009标准,交通信息资源核心元数据项主要有:信息资源名称、信息资源发布日期、信息资源摘要、信息资源提供方、信息资源分类、信息资源标示符、信息资源维护信息、元数据标示符、元数据维护方、元数据更新日期10个项目。

数据中心使用的元数据管理方案采用一种联邦式元数据管理架构。在这样的联邦式架构中,各个独立系统仍可以使用其原有的元数据存储库,称之为局部元数据存储库。在局部元数据存储库中,又可把其中的元数据分为两类:一类仅仅为本系统服务,称之为私有元数据;另一类除了为本系统服务以外,还需要在整个数据中心范围内共享,称之为共享元数据。

5.6 行业数据交换共享平台建设

使用者通过信息资源目录对数据信息资源进行目录查询,利用数据交换共享平台实现数据的自动提取与转换,为不同数据库、不同数据格式之间进行数据交换提供支撑,实现跨区域、跨业务的数据交换与共享,而以上功能的实现都要建立在行业数据交换共享平台的基础上。

数据交换体系是指由交换平台、交换模式、交换技术、技术标准与管理机制组成的整体,实现数据的采集、转换、传输、融合和加载,解决跨部门跨业务的数据交换与共享。它与目录体系的区别是:目录体系明确了数据资源的范围和关系,交换体系则主要解决的是数据资源传递的问题。没有传递就无法体现数据资源之间的关系,也无法实现共享和利用。

考虑到各省建设情况不一,数据组织架构各不相同,因此本着"突出重点、分步实施"的原则,开展数据交换平台建设,构建公路、航道、港口、营运车辆、船舶、经营业户、从业人员等信息的基础数据库。

5.6.1 数据交换解决方案比选

数据交换常用的解决方法主要有:使用数据库本身自带的工具完成数据交换、利用中间数据库完成数据交换、使用中间件技术完成数据交换三种。

(1)使用数据库本身自带的工具完成数据交换

目前很多数据库管理系统都提供了将外部数据导入到数据库的接口或工具。常见的有 Oracle 的导入导出工具、SQL Server 的 DTS 工具等。其中 Oracle 导入/导出的主要作用是对 Oracle 数据库进行逻辑备份,利用 Export 导出数据库的数据然后转储为二进制文件,而利用 Import 将二进制文件转换为存在数据库里的文件,从而达到数据迁移的目的。

Microsoft 公司开发的数据转换服务(DTS)提供简单的图形化数据转换工具,可以将数据从 Access 数据库、文件移动到 Microsoft SQL Server 数据库中。DTS 允许用户在多种数据源之间导入和导出数据或在使用 SQL Server 的多个计算机之间转移数据库和数据库对象。

使用上面的工具的确可以完成一些数据交换的任务,但这些工具有一个很大的缺点,就是仅提供对自己公司产品的数据导入导出,对异构数据的迁移处理做得不好,通用性较差。

此外,这种方式适合批量数据导出导入,数据采集交换处理的实时性较差。

(2)利用中间数据库完成数据交换

中间库交换方式是通过在信息交换各方之间建立一个中间的库表结构,并将各个系统需要共享交换的数据信息转存到中间库中,从而实现数据共享交换的一种方式。使用中间库交换方式,需要先定义设计好交换双方认同的中间库表,并定期或实时进行源系统数据到中间库表的整表或差异的同步更新,数据需求方需数据时，不需要直接访问或知道数据提供方的数据库类型、数据存储格式，只需要直接访问中间库就获取所需数据信息从而实现数据的交换与共享。

在网络环境下和不同的操作系统间进行数据转换时，先对要转出的数据库生成脚本，得到该数据库的表结构，然后按照不同数据库系统间的区别对脚本进行修改，生成符合规范的SQL语句，最后再在新环境的数据库系统中执行脚本。

中间库交换方式有单中间库和多中间库方式。单中间库方式，交换各方共用一个中间库；多中间库模式，交换各方分别建立自己的中间库，作为对外提供服务和进行交换的中介。前者因为共用一个中间库，不但配置管理维护复杂，而且中间库容易成为数据交换访问的瓶颈。后者因为每个系统都配置维护一个中间库，配置映射会更清晰，但每个系统需要维护自己的中间库。

(3)使用中间件技术完成数据交换

中间件为异构系统、异构数据库、数据文件的交换处理，提供了更加标准通用的通道。基于中间件解决异构数据交换共享难题已经成为趋势。使用中间件产品提供的数据交换接口或适配器服务组件，可缩短开发周期，快速实现数据的采集交换处理。

在部省道路运输信息系统建设时，采用东方通科技的TongIntegrator集成中间件和TongLINK/Q消息中间件初步构建了基于中间件的数据交换平台。利用该数据交换平台，可方便地实现行业主管部门与各省级交通运输主管部门的数据交换。在公路水路交通运输信息共享与服务系统(一期)工程项目建设过程中，通过功能升级和节点扩充，把该数据交换平台升级改造成为交通运输管理部门的数据集成交换平台。

但是，随着业务需求和技术的不断发展变化，对现有数据交换平台的功能服务提出了更高要求。随着SOA、ESB、Web Services等先进架构和技术的不断发展和成熟，采用面向服务的体系架构，对现有数据交换平台的功能、服务做进一步的升级完善，并在部主中心的基础上，增加各省交通运输部门作为分中心，部署若干个交换节点，联通交通运输部、31个省级交通主管部门，长航、珠江、计划单列市交通运输部门以及部直属事业单位、道路运输企业、港口及航运企业等数据报送单位，实现数据在线及时可靠交换。

下一步的交通数据中心建设将以部公路局、水运局、海事局、道路运输司为示范单位，开展数据交换平台建设，构建公路、航道、港口、营运车辆、船舶、经营业户、从业人员等信息的基础数据库，开展针对其他司局及各省厅的数据共享交换体系建设。

5.6.2 数据交换模式分析

数据交换由于业务的复杂性，形成的交换应用也比较复杂，因此，需要通过不同的交换模式适应多种应用的需求。在当前的交换应用中已经被证明行之有效的交换模式主要有分布式交换模式和集中式交换模式两类。

(1)分布式交换模式

分布式交换模式是指信息资源分布存储于各业务信息库中，信息资源提供者和使用者通过交换结点提供的交换服务实现两者之间信息资源定向传送的交换模式。分布式交换模式的技术架构可划分为有中心交换和无中心交换架构。

无交换中心的分布式数据交换架构中，各数据源具有高度的自制特性，它不需要使用中心数据库存储各数据源中的数据，避免了数据的大量汇集、分析、比对、去重和集中存储。分布式数据交换其实是一种中间件/适配器(Mediator/Wrapper)模式，其中的中间件位于异构数据源系统和应用程序之间，向下协调各数据源系统，向上为访问数据交换服务的应用程序提供统一的数据访问接口；每个数据源对应一个适配器，中间件通过适配器与数据源进行交互。

在有中心的分布式数据交换模式下，需要在数据交换中心部署数据交换服务总线，在各个相关部门、系统部署相应的适配器实现系统的接入和异构数据源的连接，数据交换服务通过调用数据源端的适配器获取源数据库所需要交换的数据，然后通过数据模式映射规则库得到源数据库与目标数据库的映射规则，根据该映射规则将源数据库中的数据转换为目标数据格式，并通过目标数据库适配器将目标数据装载到目标数据库中。

对于文件数据，如果是 XML 或 Excel(XLS、XLSX、CSV)等可以与目标数据库进行映射转换的数据文件格式，可根据映射规则将数据转换为目标数据格式，并通过目标数据库适配器将数据装载到目标数据库中；对于图片、Word 等无法映射转换的文件，通过文件适配器进行交换传递。

分布式数据交换是目前使用较多的一种数据交换处理方式。常用的分布式数据交换技术有适配器、CORBA、DCOM、EJB、Web Service 等。其中，适配器服务组件由于只需要简单配置，使用方便，几乎零编码，可以交换传输各种数据，建设实施维护工作量小等特点，是目前使用最广泛的一种数据交换方式。

Web Service 使用 HTTP 协议在网络中传输 XML 格式的 SOAP 消息，可以实现与平台、网络无关的数据传输，并能跨过防火墙传输数据，也是目前比较常用的一种数据交换方式。使用分布式数据交换模式，各单位需要自行维护本单位的数据信息资源，负责本单位数据信息的安全。

(2)集中式交换模式

集中式交换模式下，共享信息集中存储在统一的共享交换信息数据库中，信息的提供者和信息的需求者通过访问集中数据库实现信息的共享，实现信息资源交换。在部署的时候可以通过应用终端访问共享信息，实现部门间的信息交换方式。

在集中式数据交换模式下，需要将各个独立数据源中的数据汇集到中心，通过对各数据源异构数据信息的映射、转换、集成、整合，形成统一数据格式，集中存储在数据中心进行管理，并对外提供服务。集中式交换模式提高了各数据源的自制性和系统的灵活性，每个数据源只需要和中心数据库进行交互，不需与其他数据源建立通信接口；这种数据交换模式可以为用户提供快速、方便的数据综合查询服务，并可在中心数据库的基础上进行数据挖掘和决策支持查询。集中式数据交换的缺点是需要定期将局部数据源中的数据库抽取到中心数据库中，从而导致数据更新不及时，并且造成了数据的重复存储。

(3)推荐模式

集中式交换模式与分布式交换模式的优缺点分析比较如表5-4所示。

交换模式与分布式交换模式比较　　表5-4

内　　容	集中式交换模式	分布式交换模式
数据存储	数据集中存储	数据由各级部门自行存储保存在本地。在需要时，通过数据交换体系，将需要交换的数据交换给对方
数据维护	数据集中存储，集中统一维护管理	各级部门在本地，自行维护管理
数据规范	需要统一数据标准制度	需要统一数据标准制度，同时结合本单位实际需求制定相应规范
交换共享情况	集中按需交换，灵活共享，共享服务更及时，效率更高	以交换为主
技术要求	对各级部门的技术水平要求不高	对各级部门技术要求较高
投入情况	在总部部署中心平台，各级分中心部署二级平台，各级部门部署相应子系统	各级中心、分中心、部门，需要部署相应平台或系统，部署套数多，投入较大

通过对两种交换模式的比较分析，结合交通运输部数据中心特点，推荐采用集中为主、合理分布的混合数据交换模式。以便于汇总各司局及省厅基础数据，对数据进行分析挖掘，并能够根据各部门的业务特点，提供灵活的数据共享交换

服务,支撑部和交通运输部各部门开展满足多样化需求的应用系统建设,为领导提供决策支持,为社会公众提供服务。

混合式交换架构是集中交换架构和分布交换架构的组合,既可通过共享信息库实现信息交换,又可通过直接互相访问或通过中心交换结点实现信息交换。交通数据中心基础数据来源于部公路局、水运局、海事局、道路运输司相关系统,基础数据采用集中式交换模式。

5.6.3 数据交换应用需求

数据交换应用场景及其拓扑结构如图5-10和图5-11所示。

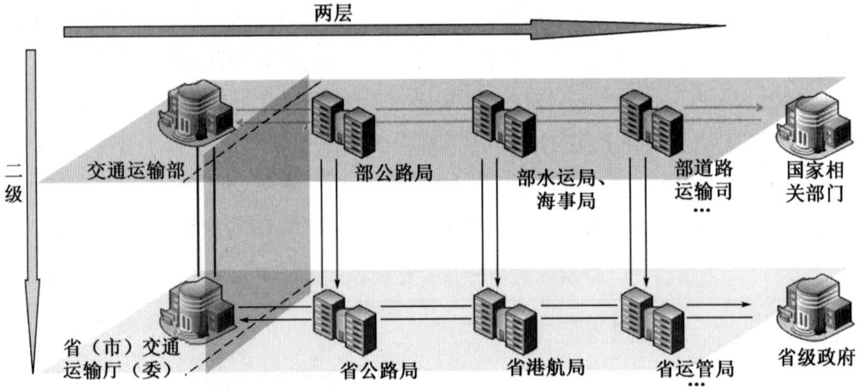

图5-10 数据交换应用场景

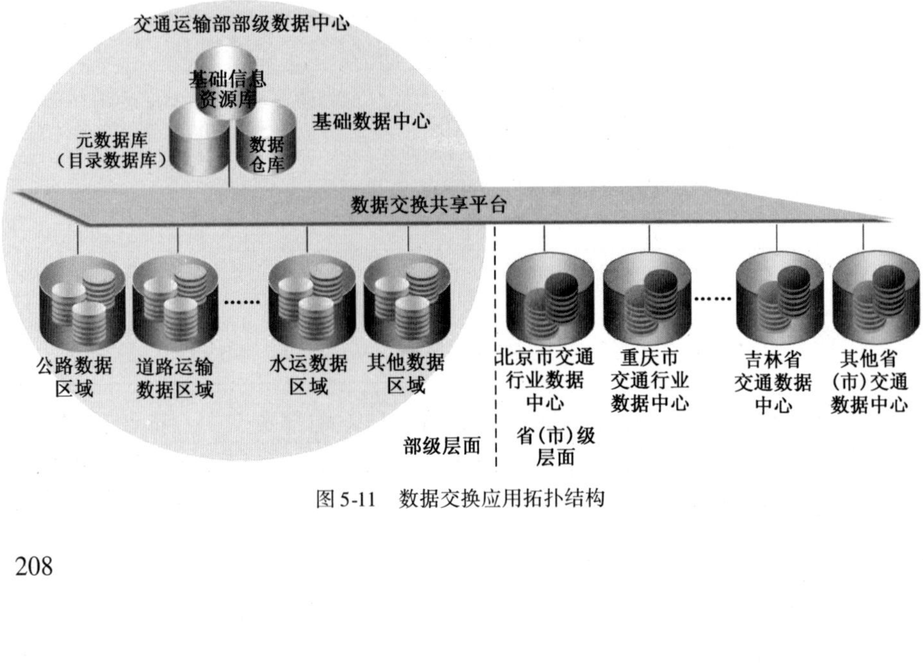

图5-11 数据交换应用拓扑结构

（1）基础信息同步

由于部级数据中心基础数据库需要与部公路局、水运局、海事局和道路运输司系统数据保持一致，可选用的方式有客户端单向同步和客户端刷新两种。客户端单向同步和客户端刷新的区别在于，传输内容是客户端所有信息还是修改信息，客户端刷新适用于数据量较小的系统，当系统数据量较大时，其对传输网络造成的压力远远超过了客户端单向同步机制。为减少系统运行对部级网络的压力，采用客户端单向同步机制实现数据同步。

数据同步的服务器端即部级数据中心船舶、车辆等基础数据库，可以接收来自客户端的数据同步消息或数据同步命令，也可以向客户端发送数据同步消息或数据同步命令。

数据同步的客户端即数据的采集源头，基础数据库的数据主要来源于以下系统：

①公路管理方面，可以从公路数据库、公路建设市场信用信息管理系统、公路管理信息服务系统抽取普通公路、收费公路等基础设施的数据，公路建设企业、从业人员基础信息与信用信息。

②道路运输方面，由于道路运输信息服务系统的数据报送依托于部省道路运输信息系统联网系统，但目前部省道路运输信息系统联网系统应用服务器发生故障，且现有部省联网系统数据交换机制已不适应道路运输业务要求，部省道路运输信息系统联网系统数据传输截至 2012 年 1 月。可以从道路运输信息服务系统、部省道路运输信息系统联网系统、重点营运车辆联网联控系统抽取营运车辆基本信息、道路运输经营业户、从业人员基本信息、信用信息。

③水路运输方面，可以从水路建设市场诚信及项目监测系统、水路运输信息服务系统抽取航道、港口等基础设施的基本数据，以及水路运输企业基本信息、信用信息。

④海事方面，由于海事船舶协同监管与信息服务系统已实现海事局船员管理系统、船舶登记管理系统、船舶动态管理系统、航海保障管理系统等海事系统的数据上报与汇总，因此可以从海事船舶协同监管与信息服务系统中抽取船舶、船员基本信息、证件信息。

⑤质监方面，可以从公路水路建设质量与安全监督系统中抽取监理、检测企业、从业人员的基本信息与信用信息。船舶基础信息数据库、车辆基础信息数据库将从船舶登记系统、船员管理系统、船舶动态信息系统、燃油补贴系统、道路运输运证管理系统、重点车辆联网联控系统采集如表 5-5 所示相关信息。

数 据 交 换 内 容 表5-5

序 号	基 础 信 息
1-1	客运站基本信息
	客运站经营许可信息
	客运站附属设备信息
	客运站站级核定信息
	客运站质量信誉考核信息
	客运站安全生产信息
	客运站视频监控信息
	客运站运输量信息
1-2	货运站(场)基本信息
	货运站(场)经营许可信息
	货运站(场)附属设备信息
	货运站(场)质量信誉考核信息
	货运站(场)安全生产信息
	货运站(场)视频监控信息
	货运站(场)运输量信息
1-3	车辆基本信息
	车辆运输证信息
	车辆附属专用设备信息
1-3	车辆经营状态信息
	车辆异动变更信息
	车辆年度审验(综合性能检测)信息
	车辆技术等级评定信息
	车辆二级维护登记信息
1-4	道路客运班线物理线路信息
	道路客运班线经营线路信息
	道路客运班线经营许可信息
	道路客运班线售票信息
1-5	道路运输(旅客运输、出租车运输、货物运输、危险货物运输、机动车维修、机动车检测、机动车驾驶员培训、货物代理、汽车租赁)业户基本信息
	道路运输业户经营许可证信息

续上表

序　号	基 础 信 息
1-5	道路运输业户年审信息
	道路运输业户诚信记录信息
	道路运输业户信用考核信息
	道路运输业户违章记录信息
	道路运输业户黑名单信息
	道路运输业户安全生产信息
1-6	道路运输从业人员基本信息
	道路运输从业人员资格证信息
	道路运输从业人员异动信息
	道路运输从业人员诚信记录信息
	道路运输从业人员信用考核信息
	道路运输从业人员违章记录信息
	道路运输从业人员黑名单信息
1-7	客运站建设项目基本信息
	货运站(场)建设项目基本信息
2-1	船舶唯一标识信息
	船舶基本信息
	船舶国籍证书签发许可信息
2-1	船舶证书、文书信息
	船舶 MMSI 信息
	船舶技术指标信息
	水路运输船舶营业运输证信息
	水路运输船舶缴费信息
	水路运输船舶营运状态信息
2-2	船舶 AIS 信息
	船舶能耗信息
	船舶违章记录信息
2-3	危险货物安全适运许可信息
	船舶载运危险货物许可信息
2-4	液货船水上过驳作业许可信息

续上表

序　号	基 础 信 息
2-4	防污染监督检查记录信息
	船舶污染事故处置结果信息
	船舶污染事故调查结果信息
2-5	水上水下施工作业许可信息
	航行通告信息
2-6	船员基本信息
	船员适任证书信息
	船员服务簿信息
	船员异动信息
	船员诚信记录信息
	船员信用考核信息
	船员违章记录信息
	船员黑名单信息
2-7	其他属基础性、战略性的公用信息资源

(2)数据采集

数据中心所需要的基础数据、主题数据的来源均来自旧有系统,数据的采集是数据交换的第一步,源系统数据采集是全域数据交换中的基础环节。

源系统的采集通过数据同步与数据交换结合的模式,在不影响业务系统性能的前提下,通过数据同步实现对源系统原始数据的增量数据实时捕获。平台能定时或自动地从前置机数据库中采集相应数据,同步到部中心数据库,数据可以是格式文件、数据库及外部系统调用平台的接口 API 传入的数据。

为了解决数据交换平台的松耦合问题,同时也为了数据交换平台可以有效地利用资源,避免在网络上传输的数据冗余,交换平台将通过前置机方式实现交换。接入也可通过 Web Service 模式实现,包括 SOAP Web Service、RESTful Web Service、数据库适配器、应用适配器等标准方式以及定制开发个性化方式。

(3)源系统数据推送

同步前期需要相关业务人员把委办局业务库数据库中需要同步的数据推至前置机影子表中,前置机影子表结构与委办局业务库需要同步的业务结构相同,但要去掉相关的主外键约束。通过对源系统的数据推送,可以实现系统间的数据共享与基础数据管理。源系统的数据提供,可通过批量数据转换的模式,也可通过数据服务调用的模式。

(4)数据加载

数据加载包括基础数据库数据加载和数据仓库数据加载两大部分,其中基础数据库数据主要包括变动较小的数据,如单位、人员、路段、车辆等。数据仓库加载主要包含历史的变动相对频繁的业务域主题数据,如行驶里程、交通事故、收费金额等。

(5)两级中心同步

部级数据中心需要实现与各司局数据区域和省级数据中心的数据同步。本次交通数据中心建设主要实现部级数据中心与部公路局、水运局、海事局、道路运输司数据区域的数据同步。数据交换内容如图 5-12 所示。

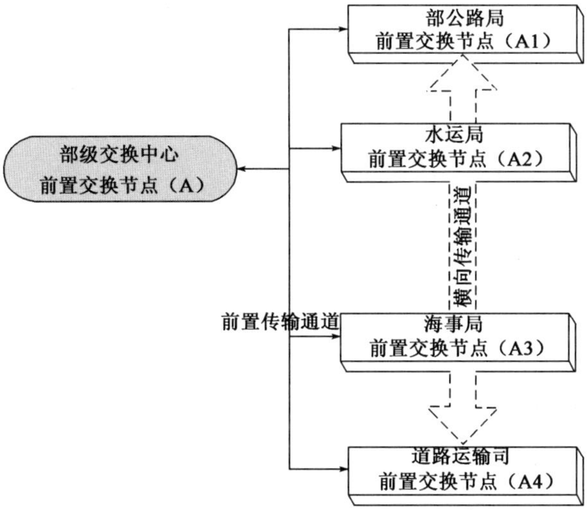

图 5-12　数据交换内容

(6)元数据采集

元数据来源于逻辑模型文件、数据库、分析报表软件、数据交换软件等产品中,元数据采集的工作就是以元模型为依据,实现对各个元数据源的数据采集。针对不同类型的软件,需要设计与开发不同的采集适配器,并对系统产生的元数据进行分析与处理,以确保元数据的可用性。元数据采集是交通的数据中心整体框架的重要组成部分。元数据采集架构如图 5-13 所示。

(7)服务集成

数据服务面向行业数据需求开发实时的数据交互接口,提供一种能够屏蔽背后复杂数据结构的共享数据应用服务,通过把相关共享信息资源封装成应用系统直接调用的 Web Service 或可视化的 Web 查询服务,简化共享工作的复杂度。满足使用方对信息共享应用的多样性需求。

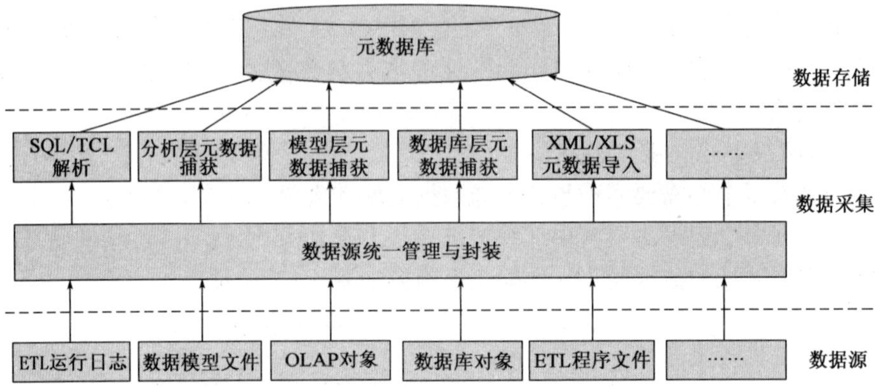

图 5-13 元数据采集架构

服务管理系统建设为查询、决策等相关应用系统建设提供统一的基于 SOA 服务体系构建的服务平台。服务管理为平台中的共享信息资源提供统一的服务加工支撑环境,相关系统中封装的服务,都可以基于这个子系统统一对外提供服务。服务化处理能够大大促进和规范系统的建设,促进信息资源共享深度开发利用。

(8)异构数据源支持

数据源可以分为以下几种形式,可根据项目的需求选择性采集:

①结构化数据源:此种数据源有相应的业务系统支撑,一般有后台数据库,数据更新及时。

②半结构化数据源:在工作中形成的各类电子文件,如 Excel、XML 文件等。

③非结构化数据源:此部分包括 Word、视频文件等。

④结构化、半结构化数据以及非结构化数据均可根据具体情况通过不同的适配完成数据的交换共享。包括 Web Service 适配器、各类文件适配器、各类数据库适配器、HTTP 适配器、FTP 适配器、定制适配器等。

5.6.4 数据交换平台架构

数据交换平台架构由集成开发工具、监控管理中心、资源中心、运行环境逻辑节点、便于应用集成开发的组件和套件及企业服务总线组成,如图 5-14 所示。

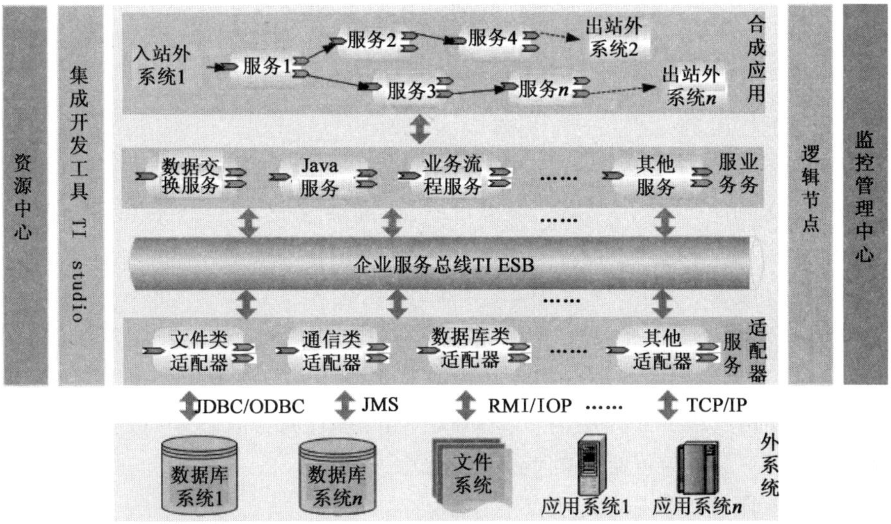

图 5-14　数据交换平台架构

(1)资源中心

资源中心主要功能是集中管理包括服务、组件、项目及相应权限等各种系统资源,类似于版本控制软件如 CVS,它包括用户/组管理、资源管理、权限控制、资源目录服务等功能。通过提供的客户端开发工具,可以对资源和权限进行存储、配置及相应管理。

(2)集成开发工具

集成开发工具是用于开发服务、组件及业务流程的集成开发工具,它提供了完整的从设计、开发、配置到打包部署整个阶段的 GUI 工具。集成开发工具还是一个完善的分布式开发环境,它集成了资源权限管理功能,基于项目、组件、服务等资源的权限管理,支持团队协作开发,方便团队进行分工合作,提高开发效率。

(3)逻辑节点

逻辑节点是组件、服务及业务流程的运行环境,它包含了实现 J2EE1.4 规范的应用服务器。数据交换平台基于标准的 J2EE1.4 规范,因此在其上开发的组件、服务及相应的业务流程,最终要打包成标准的 J2EE 相关组件和应用,部署到相应的 J2EE 应用服务器上运行。

(4)监控管理中心

监控管理中心是监控管理逻辑节点及部署在逻辑节点上面的项目、服务、组件及业务流程等运行状况的集中管理监控平台。通过监控管理中心，用户可以查看逻辑节点及部署在逻辑节点上面的项目、服务、组件及业务流程等运行状态、日志信息等，并能够对所监控的对象进行如启动/停止等控制。

(5)适配器服务

适配器是外系统接入业务集成平台的桥梁，是多种异构系统之间互联互通及互操作的重要组件。在数据交换平台中，适配器遵循 JCA1.5 标准，真正实现了适配器的重用。

(6)Java 服务

集成开发工具提供了基于 Java 的编码调试开发环境，能够让用户根据具体业务，开发相应服务，或者进行服务的合成与编排。Java 服务对外可以封装提供业务服务，供其他服务或应用消费；另外它也能够消费其他服务，将不同的业务服务进行组装，形成粒度更大的业务服务。

(7)Web 服务

服务的技术实现及其表现形式可以有多种，如数据交换平台提供的 Java 服务、常用的 Web 服务等。在集成开发工具中，能够将用户创建的 Java 服务、适配器服务等，发布为 Web 服务，而且还提供了访问外系统提供的 Web 服务的开发工具。

(8)合成应用

将已经开发的业务服务和其所用到的服务建立连接关系，进行合成组装，构成一个能够打包和部署、完成某些业务功能的应用。合成应用，是一个组件、服务的装配过程，最后形成的成果，是能够打包和部署的业务应用，而且也能够将这个应用发布为 Web 服务。

(9)服务总线

ESB(企业服务总线)处于服务消费者和提供者的中间，提供中介功能来完成服务提供者的查找、访问、路由及服务治理等功能。数据交换平台可以充分集成 ESB 中间件的企业服务总线，提供 ESB 常用的功能如服务的查找、访问、路由等，同时提供有对服务的负载均衡，服务的失败与恢复的管理功能。

5.6.5 数据交换平台技术适应性

1)主流技术分析

技术选择与业务需求、开发目标、长期规划等因素息息相关。政府部门或企业信息化过程中，需要针对业务需求开发相关软件，这些软件基本满足特定阶段既定业务的应用需要。但从长期规划角度出发，要实现内部信息流的畅通无阻，就必须对不同的应用软件进行集成才能实现。

将基于各种不同平台、用不同方案建立的异构应用集成的一种方法和技术是企业应用集成，集成方法有两种：传统的EAI和基于SOA的企业应用集成。

(1)企业应用集成方案适应性分析

现有最为常见的两种企业集成方案：传统的EAI与基于SOA的企业应用集成。

传统的EAI是通过中间件作为黏合剂来连接企业内外各种业务相关的异构系统、应用以及数据源，从而满足企业内部应用系统之间信息共享的需要。

SOA的通用定义为：SOA是一个组件模型，它将应用程序的不同功能单元(称为服务)通过这些服务之间定义良好的接口和契约联系起来。接口是采用中立的方式进行定义的，它应该独立于实现服务的硬件平台、操作系统和编程语言。这使得构建在各种这样的系统中的服务可以以一种统一和通用的方式进行交互。

SOA(面向服务的体系结构)将企业中各个系统应用程序的不同功能单元抽象为服务，通过这些服务之间定义良好的接口和契约联系起来。接口是采用中立的方式进行定义的，它独立于实现服务的硬件平台、操作系统和编程语言。这使得构建在各种各样的系统中的服务能够通过统一和通用的方式进行交互。

通过集成本质、集成对象的颗粒度、标准化、可扩展性、重用性等角度分析，可以得出，基于SOA的EAI在集成本质、集成对象的颗粒度、标准化、可扩展性、重用性、集成代价等方面的优势都比传统EAI的优势明显。

部级数据中心信息集成涉及规划司、公路局、道路运输司等部机关业务系统，为保持部级业务系统稳定性、可扩展性，建议部级数据中心交换共享平台采用基于SOA集成思想。

(2)软件开发技术架构适用性分析

目前主流的应用软件开发技术架构有J2EE与.NET。J2EE是一套针对企业级分布式应用的计算环境，定义了基于组件的方式设计、开发、组装和部署企业应用系统的各个组成部分。.NET来自于微软，是一套全能的框架平台，支持C++、C#、J++、VB、ASP等语言，能够解决C/S、B/S和单机等结构的软件开发需求。

两者相比，J2EE适合于中大型企业、大数据量并发处理的系统，支持跨平台、扩展性较好、第三方支持厂商多、开源产品多，但是投资费用较高，开发和维护难度大；.NET适合于中小型企业、与微软应用软件(例如Office、Project、Exchange 等)结合紧密的系统,支持跨语言、投资费用不大、开发和维护难度一般,但是不支持跨平台、CPU 扩展性不高、无开源社区支持、只有微软一家厂商支持。

部级数据中心交换共享平台交换共享对象为部机关业务司局和省级部门,属于大型企业级应用,共享交换数据量为 TB 级,属于大数据量,涉及不同异构系统交换共享,选择的技术架构需支持跨平台、具有较好的扩展性。J2EE 适用于中大型企业、大数据量并发处理的系统,支持跨平台、扩展性较好、第三方支持厂商多;NET 适合于中小型企业、不支持跨平台,所以部级数据交换共享平台软件开发技术架构选择建议采用 J2EE。

2)基于 SOA 的交换共享平台关键技术适用性分析

通过交换共享平台集成方法、技术架构适用性分析,部级数据中心交换共享平台采用基于 J2EE 的 SOA 架构,实现部省间、跨省间、与其他部委间统一的、可管理的信息资源交换、共享功能。关键技术应用图如图 5-15 所示。

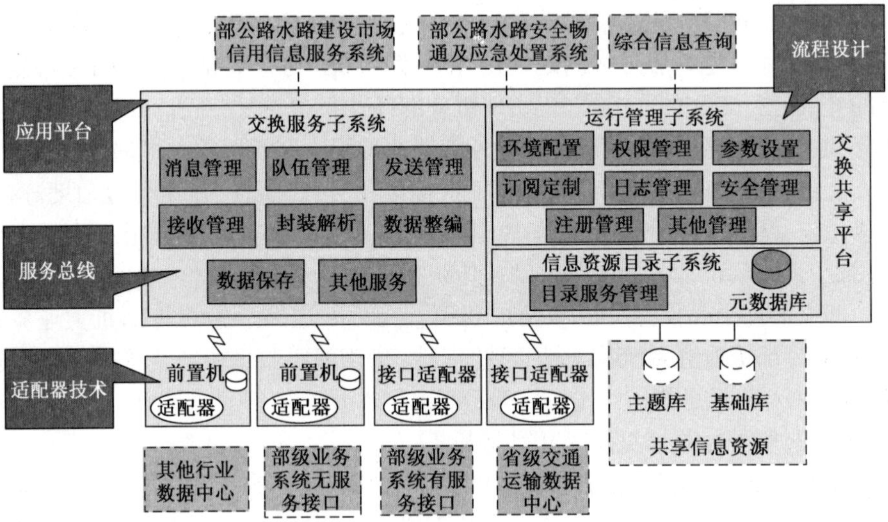

图 5-15　关键技术应用图

(1)应用平台技术

应用平台是位于操作系统与上层应用之间的中间支撑软件,具有标准的程序接口和协议,能够提供跨平台的应用、服务解决方案,可保证事务在异构环境下正常运行,为处于自己上层的应用软件提供运行与开发的环境,帮助用户灵活、高效地开发和集成复杂的应用软件。

目前产品采用的技术主要有EJB/J2EE、COM+/DNA和CORBA/OMA等几类,其中J2EE是利用Java平台来简化企业解决方案的开发、部署和管理相关的复杂问题的体系结构,具有编写一次、随处运行特性,同时还提供了对多种编程技术的全面支持,适合用来满足无需太多费用,而又需要高可用性、高可靠性以及可扩展性的应用的需求。

(2)企业服务总线

企业服务总线(Enterprise Service Bus,ESB)是面向服务构架(Service Oriented Architecture,SOA)的基础设施。目的是集成异构平台的应用(不同硬件、不同操作系统、不同数据库、不同编程语言实现的软件等),为SOA提供服务的交互通信、协作和组合的基于网络的分布式总线。ESB是一个基于标准的、松散耦合的、灵活性和扩展性较高的平台,适合于对企业组织的各种异构系统进行整合,并为以后开发的各种面向服务的应用提供自动集成,当企业的业务需求有变化时也不需要对原有系统进行改造,真正达到按需互连的效果。

它是传统中间件技术与XML、Web服务等技术结合的产物。ESB提供了网络中最基本的连接中枢,是构筑企业神经系统的必要元素。ESB的出现改变了传统的软件架构,可以提供比传统中间件产品更为廉价的解决方案,同时它还可以消除不同应用之间的技术差异,让不同的应用服务器协调运作,实现了不同服务之间的通信与整合。从功能上看,ESB提供了事件驱动和文档导向的处理模式,以及分布式的运行管理机制,它支持基于内容的路由和过滤,具备了复杂数据的传输能力,并可以提供一系列的标准接口。

ESB有通信、消息处理、安全性、服务交换、服务级别、集成、服务质量、管理及自治、集成架构智能及建模10项标准功能。

①ESB用标准的服务语言跟所有应用系统通信,这样整个组织的应用系统有了相互交流的共同语言,不必再为各个系统采用不同的通信协议、不同的数据格式而烦恼,因此它被称为整个企业(组织)的服务总线。

②ESB协调服务提供者和消费者之间的关系,起到服务中介作用,从而实现服务调用关系松耦合。

各应用系统通过ESB端点,来完成与其他应用系统的集成。ESB端点可以理解为应用系统在总线上进行集成活动的总代表;应用系统可以通过ESB端点提供的适配器,将自己系统的专用接口协议转换成总线使用的标准协议,实现系统与总线的对接;各系统通过ESB端点,把系统对外的服务注册到服务仓库,所有需要该服务的应用系统,可以通过各自ESB端点,在总线上寻找到并使用服务;用户可以在ESB端点上,对所需的服务进行调用、编排、数据转换等配置工作;ESB 端点将根据用户的应用集成配置结果,完成服务调用、转换、路由等工作。

③ESB 使得不同系统间解除了直联关系,也不会形成所有应用集成工作的单点瓶颈,所有的集成工作按需分布到了不同的 ESB 端点,是一种轻量级的、可分布式部署的应用集成产品,它很好地解决了紧耦合问题。ESB 也被视为 SOA 的基础中间件。

(3)数据集成技术

数据集成是系统集成的首要任务。数据集成的目的就是要运用一定的技术手段将异构系统中的数据按一定的规则组织成为一个整体,使得用户能有效地对其进行操作。数据处理的对象是系统中的各种异构数据库中的数据或者无格式数据,而数据集成的主要过程则是建立完善的数据仓库以及采用数据挖掘技术获取更多数据信息。

部级数据中心构建基础数据库和主题数据库的一个关键核心技术是数据集成和迁移。常见的数据集成的方法有:

①数据库复制。利用数据库自带或用第三方的工具实现。利用数据复制技术,可以把远程数据库复制到本地,好处是:使数据的使用更方便,减轻对网络的依赖,不用改动远程系统,可以通过设定复制时间来减少对原系统负载的影响。

②数据库联邦或数据库直联。数据库联邦是一种技术,把多个数据库映射为一个虚拟数据库。利用数据库联邦可以用一个 SOL 语句来关联多个数据库的表进行联查,大大降低数据处理难度和数据库相关程序的编写难度。数据库直联指直接联上其他系统的数据库读取数据。为了防止误操作,一般会建立数据库视图来供其他系统访问。无论数据库联邦还是数据库直联都只是一种数据获得方式,需要另外开发程序或利用工具来处理数据。

③中间件集成。中间件数据集成基于一个公共数据模型,实质上数据仍旧保存在各个参加集成的数据源中,通过各数据源的“包装器”将数据虚拟成公共数据模式,用户的查询是基于公共数据模式的,即建立基于公共数据模式的虚拟数据库集成系统。中间件将用户提交的基于公共数据模型的查询分解、解析成针对一个或多个数据源的查询,然后将数据源的查询结果综合处理成公共数据模型的数据,并将结果返回给用户。这种方法向用户屏蔽了底层数据源的差异,使得用户的查询表面上是针对单一数据源的,而实际上查询是对各个数据源的子查询的结果综合而成的。

④ETL 工具抽取。ETL 作为数据仓库构建的核心和灵魂,它能够按照统一

的规则集成并提高数据的价值，是负责完成数据从数据源向目标数据仓库转化的过程，是实施数据仓库的重要步骤。

ETL是在数据迁移过程中进行数据抽取（Extract）、转换（Transform）和加载（Load）的过程。ETL过程的主要目的就是以最小代价将面向日常业务操作的数据转化为面向数据仓库存储的决策支持型数据。传统的方法是手动编写SQL语句和相对应的程序来实现数据抽取转换工作。这种方法对技术人员的专业水平要求很高，又要求对业务方面有足够的了解。传统方式实现的抽取转换工作在经历了一段时间后会造成SQL语句的数量急剧增加，系统会逐渐变得难以维护，模块难以复用。因此采用通用成熟的ETL工具来实现对业务系统中数据的集中，可以提高复用维护的简易性，减少设计抽取转换流程的难度，使技术人员把精力放在业务上而非实现的细节上。

ETL工具的本质是数据转换器，它提供一种从源到目标系统转换数据的方法。这个功能传统上由程序员来完成，需要针对每一种数据源编写不同的数据抽取和装载的程序，效率极其低下。ETL工具提供一种通用的解决方案，它一般用图形化方式来生成用于数据转换装载的程序代码，即直观高效地生成一个专用的数据转换器，从而减少了70%～80%的工作。

（4）接口技术

目前，接口技术主要有三类：应用访问API接口技术、数据库接口技术和Web Service接口技术。

应用访问API接口技术需要利用COM+/JAVA/COBRA等技术，需要根据既定需求开发，满足数据需求方API调用，实现数据传递或者特定功能调用。

通过数据库接口技术实现不同的数据库共享的操作。由于应用系统使用的数据库不同，造成数据结构等方面的差异性，使用程序或者数据库技术，对数据操作保持各数据库中共享数据的一致性和同步性。

Web Service利用新一代的通信技术和接口技术，提供通用格式数据的公用服务，如使用XML流的SOAP/HTTP接口访问服务。

在XML基础上发展起来的Web Service是一种革命性的分布式计算技术。它使用基于XML的消息处理作为基本的数据通信方式，消除使用不同组件模型、操作系统和编程语言的系统之间存在的差异，使异类系统能够作为计算网络的一部分协同运行。

目前，根据不同接口技术开发的适配器，可以将不同的应用系统屏蔽起来，向应用系统提供一个统一的平台，完成两个不同应用端接口之间的通信和交互。

5.6.6 数据交换系统建设方案

1) 交换桥接子系统

(1)系统架构

交换桥接子系统主要是完成部门业务信息系统与数据交换平台系统之间的交换桥接。交换桥接子系统位于部门业务系统和交换前置机之间,在保证部门信息系统可靠、安全的前提下,实现部门业务信息系统与数据交换平台前置子系统之间的双向、单向、实时、定时数据同步。

提供部门所需的灵活、安全的交换桥接功能,以松耦合方式实现与部门业务系统的"桥接"处理。通过交换桥接子系统,有利于迅速划分工作边界和工作安全区,能够在保证部门业务信息系统独立、可靠、安全的前提下,实现部门业务信息数据库与前置交换信息库之间的在线实时交换或定期数据导入。桥接子系统结构如图5-16所示。

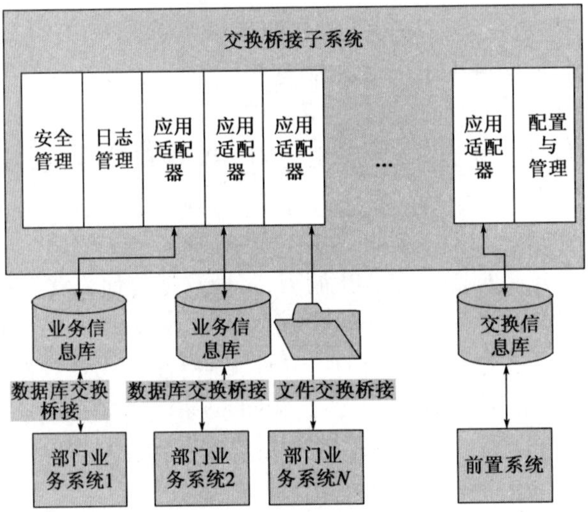

图5-16 桥接子系统结构图

(2)系统功能

交换桥接子系统需实现两个方向的信息交换,即需要完成部门业务系统到交换前置机之间的数据交换,也需要根据实际情况及具体要求,完成交换前置机到部门业务系统间的数据交换。具体的交换过程主要在部门的业务应用信息库与交换前置机上的前置交换信息库之间完成,并应能满足在线实时和定时按需信息交换的需要。数据交换流程如图5-17所示。

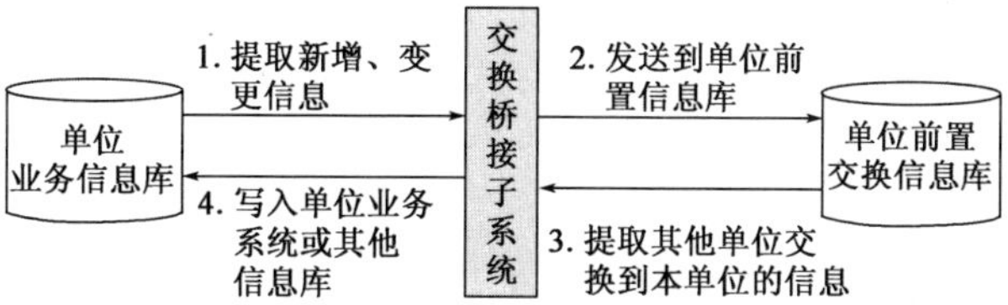

图5-17　数据交换流程图

2）前置交换子系统

（1）系统架构

前置交换子系统一般独立部署在交换前置机上（物理或逻辑计算机）。交换前置子系统的逻辑结构如图5-18所示。

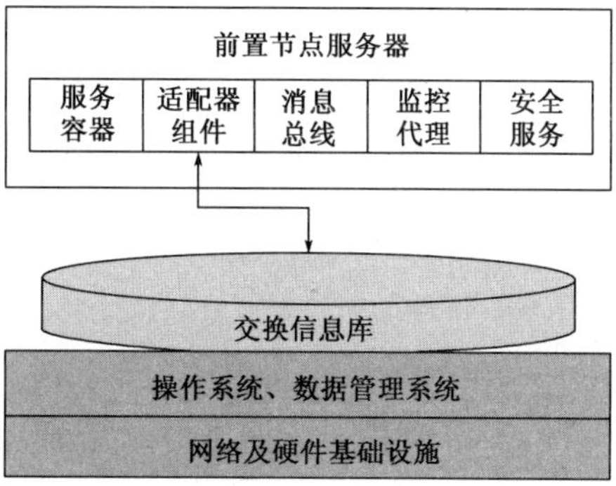

图5-18　前置交换子系统结构图

各前置节点服务器一起构成分布式的服务组件运行环境，并提供事件管理功能如消息队列和可靠事件的传输管理机制等，与各节点应用接口的接口适配器（Adapters）运行于节点服务器上。

前置机方式适用于一些安全级别要求较高、相对比较封闭或者数据交换处理量较大的部门或系统。这些部门或系统从业务完整性、维护界定、安全性等考虑，不希望或不允许直接操作原有业务系统或数据库。在不修改原有的应用系统的情况下，使用交换前置机系统，可以通过数据库、文件等交换操作处理方式，将特殊格式的数据快速地转化成通用格式，还可以封装原有的应用系统功能，提供 Web Service 接口，以便今后进行与其他系统的相互调用。

（2）系统功能

交换前置子系统能够从交换信息库中提取数据交给交换传输子系统传递，也能够从交换传输子系统中获取数据存储到交换信息库，主要功能如下：

①支持各种主流操作系统，支持国内外主流数据库。

②支持从多种数据源中抽取数据存入至前置数据库中。

③支持从前置数据库中抽取数据存入至多种数据源中。

④采用传输适配器接入交换传输系统。

(3)系统性能

数据交换系统应满足以下性能要求:

①提供可靠传输和事务处理保障机制,具有较高的容错处理能力、错误记录及预警能力,提供系统异常、网络异常处理机制,保证系统高可靠运行。

②在不考虑人为因素和网络因素的前提下,从数据抽取、传输、转换、入库的一个基本动作所需时间应不超过3s。

③在系统界面上做简单操作和普通数据查询操作响应时间应小于5s。

3)交换传输子系统

(1)系统架构

交换传输子系统数据交换传输结构示意图如图5-19所示。

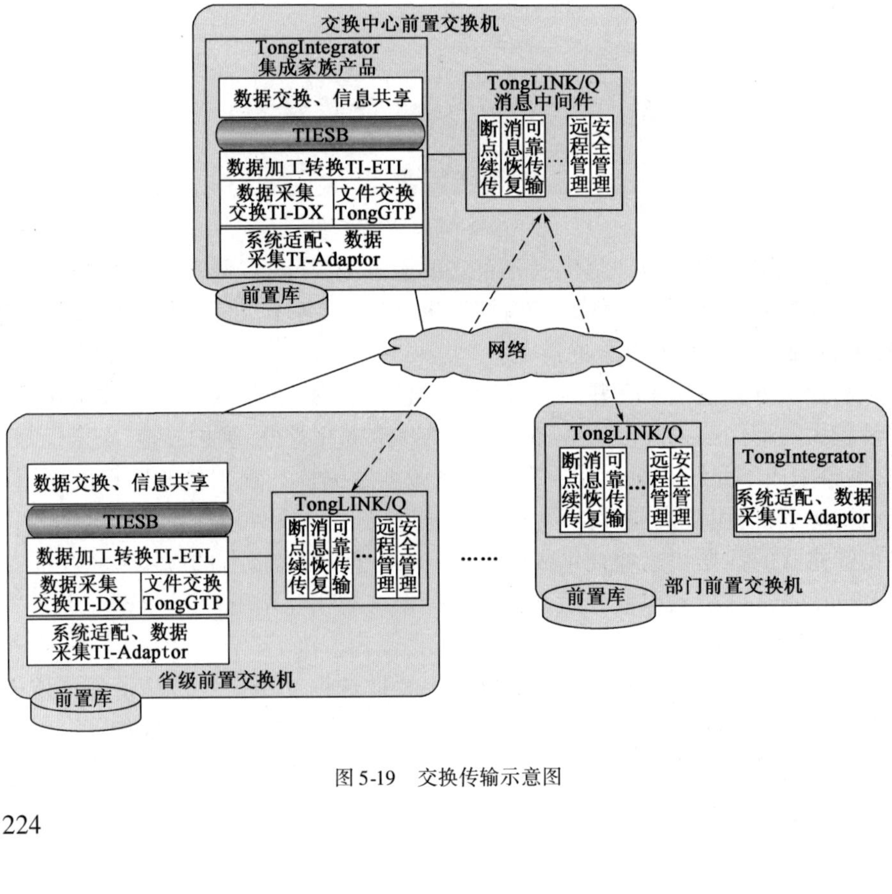

图5-19 交换传输示意图

(2)系统功能

各交换前置机系统之间安全、可靠、稳定、高效的信息交换通道由交换传输子系统构建,提供信息的打包、转换、传递、路由、解包等功能:

①提供消息确认和消息选择性重发机制以实现前置交换子系统之间可靠的信息传递功能,实现交换信息内容的“不丢、不错、不重”。

②实现从一个(或多个)交换节点的数据传输到另外一个(或多个)交换节点上,支持TCP传输协议。

③支持交换节点之间的路由和备份路由功能。

④可以将任何一个交换节点作为管理节点,对节点进行管理,包括节点的状态监控、节点的启停等。

⑤提供底层交换日志功能,包括错误日志的记录,提供日志磁盘空间管理功能。

⑥提供可视化交换流程配置工具,支持编程方式的流程开发,可以远程控制流程的启停、查看流程的当前状态。

⑦提供压缩机制、生命周期机制。

⑧提供断点续传功能。

⑨提供对第三方的安全接口和压缩接口的支持。

⑩提供发布/订阅模式的消息传输模型。

⑪提供集群(Cluster)和路由转发功能。

交换传输子系统支持数据传输和大文件传输,并支持网络安全传输。网络威胁是在网络互联及数据通信过程中,来自不速之客的非法性动作,主要有非法截取、阅读或修改数据;假冒他人身份进行欺骗;未授权用户访问网络资源等。安全性为一系列针对网络威胁,杜绝来自非法用户行为的操作。采用的主要技术有口令保护、数据加密、身份认证。

4)数据加工系统建设方案

各部门异构数据信息汇集到中心后,需要进行加工处理,然后存储到数据中心数据库系统中。ETL技术为数据的加工提供强有力的技术支撑和服务保障。ETL是Extract(抽取)、Transform(转换)、Load(加载)首字母的缩写,是进行数据集成整合,实现数据有效集成管理的重要技术手段。

ETL提供强大的数据抽取、数据转换、数据加载功能,通过简单的配置就能够实现将复杂异构数据信息从源系统抽取、清洗、转换,并加载到数据中心的相应数据库系统中。通过使用先进成熟的 ETL 产品和工具,来实现对工程建设所需数据的抽取、加工、转换和装载入口处理,为数据中心数据库群和数据仓库的建设提供技术支撑和服务保障。

ETL 产品的核心功能结构如图 5-20 所示。

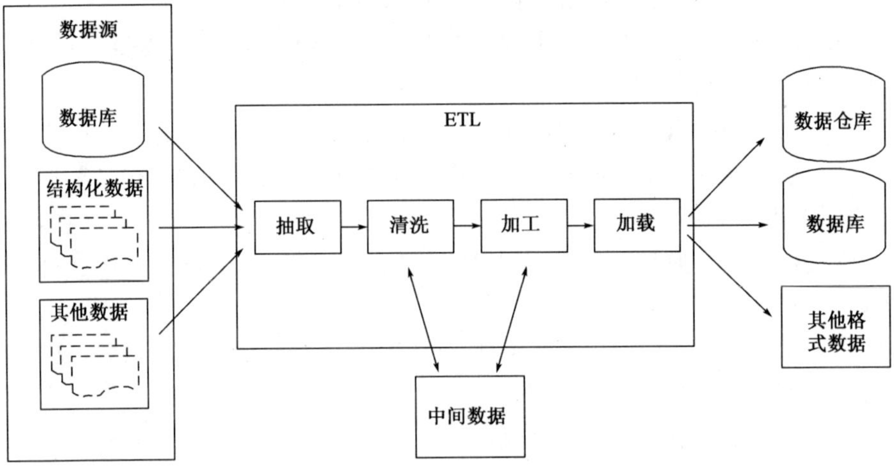

图 5-20　产品组成结构架构图

5) 交换管理与监控子系统

数据交换的监控管理是通过对交换任务的监控,对各数据源之间的数据交换情况进行图形化的可视化监控,监控的粒度分为月汇总、日汇总和明细。并且当某任务执行过程中发生错误时,系统将通过短信或邮件的方式通知用户。

交换系统是一个分布式处理系统,具体的数据交换逻辑位于各个交换节点上,需要由中心端来收集所有的节点端任务的执行状态、执行情况和结果。交换监控和具体的数据交换引擎采用松耦合,以便通过统一的监控界面来监控多种交换引擎的执行。其基本结构如图 5-21 所示。

部门前置交换系统需要部门管理员监控的内容包括交换流程、交换节点服务器的运行状况、交换过程、交换情况统计、用户访问情况等。通过平台各子系统的接口和资源属性配置,实现平台系统配置、运行状态等方面的管理工作。

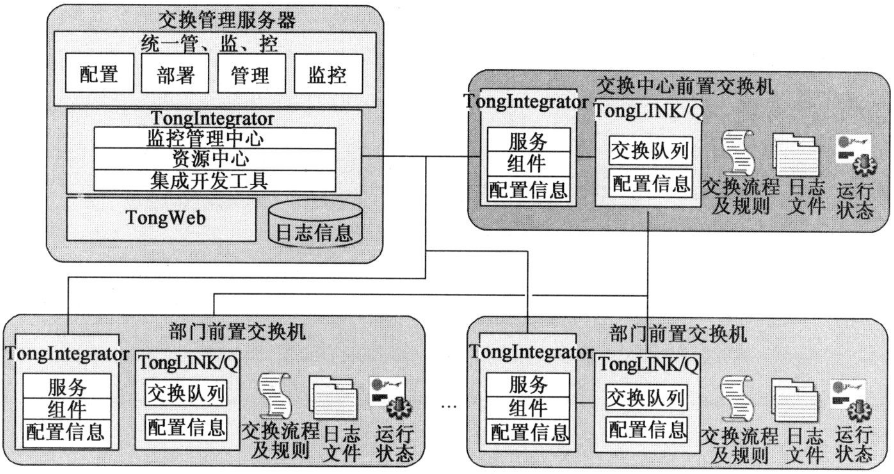

图 5-21　交换管理与监控子系统架构图

5.7　行业数据中心建设标准规范

在交通运输部行业数据中心建设期间，已经组织完善了交通运输行业数据中心建设相关技术标准规范，规范交通运输行业各级数据中心建设；建设行业数据中心数据交换格式技术标准，确保数据的一致性和有效性；建设行业数据中心系统管理规范，保障行业数据中心的稳定运行。

5.7.1　行业数据中心数据库建设标准

行业数据中心数据库建设标准用于规定行业数据中心各数据库建库的数据内容和数据结构。主要包括：经营业户、从业人员、运载工具、基础设施基础数据库建库标准和扩展要求，以及行政许可、执法管理、信用评价、应急等主题数据库建库标准和扩展要求。

根据交通运输行业部级数据中心定位："是行业基础数据和主题数据的汇集和服务中心、是交通运输行业数据中心体系的国家级交换节点、是部级信息系统运行的统一基础支撑环境"，因此信息资源是数据中心的基础，是直接影响数据中心建设成效的重要内容。通过对数据中心定位进行分析，"汇集、交换、服务"是数据中心主要实现的三个功能，三个功能同时代表着数据在数据中心的流转过程，如图 5-22 所示。

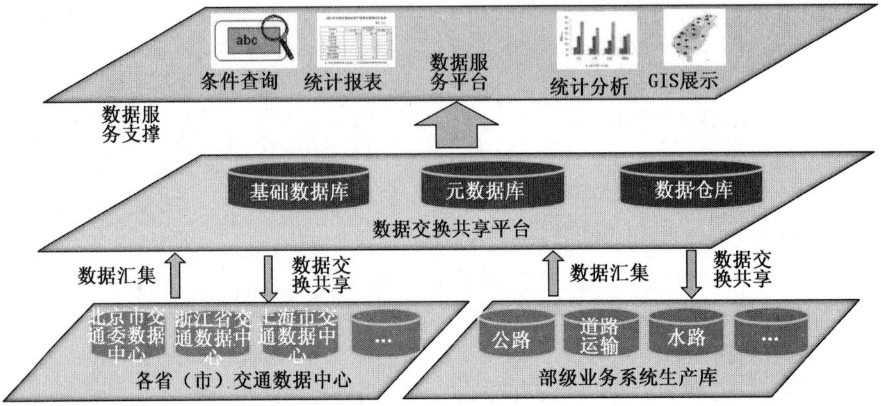

图 5-22　行业数据中心的数据流转过程

在数据中心的信息资源流转过程中，需要相应的标准、规则、策略等，交通运输行业数据中心信息资源需求标准及标准主要内容见表 4-13。

5.7.2　行业数据中心数据交换格式标准

为了使行业数据中心更好地进行数据交换，必须制定统一的数据交换格式标准，保证数据交换的有效性。数据交换格式标准包括数据交换代码格式规范、服务请求标准、服务请求应答格式规范、会话协议标准。目前，交通运输部业务数据共享及主要交换数据内容见表 5-6。

交通运输部业务数据共享及交换主要内容表　　表 5-6

序号	所属司局	系 统 名 称	交换、共享内容	格式	更新频率
1	政策法规司	行政许可网上办理平台	主题数据：行政许可申请信息	数据库	
2	综合规划司	农村公路数据库	基础数据：农村公路	数据库	不定期
3	财务司	财务联网查询系统信息	主题数据：企业诚信考核	数据库	实时
4	公路局	公路建设市场信用信息管理系统	基础数据：监理工程师、检测人员、公路建设企业 主题数据：企业、人员信用	数据库	
5		全国公路网管理与应急处置平台	主题数据：安全事故信息、应急管理	数据库	
6		全国路政治超信息管理系统	基础数据：执法人员 主题数据：执法	数据库	不定期
7		公路养护统计信息系统（公路数据库）	基础数据：公路、站场	数据库	不定期

续上表

序号	所属司局	系 统 名 称	交换、共享内容	格式	更新频率
8	水运局	水路建设市场诚信及项目监测系统	基础数据：水路建设企业、水路运输经营业户；企业诚信考核	数据库	
9		港口经营管理系统	基础数据：港口基本信息	数据库	
10		水路运政信息管理系统	基本信息：船舶基本信息	数据库	
11		港口安全及保安信息管理系统	主题数据：安全事故信息	数据库	月
12		港口危险品作业资质和危险品申报信息	主题数据：安全事故信息	数据库	
13	道路运输司	部省道路运输信息系统联网系统	基础数据：道路运输从业人员、执法人员、道路运输经营业户、车辆信息 主题数据：应急管理、稽查	数据库	日
14		道路运输应急资源信息系统	主题数据：应急管理	数据库	
15		重点营运车辆联网联控系统	主题数据：应急管理、安全事故信息	数据库	
16		经营业户与从业人员诚信信息系统	主题数据：企业、人员信用	数据库	月
17	安全监督司	安全生产标准化管理系统	主题数据：安全事故信息	数据库	
18	海事局	船舶登记系统船舶检验系统	基础数据：船舶信息	数据库	
19		航道维护管理系统	基础数据：航道	数据库	
20		船员信息管理系统	基础数据：船员	数据库	
21	质监局	公路水路建设质量与安全监督系统	主题数据：安全事故信息	数据库	
22	示范省份	交通信息资源整合平台	主题数据：安全事故信息		

续上表

序号	所属司局	系统名称	交换、共享内容	格式	更新频率
23	公安部	车辆、人员、事故信息	基础数据:车辆、企业、人员 主题数据:安全事故信息、应急		
24	安监总局	企业信用、事故信息	基础数据:车辆、企业、人员 主题数据:安全事故信息、应急		

5.7.3 行业数据中心系统管理规范

行业数据中心系统管理规范以规范化的运作、严格的管理体系为原则,保障行业数据中心的稳定运行,主要包括行业数据中心运行管理制度、数据采集维护管理制度、软硬件基础资源管理规范等管理规范和制度。根据已发布信息资源管理规章明细表及制修订建议,数据中心待制定信息资源管理规章明细表见表5-7。

待制定的信息资源管理规章明细表 表5-7

序号	管理规章
1	交通运输数据中心信息资源管理总则
2	交通运输数据中心信息资源标准应用要求
3	交通运输数据中心分类型信息资源管理规范
4	交通运输数据中心数据建设基本技术要求
5	交通运输数据中心地理信息资源管理规范
6	交通运输数据中心数据汇集管理细则
7	交通运输数据中心数据组织加工基本要求
8	交通运输数据中心数据存储备份要求
9	交通运输数据中心数据交换共享管理办法
10	交通运输数据中心数据服务应用管理办法
11	交通运输数据中心信息资源建设规
12	交通运输数据中心数据运维监测制度
13	交通运输数据中心数据质量管理与评估办法
14	交通运输数据中心数据安全保障制度

5.8　行业基础支撑环境建设

交通运输行业的基础支撑环境,包括机房环境、网络、安全设施等内容,涉及的内容较为广泛和复杂,下面分别从机房环境建设、网络环境建设、数据存储容灾备份系统建设、虚拟模块化建设、安全系统建设几个方面进行分析和阐述,共同描述和分析交通运输行业基础支撑环境建设的主要内容。

5.8.1　机房环境建设

目前交通运输部部级层面现有机房主要包括信息化设备机房、设备调试机房、控制机房。

部政务外网机房作为部级信息系统主机房,是部级数据中心的主要运行场所。

为充分利用现有机房空间,对于资源利用率不足 30%、较新的 X86 服务器使用虚拟化技术,提高设备使用效率,节省机房空间。

5.8.2　网络环境建设

交通数据中心网络系统规划的主要内容包含硬件设备及相应软件。由服务器、存储、网络、安全设备、运维平台等内容构成。通过利用虚拟化技术,可以实现物理服务器及存储资源池的统一搭建,为上层提供支撑。

网络方案主要是通过部署相应的核心交换机和接入交换机,搭建数据中心的二层网路结构。按照信息系统等级保护 3 级要求进行数据中心安全方面的建设,切实提升数据中心的应用及数据安全。

1) 交通数据中心网络

在电子政务网络方面,交通运输部现有的网络架构分为政务内网、政务外网两部分,其中政务内网与政务外网物理隔离,政务外网与 Internet 逻辑隔离。

政务外网包括 Internet 网络、交通行业信息专网和水上安全监督政务专网。部级数据中心将主要在政务外网运行,可依托现有网络系统,并逐步转向利用全国高速公路光纤通信信息网络系统,建设交通运输行业信息专网,核心交换能力应满足部机关、交通运输省厅级管理部门、部属事业单位、行业运输企业等用户的使用需求。

2)交通数据中心网络建设基本思路

交通数据中心网络建设将新建部级数据中心核心网络系统,该系统在交换、吞吐、转发等能力上既应能够为设备的正常运行提供支撑,同时应能够适应十三五期行业应用、行业数据资源体系建设的需要。随着云计算的不断深入,对于网络的建设,要遵循以下的基本原则:

①运营模式的转变,即一个数据中心供多个用户使用,即“多租户模式”;这个转变给数据中心网络带来两个核心需求:大容量无阻塞交换和网络虚拟化。

②虚拟化技术的采用,要求网络能够支持虚拟机部署迁移。

③采用云计算技术后,数据中心的环境变化使得网络安全策略的部署,需要建设动态机制。

(1)大容量无阻塞交换网络

传统的网络承载的流量是服务器到客户端的流量,即“南北向流量”;而分布式计算和存储使得一台服务器的CPU可以使用其他服务器的内存和硬盘,从而服务器之间产生了大量的流量,即“东西向流量”。在这种情况下,网络的作用相当于计算机的“总线”,整个数据中心就是一台计算机。这对数据中心网络提出了新挑战,建设思路如图5-23所示。

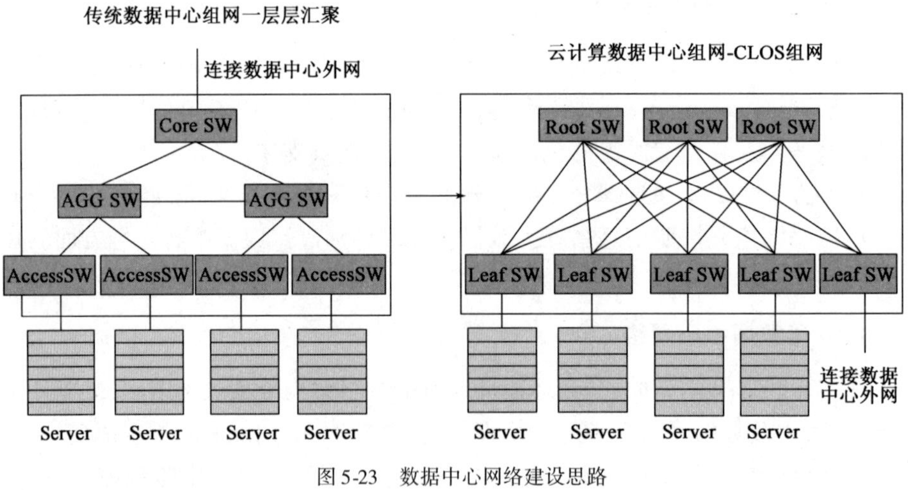

图5-23　数据中心网络建设思路

(2)网络虚拟化

网络的虚拟化要注意主机标识和主机位置的分离问题:传统上IP地址即代表主机标识,也代表了主机的位置;而服务器虚拟化以后,虚拟机可以迁移,在这种情况下,主机的IP地址没有变化,但是主机位置发生了改变,要求把主机标识和主机位置标识进行分离。因此,网络是数据中心建设的基础条件,同时,云计算的分布式和虚拟化对网络的组网、路由协议、转发方式、虚拟化都提出新的要求。

3)网络总体架构设计

部级数据中心物理网络设计遵循“模块化、高可靠、安全隔离、可管理、可维护”的设计理念,采用层次化的设计思路,功能模块职责明确,网络架构清楚,端到端业务流程清晰,利于数据中心网络的维护。同时,为保障业务的安全,增加相应的安全保障设备,提升数据中心的业务安全。

随着数据中心“数据汇聚”的进展,越来越多的业务和数据都将集中到数据中心,对数据中心网络设备的高性能和高可靠性都提出了更高的要求。要求提供大容量、高密度、模块化的2~4层线速转发性能,完善的QoS保障、有效的安全管理机制和电信级的高可靠设计。针对不同的网络层次,基本的网络总体架构规划如图5-24所示。

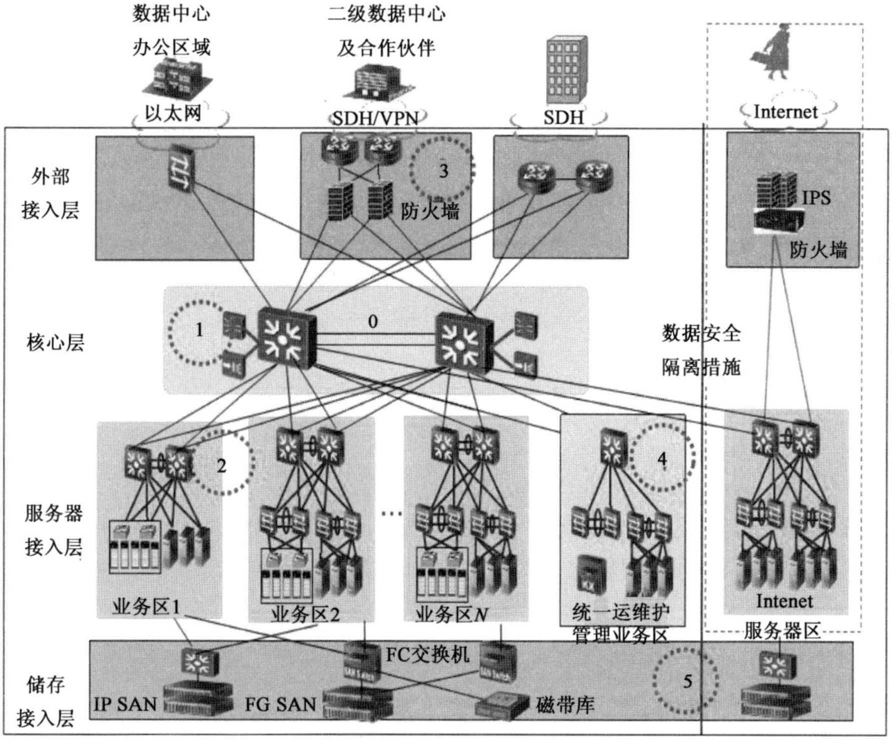

图5-24 交通运输部数据中心网络总体架构规划拓扑图

交通运输部数据中心网络总体规划的设计要点,主要体现在以下两点:

(1)分层架构设计

采用核心汇聚+接入两层网络设计思路,架构清楚,端到端业务流程清晰,方便网络安全实施及运行维护。数据中心常用网络架构分为三层架构(接入层、汇聚层、核心层)和二层架构(接入层、汇聚/核心层)两种。二层的网络结构又称为扁平化方式,降低了网络复杂度,简化了网络拓扑,提高了转发效率,是推荐的组网方式。二层架构中,可以采用集群结合堆叠组网方案,解决因可靠性而链路冗余成环问题。接入交换机作划分 VLAN,做二层转发。另外,也可以采用三层到边缘方案,接入层设备终结二层网络,查找 IP 路由转发,接入设备和汇聚/核心设备配置路由协议,破除三层环路问题。

交通运输部数据中心二层网络总体架构如图 5-25 所示。针对系统数据中心,交通运输部数据中心未来将采用集群结合堆叠二层组网的规划设计方案。

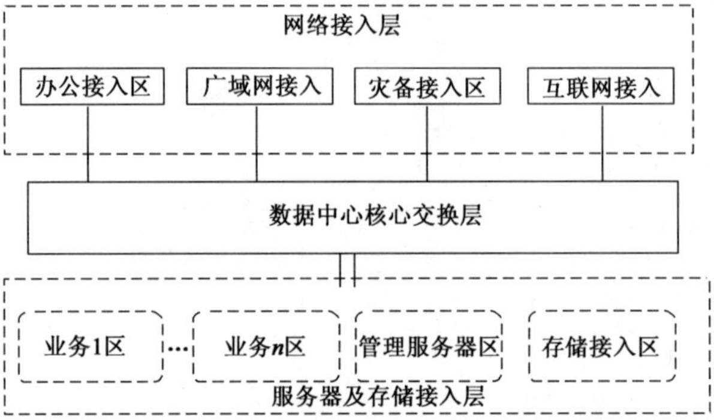

图 5-25　交通运输部数据中心二层网络架构图

(2)模块化分区

根据网络功能及安全防护的要求,结合运维管理等方面,数据中心网络可主要划分为核心交换区、终端用户区、广域网接入区、互联网安全接入及业务接入区(可再按照业务类型划分为 n 个业务区,如规划司业务区、海事业务区)、存储接入区、测试运行区、管理等区域,每个区域内部可以按照安全等级保护等再进行细化。

①核心交换机。

在核心层配置两台高性能核心交换机,连接服务器接入交换机。核心交换机应能够集成信息安全防护模块。

②接入交换机。

为各个司局业务区域及相应服务区域部署接入交换机。

③主路由器。

配置高性能路由器,与部机关各司局、各省(自治区、直辖市)交通运输部门核心路由器相连。

④互联网接入路由器。

在互联网出口处新增较高性能接入路由器,分别接入运营商专线。互联网接入路由器经信息安全防护设备与主路由器相连。

⑤负载均衡设备。

考虑不同用户对运营商网络的不同适应程度,需在互联网出口处加配负载均衡器。

4) VLAN 及 IP 地址的规划

(1) VLAN 的规划

新建局域网区按照业务进行 VLAN 划分,不同的服务器区内部不同的司局之间也可以考虑划分 VLAN,服务器区的 VLAN 网关需要终结在核心交换机上。新建机房参照并结合部机关原有网络结构,划分为外网服务器区和专网服务器区,专网服务器区又可进一步细分为部机关各司局应用服务器区、数据服务区、测试运行区、管理区、终端用户区等。

(2) IP 地址的规划

新建局域网 IP 地址重新规划。IP 地址的分配应遵循以下几个原则:

①唯一性:一个 IP 网络中不能有两个主机采用相同的 IP 地址。

②简单性:地址分配应简单、易于管理,降低扩展的代价,降低路由器负担。

③连续性:连续地址在层次结构网络中易于进行路径叠合,提高路由效率。

④可扩展性:在每一层次上地址都要留有余量,保证网络可扩展。

⑤灵活性:地址分配有灵活性,以满足多种应用策略,在充分利用地址空间进行地址分配时,一般先用一个定长的子网掩码将地址空间分成若干个相同规模的子网,再在每个子网中根据所需的子网数量和规模采用 VLSM 进行子网的细分。

采用 VLSM 时应注意下列三点:

①事先要有规划,使子网以可叠合的块进行分配。

②可能会造成对已有网络地址的重新设置。

③新的网络必须仔细规划地址分配。

5.8.3 数据存储容灾备份系统建设

1)交通数据中心存储备份系统建设原则

(1)高可用性

集群存储系统具有丰富的数据保护,一般提供多种冗余备份技术,无单点故障,针对磁盘等部件的损坏,采用多种级别的RAID技术,支持RAID0、RAID1、RAID10、RAID5、RAID6。并采用全局磁盘热备Hot spare技术,热备份磁盘与控制器相连的所有的磁盘共享,可以实时替换所有磁盘柜中出现故障的磁盘。引擎采用Active-Active架构,任一引擎故障,不影响业务持续运行。存储单元拥有磁盘预拷贝功能,提前预测硬盘故障,并及时把有问题的硬盘数据迁移至热备盘上。

(2)高性能

处理能力随引擎数量线性增长,所有节点支持负荷分担功能,以降低前端引擎的工作负荷。

(3)系统扩展性

①支持前端引擎、后端存储的大幅线性扩展。

②支持不中断业务主机运行情况下,可在线扩展文件系统所使用的容量。

③支持存储单元在线节点数量扩展。

(4)数据分级存储

①集群存储的引擎支持对文件数据进行分级存储功能。

②基于数据生命周期(ILM),跨层透明移动数据。

③在线存储卷中长期不用的数据能迁移到近线存储卷。

④近线存储阵列中数据对主机透明,可随时访问,不需从近线存储迁数据到在线存储。

(5)数据保护业务

数据的保护需要从数据存储到磁盘开始,贯穿到整个数据的信息生命周期。存储设备作为保存数据的载体,其数据保护手段的全面性直接影响着数据的安全性。没有一种数据保护方案能够单独保证数据绝对安全的,只能面对不同的灾难,最快地恢复,并且尽可能地减少数据的损失。

2)交通数据中心存储备份系统数据备份原则

(1)高性能

虚拟带库备份方式性能一般能达到单引擎600MB/s,并可通过引擎扩展达到性能线性增长。

(2)重复数据删除

虚拟带库提供了基于数据块的后端重复数据删除技术，在不影响备份窗口的环境下又能极大地减少备份存储容量空间的需求。

(3)高可靠

虚拟带库可支持 Active-Active 双引擎配置，当其中一个引擎出现故障时，Active-Active 配置能迅速接管故障引擎上所有的备份作业，当故障引擎被修复时，接管引擎又能自动将属于原来故障引擎的备份作业交换给原来的引擎。同时通过 RIAD 技术、热备磁盘、磁盘预拷贝、SIR 引擎 $N+1$ 集群技术来保证备份系统稳定可靠。

3)交通数据中心存储子系统建设思路

在数据中心的建设中，对于存储的需求与原有的方式也有所区别，除了传统的存储之外，还包括云存储的概念。云存储的核心设计理念也是分布式，与传统的存储设计思路也会有所不同，在云数据中心的建设中，将会为不同应用场景提供数据的存储。基本思路如图 5-27 所示。

传统的企业存储(NAS 和 SAN)基本上是采用集中式的存储，存储系统由磁盘阵列柜和存储网络组成，磁盘阵列柜包括磁盘和控制器，通过存储网络与服务器相联。云计算的存储是把分布在每一个存储服务器内部的磁盘通过分布式软件管理起来，形成存储资源池，因此，能够全分布式和全局共享，达到充分共享的目的，资源动态分配，提升资源利用率，大大节约成本，而且由于这种大集群的规模，存储可以做到 PB 级的水平，能够满足“大容量和低成本”的存储要求。

4)交通数据中心存储子系统建设方案

在项目业务类型中，对于存储的需求基本属于两类：结构化数据和非结构化数据。存储资源池采用元数据与实际数据相分离的方式，通过分布式存储技术，将多台物理设备中的存储空间聚合成一个虚拟存储池，是一个完全开放的、共享的、跨平台的系统，具有高性能、高可靠性、使用维护简单、性能和容量可线性扩展的特性。

①数据库存储：主要采用 FC SAN 存储模式，通过数据库集群技术构建集中存储模式，按照不同的数据库实例构建，FC SAN 通过划分不同的 LAN 来支撑不同业务数据的存储。

②海量非结构化数据存储：为了保证海量非结构化数据(图片、视频等)高

效存储和实时的查询需求,该部分数据采用并行存储思想构建,通过并行存储网络的架设和建立数据存储的索引信息来提高数据的查询速度。

③虚拟机镜像数据存储:与非结构化数据共用一个存储空间,也采用并行存储系统构建,为虚机迁移提供支持。具体存储空间需根据虚拟机的个数和操作系统来划分。

5)交通数据中心备份子系统建设

交通运输部部级数据中心的备份需要一种新的备份机制,能够占用更少的处理器资源,同时能够利用更少的空间去存储更大的数据。

备份子系统的设计原则:

①统一的备份管理架构,提供简便的操作界面,提供强大的备份报表功能,制定和不断完善备份策略。

②确定虚拟环境的备份策略,采用不同的备份技术,实现多样化的备份方式,以提供多种数据恢复策略,从而增强备份系统的可用性。

③设计快速有效的备份数据恢复机制,实现备份系统在业务系统允许的异常时间内进行数据完整无丢失的恢复。

④基于 Disk 的备份介质,结合数据消重技术及数据传输技术,在最短时间内,安全地把数据保存在异地。

⑤制定完善的备份策略,实现备份数据的异地存放,达到系统的容灾目的。

6)备份子系统设计

备份方案一般将高性能的阵列用作生产业务应用,虚拟带库 VTL 作为一级备份介质,提供高速大容量的备份,二级备份选择物理带库,当数据需要归档和冷备时考虑。整个备份作业需要三个组件,即备份服务器、备份软件和备份介质(可选择阵列、虚拟带库或物理带库)。随着磁盘价格的下降,选择高性价比的阵列作为备份介质也逐渐被大多数用户采纳。三种备份介质优劣势对比如表 5-8 所示。备份子系统的拓扑设计方案如图 5-26 所示。

备份存储介质比较表 表 5-8

指标	阵　列	虚拟带库	物理带库
可靠性	高,可做 RAID,全局热备,存储介质为硬盘	高,可做 RAID,全局热备,存储介质为硬盘	低,无容错机制,磁带易出现磨损、卡带、霉点、粘连,导致备份不可恢复
备份性能	备份恢复速度快	备份恢复速度快	备份恢复速度慢

续上表

指标	阵　　列	虚 拟 带 库	物 理 带 库
数据压缩	数据不压缩	数据可压缩	数据不压缩
数据安全性	备份数据容易感染病毒或误删	备份数据虚拟成磁带格式,不易感染病毒或误删	备份数据不易感染病毒或误删
管理	简单	简单	复杂,需要专业工程师定期松带,清洗
容灾	可以电子方式自动远程容灾	可以电子方式自动远程容灾	只能人工搬运磁带
成本	一般	一般	低

7) 备份系统建设方案

交通运输部级数据中心的数据备份目标是数据库系统。对于数据库系统文件,将在部级数据中心部署一套备份系统,通过 Lan 或 Lan-Free 的备份方式备份数据库系统核心数据。

由于本数据库平台的数据量和信息处理需求较大,并且根据交通行业的特征,可以通过全备份与增量备份结合的方式,每周或每月进行一次全备份,其余时间进行增量备份。在保证数据安全的同时,提高系统的可用性,降低备份对系统本身的压力。

由于非结构化数据采用了高性能、高带宽的并行存储系统,该系统兼有高可用性的特点。并行存储系统的核心是并行文件系统,该系统的典型机制是副本机制,即最少拥有一份副本,可保证数据的安全性。因此,非结构化数据存储的数据安全问题可由自身的高可用机制来实现,无需专有备份系统来实现数据备份。本地备份方案如图 5-26、图 5-27 所示。

本地备份系统建设建议采取整体备份解决方案,按照统筹规划、分期建设的原则,建议灾备系统建设在考虑冗余性与高可用性的基础上,在部级数据中心内部建设数据备份系统。

5.8.4　虚拟模块化建设

虚拟模块化(Virtualization)一直伴随着计算机技术的发展与应用。在信息化建设的不同时期,虚拟化都受到了计算机厂商和用户的关注。虚拟化的优势

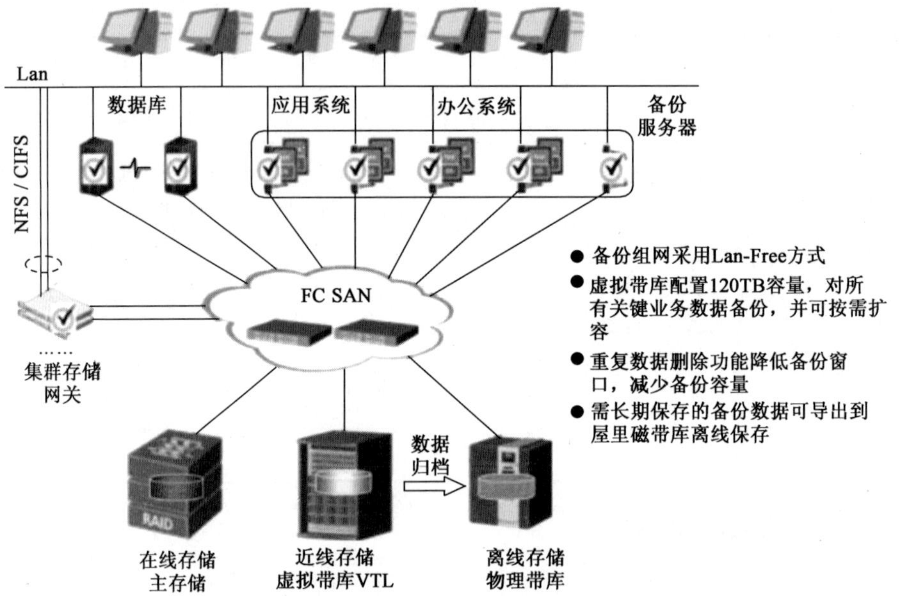

图 5-26　备份子系统的拓扑设计方案

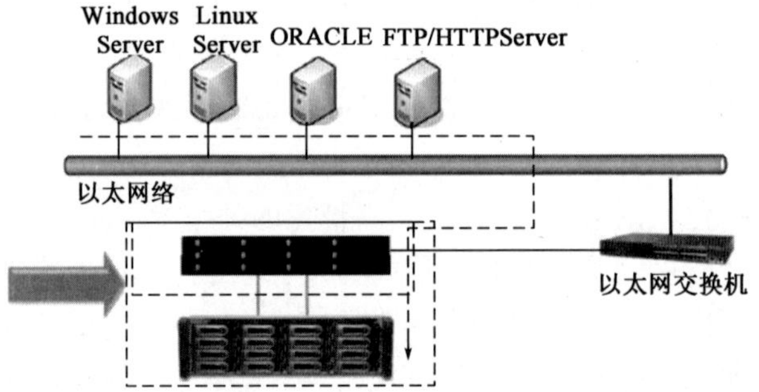

图 5-27　本地备份示意图

在于它能将所有可用的计算和存储资源以资源池的方式组成一个单一的整合视图,通过提供虚拟功能,可将资源看作一个单一公共的平台,最终资源池就像我们日常生活中的水和电一样,成为企业信息系统中的"公用设施"(Utility Computing)。对用户来说,虚拟计算资源带来的益处是明显的:一是提高了资源利用率,避免了复杂的系统集成和大规模的设备占用空间,降低了投资成本;二是简化了管理的复杂性,能对整体系统运行环境进行统一监管和动态分配,从而降低了计算管理和运行成本;三是可以充分利用整体平台的优势,更好地发挥系统的效能;四是从总体上提高了全系统的可靠性。

正是由于虚拟化技术在资源配置和效率方便的巨大优势,虚拟化技术率先推动了数据中心的革命。数据中心的虚拟化有很多的优点。首先,可以通过整合或者共享物理设备来提高资源利用率,据调查,目前全球多数的数据中心的资源利用率在15%～20%,通过整合和虚拟化技术可以将利用率提高到50%～60%;其次,可以通过虚拟化技术实现节能环保的绿色数据中心,如可以减少物理设备、电缆、空间、电力、制冷等的需求;更重要的是,可以通过虚拟化技术实现应用部署的灵活和机动,以满足快速增长的业务需求。

1)数据中心相关的虚拟化技术

虚拟化技术的核心思路是,通过软件或硬件设备构成一个虚拟化层并对其进行管理,把各类物理资源映射为统一的虚拟资源。这些虚拟资源在使用上和物理资源的特性相差很少或者没有区别。可以被虚拟化的资源包括服务器、存储、网络等资源(还包括了一些比较专用的设备如防火墙、负载均衡等),映射的方式包括一对多($1 \rightarrow N$)、多对一($N \rightarrow 1$)和多对多($N \rightarrow M$)几种形式。

(1)应用虚拟化

应用虚拟化就是将IT应用的客户端进行集中统一部署,使所有用户的应用和数据在同一平台上进行计算和运行,用户对应用进行透明的访问,并最终获得与本地访问应用同样的感受和计算结果。通俗点说,应用虚拟化就是将用户使用的所有软件安装在服务器端,用户的客户端零安装,用户通过使用服务器上的软件进行工作,通常服务器的性能、安全性都要远远高于用户个人用机。因此,这种方式通常可以给用户带来更高安全性和更好性能的应用体验。

现在的应用虚拟化已经能够较好地支持本地外界设备,如打印机、扫描仪、光驱等。基于应用虚拟化可以解决当今用户所面临的很多问题,通过对应用统一管理和监控,可以实现应用的快速发布和部署,增强应用的安全性,提高员工的工作效率,大幅降低企业在IT上的整体拥有成本。

(2)网络虚拟化

事实上,网络虚拟化并不是新概念,多年来,虚拟局域网技术作为基本的隔离技术已经被用户广泛应用。在交换网络上通过VLAN技术来区分不同业务网段,同时配合防火墙等安全产品划分安全区域,历来就是数据中心建设过程常用的方法。现在,数据中心用户对于将多个逻辑网络进行隔离的需求越来越高,VLAN、MPLS-VPN、Multi-VRF技术在路由环境下可以实现对网络访问的隔离,并且虚拟化分割的逻辑网络内部有独立的数据通道，终端用户和上层应用不需要也不知道其他逻辑网络的存在。当然，在每个逻辑网络内部仍然存在着对安全控制的要求。

虚拟专用网(VPN)技术则为用户提供了一种通过公共网络(通常是因特网)建立一个临时的、安全的链接私有隧道的方法。基于VPN可以实现企业内部网的扩展，帮助远程用户、公司分支机构、商业伙伴及供应商同公司的内部网建立可信的安全链接，并保证数据的安全传输。通过将数据流转移到低成本的公用网络上，一个企业的VPN解决方案将大幅度地减少用户话费在城域网和远程网络连接上的费用。同时，可以简化企业网络的设计和成本，极大降低企业在网络建设和管理上的成本。

从数据中心内部来看，用户在做服务器部署以及网络架构设计时，通常需要考虑多层结构、安全区域、安全等级、策略部署、路由控制、VLAN划分、二层环路、冗余设计等诸多因素，使得传统数据中心在网络架构设计上都比较复杂，这就导致数据中心基础网络的运维和管理难度非常高。因此，作为网络虚拟化技术，催生出一种网络及相关设备的虚拟化技术。

网络设备虚拟化的第一种思路是将多台设备连接，“横向整合”起来组成一个“联合设备”，并将这些设备看作单一设备对其进行管理和使用。通过虚拟化整合后的设备组成了单一的逻辑单元，这在使管理、配置、跨设备链路聚合等功能更简化的同时，还简化了网络架构，并进一步增强了网络冗余的可靠性。

网络设备虚拟化的另一种思路正好相关，是将一台设备虚拟成多台逻辑的设备，每一台虚拟设备具备完整的功能，可以进行单独的管理和配置。通过将物理设备虚拟成逻辑设备，可以在保障应用网络环境独立的前提下极为方便地进行设备的扩展和管理。

(3)存储虚拟化

存储虚拟化就是将多种、多个存储设备通过一定的手段集中管理起来构成一个存储池，进行统一管理，为使用者提供大容量、高数据传输性能的存储系统。存储虚拟化的实现层面可以分为三层：

①基于主机和操作系统的虚拟存储。

基于主机和操作系统的虚拟存储依赖于主机上的逻辑卷管理软件，针对分配给主机的逻辑卷实现进一步的虚拟化，对多个逻辑卷进行统一管理、配置，屏蔽了上层应用对物理磁盘的管理。由于主机的虚拟存储采用的软件实现，因此性能上受到一定限制，并且对于存储的高级功能，例如快照或者数据复制等，不能提供统一管理。典型的有 IBM AIX 操作系统带的 Logical Volume Manager（LVM）和 Veritas 的 Volume Manager。

②基于存储设备的虚拟存储；

基于存储设备的虚拟存储将具有虚拟化功能的存储控制器和相应的存储设备接入到 SAN 网络中，由存储控制器统一对服务器提供存储空间，有些虚拟控制器可以管理多厂商的存储系统，有些虚拟控制器则只能管理单个厂商的存储系统。

③基于存储网络的虚拟存储。

基于存储网络的虚拟存储，存储网络虚拟化设备可以是特有的虚拟化设备，也可以是在网络交换机上安装的虚拟化软件来实现。在 SAN 交换机上加入具有虚拟化的模块来控制存储的分配和管理，例如博科公司的 Fabric Application Platform。在 SAN 中加入特有的虚拟化设备，所有存储的资源管理和分配是由这个特有的虚拟化设备实现的，例如 IBM 的 SAN Volume Controller、Store Age 的 SVM 等。

（4）计算虚拟化

从 20 世纪 60 年代 Unix 诞生起，为了提供计算机硬件资源的利用率，计算虚拟化技术就开始了发展，并且经历了"操作系统分时多道处理"→"硬件分区"→"虚拟机"的发展历程。计算虚拟化有两种不同的思路，一种是在操作系统和硬件之间增加一个虚拟层；另一种是直接由操作系统提供虚拟操作系统的功能。计算虚拟化技术大致可以分为以下几类：

①硬件分区虚拟化技术。

硬件分区虚拟化技术通过将硬件划分成数个分区来提高利用率，每个分区享有独立的 CPU、内存，并安装独立的操作系统。硬件分区虚拟化技术的代表厂商是 IBM、HP 和 SUN。比如 IBM 的 Dynamie LPARs、HP 的 nPars 和 vPars 以及 SUN 的 Dynamic System Domains 等。

②全虚拟化技术。全虚拟化技术通过一个虚拟层（VMM）统一管理物理设备，给每个虚拟机分配一套独立的模拟设备，包含 CPU、内存、显卡、网卡等，在其上安装客户操作系统。全虚拟化技术根据虚拟机监视器的部署方式可以分为两类结构，即独立虚拟化和基于主机操作系统的虚拟化。全虚拟化技术的代表厂商是 VMware。

③半虚拟化技术。半虚拟化技术通过虚拟机监视器来管理对硬件的访问，但不再为客户操作系统模拟虚拟机的硬件，而是通过为客户操作系统提供 CPU 和 I/O 操作接口，来达到客户操作系统近乎直接访问硬件的性能。半虚拟化的

实质是减少中间层的开销,但必须修改客户操作系统的内核代码。代表厂商是XenSource。

④硬件辅助虚拟化技术。硬件虚拟化技术就是把纯软件虚拟化技术的各项功能用硬件电路来逐一实现,主要支持厂商为Intel和AMD两家芯片设计制造商。Intel的VT技术和AMD的SVM技术都专门为VMM提供了一个名为VMX Root的特权层,使得VMM和虚拟机都可以直接面向X86处理器的4个层次,即虚拟机也可以直接执行特权指令,这就减少了VMM的中间代理环节,提高了虚拟机的执行效率。

⑤虚拟操作系统技术。操作系统虚拟化是在操作系统本身之上实现服务器的虚拟化,不需要安装客户操作系统。代表技术是SW soft的Virtuozzo/OpenVZ和Sun基于Solaris平台的Container技术。

2)服务器虚拟化设计原则

通过服务器虚拟化技术构筑部级数据中心,会带来一些直接的收益,具体体现在以下方面:

(1)减少硬件投资、提高设备利用率

由于服务器虚拟化使得多操作系统可以共用硬件,直接导致服务器数量大大减少,虚拟化前后的服务器数量对比保守估计为3:1,可以大大节省购买服务器的投入;其次,由于存储的共享性提高,对存储设备的投资也大大节省;再次,服务器和存储减少带来机房空间的节省、网络设备简化等。由此可以看到,服务器虚拟化直接给硬件投资带来了比较大的节省。

(2)降低运行成本

硬件的减少降低了硬件的维护和服务费用,并且带来了运营费用的降低,包括机柜空间、力消耗、制冷费用等。

(3)简化数据中心管理、提高部署速度和响应能力

数据中心的管理从原来的纵向分割式的多线管理变成了横向统一管理,硬件人员专注于总体计算负载能力,软件人员专注于业务逻辑服务器,服务器的使用和分配更加方便;为逻辑服务器分配计算能力的工作可以自动化完成,大大提高了数据中心的响应能力。

(4)提高业务连续性和灾备能力

采用服务器虚拟化技术可以大大提高服务器的业务连续性和灾难备份能力,不用再因为服务器维护而终止业务运行,所有的服务器之间都具备在线备份能力;数据集中管理更加安全,异地灾备也变得更加实时和方便。

3)服务器虚拟化建设思路

云计算节点的设计理念与传统单机计算的服务器设计理念是完全不同的思路,也就是 Scale Out 和 Scale Up 两种思路,二者的对比和区别如图 5-28 所示。

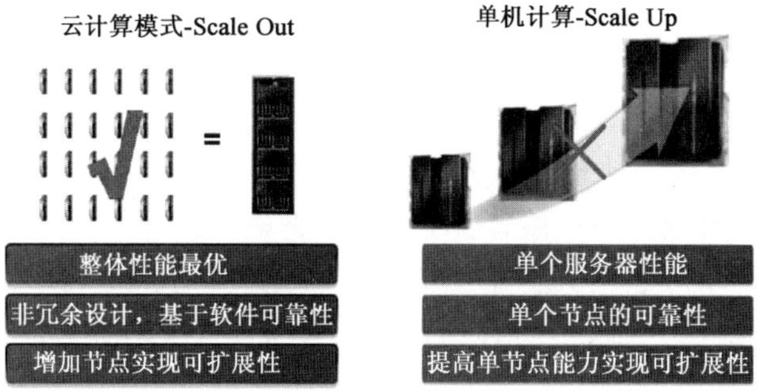

图 5-28　云计算与传统服务器设计思路对比

(1)采用单机计算的 Scale Up 模式

追求单个设备的高性能和高可靠,单个设备性能越来越强大。单个设备性能高,能够做的业务很多,可靠性要求非常高,因此,必须要进行大量的冗余和故障检测设计,一般来说一个小型机的故障监测点有 10000 个左右。因此,这种建设思路的成本是非常高的。

(2)采用云计算的 Scale Out 模式

不追求单机性能,而是通过多个节点的集群达到整体性能最高和系统的可靠性。由于单个设备性能低,承载的业务量较小,故障影响范围也比较小,云计算节点的设计一般不做专门的可靠性设计,单机成本很低;通过增加节点数量来实现可扩展性和高性能,通过分布式软件的调度来实现系统的可靠性。因此,本次工程建设采用两种设计思路结合的方式,在利用小型机保证单机性能的基础上,通过增加服务器节点数量实现可扩展性,并尽可能地降低故障监测点,提升云计算的稳定性。

4)服务器虚拟化设计目标

服务器在交通运输部信息化基础设施架构中位于核心并且是非常重要的位置,服务器上运行着交通运输部主要的业务应用系统,通过这些服务器,应用系统与用户进行直接的通信,而且这之中有很多应用程序需要保证 7 × 24 的运行,因此我们在进行服务器架构设计的时候,需要进行深入的规划,为服务器设计一个良好的架构,能够使其不但平稳可靠地运行,而且具备优秀的扩展性、灵活性,满足交通运输部未来业务发展的需要。

5)计算资源池建设

资源池是一个抽象概念,构建资源池就是通过虚拟化的方式将服务器、存储、网络等资源组织成一个巨大的资源聚合体。CPU 虚拟化技术、统一存储空间和虚拟网络技术是支撑资源池化的核心技术。通过资源池化机制,以细粒度管理方式充分利用资源,从而大幅提高云计算系统的资源利用率。

(1)交通数据中心计算资源池需求分析

服务器虚拟化技术很好地解决了传统服务器系统建设的问题,通过提高物理服务器利用率大幅度消减物理服务器购置需求、数量和运营成本;通过利用服务器虚拟化中 CPU、内存、IO 资源的动态调整能力实现对业务应用资源需求的动态响应,提升业务应用的服务质量;通过在线虚拟机迁移实现更高的可用性和可靠性以及各种基于资源优化或节能减排策略的跨物理服务器的调度等。因此,服务器虚拟化技术是新一代数据中心最理想的解决方案。

服务器虚拟化架构设计是服务器虚拟化技术运用的核心,直接决定了整个服务器资源体系对应用系统的承载能力、运行效率以及可靠性。交通运输部级数据中心建设采用 X86 服务器组成虚拟计算资源平台。业务节点为能承载更多的虚拟机并保证虚拟机性能,建议配置 4 路处理器,每颗处理器核心数尽可能多、主频尽可能高,同时配置大容量内存,配置 4 个千兆自适应网口(电口),用于业务与管理。

交通数据中心计算资源池建设规划如图 5-29 所示。

同时交通数据中心计算资源池建设还需要考虑云计算方面的两个内容:

①高可用性:承载某台虚拟机的物理节点如果出现故障需要维护,那么需要进行虚拟机动态迁移,将故障节点承载的虚拟机动态迁移到核心应用逻辑资源分区中其他正常工作的物理节点上以实现高可用性,保证应用系统的不中断。

②弹性扩展:考虑到未来 3 ~5 年内部分部门会上新的应用系统,从而需要新的虚拟机资源,到时核心应用逻辑资源分区还有资源可弹性分配给新的应用系统。

业务节点放置在业务区机柜中。为保证虚拟化动态迁移时的系统性能,业务区域内的若干台业务承载节点建议按照每个逻辑分区 5 ~10 台物理节点的划分方式分为相应数目的逻辑分区。

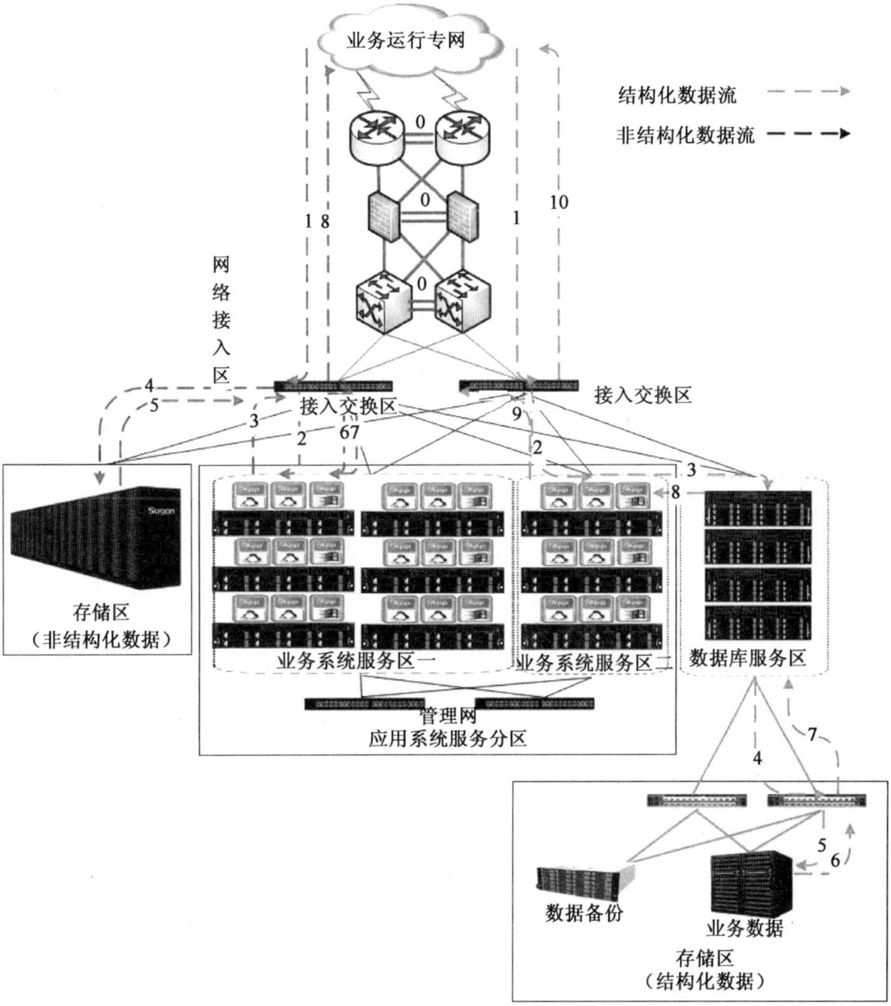

图 5-29　交通数据中心计算资源池建设规划图

(2)云资源管理软件

①资源池化机制。

云资源管理软件能够将物理资源的运算能力集合在一起，构成资源池，再根据需要分配给多个租户使用。资源池是一个抽象概念，构建资源池就是通过虚拟化的方式将服务器、存储、网络等资源组织成一个巨大的资源聚合体。CPU 虚拟化技术、统一存储空间和虚拟网络技术是支撑资源池化的核心技术。通过资源池化机制，以细粒度管理方式充分利用资源，从而大幅提高云计算系统的资源利用率。

②虚拟资源管控。

云资源管理软件可以对系统内虚拟资源进行全面管控，可以执行启停、重启、挂起、唤醒、手动迁移以及 VNC 访问等操作，满足使用过程对虚拟机的各种管理需求。系统基于自动化资源分配策略，根据系统实时运行状态，自动匹配合适的计算资源及存储资源创建虚拟机，避免传统管理软件手动指定划分计算资源的弊端。

③按需弹性计算。

云资源管理软件能够快速完成虚拟数据中心、虚拟机等云计算资源的创建、变更、删除等操作，即时满足用户应用对资源的动态需求；具有物理资源规模快速扩展的能力，管理员可随时增加和缩减云计算物理资源，以根据实际资源需求进行调整；支持虚拟机资源细粒度配置调整。

④流程化的业务管理。

云资源管理软件支持工作流机制的业务管理模式，能够将租户的创建和资源的创建通过申请审批流程管理起来。允许管理员同时开启多个虚拟机创建流程，实行并发创建操作。可以对业务流程实行全程监控，并可实时监测流程处理阶段。在虚拟机创建过程中无论是创建单个虚拟机还是进行批量创建，均可以实时查看当前虚拟机创建状态和完成情况，必要时允许根据实际情况进行人工干预。

⑤服务目录管理。

云资源管理软件支持服务生命周期管理，可以添加服务、删除服务、修改服务、查询服务以及发布服务，并支持虚拟机服务、负载均衡服务、IP 服务、存储服务的服务目录发布。最终以 IaaS 服务向用户交付计算、存储、网络等基础资源的使用权。

⑥全面的运维监控。

云资源管理软件拥有全面的运营监控体系。拥有便捷的部署管理，允许通过单一镜像对应用节点进行批量部署，并自动安装操作系统与平台软件，提升系统部署效率和易用性。可以进行多视角、多维度、全方位的立体实时监控，管理员通过对数据中心的资源、业务、性能方面进行监控，能够做到全方位立体化掌控数据中心，维护数据中心的安全正常运行。

运维管理的基础是对资源的监控。Cloudview 云管理平台实现对系统中各种资源有效的监控，包括服务器、存储、网络等。

监控信息由模块化的采集插件从各资源中收集并保存，再经过监控模块的处理，形成各种有用的系统监控信息，并以实时图示、报表、告警等多种方式呈现给相关的用户，以供系统运维人员及决策者参考，同时作为多种系统策略的参数，包括资源部署策略、资源分发策略、资源调度策略、系统能耗管理策略、用户资产管理等。

(3)计算资源池建设方案

计算资源池需配置包括：

虚拟资源池服务器：配置50台虚拟资源池服务器，不小于4×Intel Xeon E7/256G内存/2×300G 10K SAS硬盘。

云资源管理软件：购置一套云资源管理软件，实现主要计算资源的管理。

部门级服务器：配置30台虚拟资源池服务器，不小于2×Intel Xeon E5/32G内存/2×300G 10K SAS硬盘。

5.8.5　安全系统建设

1)建设思路

对于数据中心来说，系统的高效访问、可靠性、易用性是其中一个方面，信息安全建设是按照信息系统安全等级保护3级要求进行。数据中心的安全性设计，主要体现在以下几个方面：

(1)超级管理员的管理

由于超级管理员具有绝对的权力，必须严格监管，防止误操作和违规操作。

(2)数据的隔离

交通服务面向很多用户，因此有必要为不同用户提供有效的数据隔离手段。

(3)故障情况下数据的恢复能力

故障发生时，需要快速恢复服务与数据，并有效备份数据，防止突发情况下的数据丢失。

2)安全体系架构

数据中心安全保障体系应该是一个在充分分析系统安全风险因素的基础上，通过制定系统安全策略和采取先进、科学、适用的安全技术对系统实施安全防护和监控，使系统具有灵敏、迅速的恢复响应和动态调整功能的智能安全型系统安全体系。云安全技术是构建智能型系统安全体系的重要保障。作为一个完整的云安全体系架构，必须具备以下安全服务组件、功能组件及支持性等功能模块。数据中心安全体系架构图如图5-30所示。

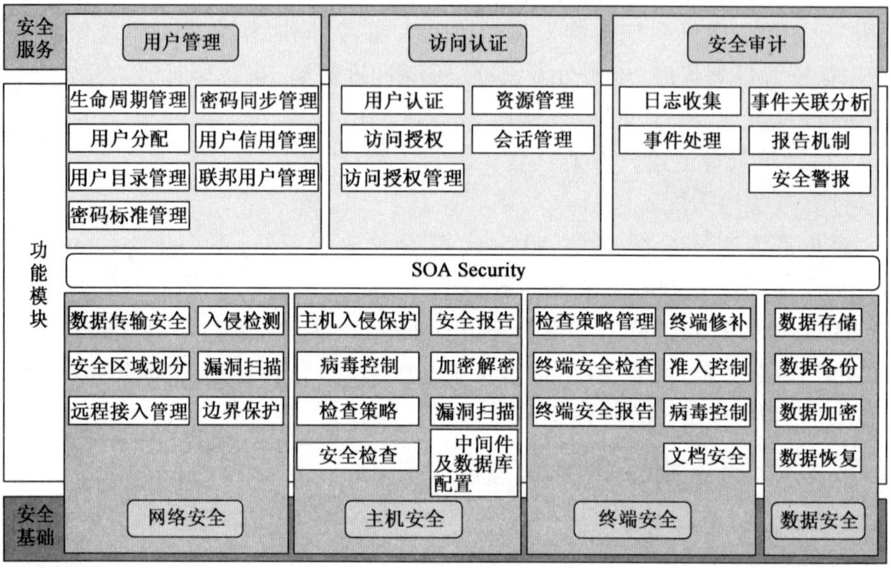

图 5-30　数据中心安全体系架构图

3)建设方案

(1)网络边界防护方案

根据安全要求及防护特点的不同,对数据中心网络划分不同的安全区域,并制订相应的安全策略和措施。采取的主要技术措施和设备如下:

①安全区域划分。

a. 核心交换区,负责全域的数据快速转发和交换。

b. 广域网接入区,负责本系统数据中心间及外部单位的接入,也包括移动办公用户的接入。

c. 外网服务器区,负责 Internet 用户的访问,外部用户通过公网访问,和其他区域实现数据的安全交换。

d. 业务区,主要承载各业务司局的系统运行及北斗服务应用。

e. 数据服务区,主要提供各种数据服务。

f. 测试运行区,主要用于系统的测试与试运行。

g. 终端用户区,主要用于内外网用户的接入。

h. 管理区,主要用于对虚拟化资源及整体网络及设备的管理。

②边界防护技术措施。

a. 防火墙。

不同的网段之间的通信是通过路由器连通的，要限制某些网段之间不互通，或有条件地互通，通过防火墙的作用建起了网络的“城门”，把住了进入网络的必经通道，所以在数据中心网络的边界安全设计中，防火墙成为不可或缺的一部分。

本次工程为广域网接入区、外网服务器区、北斗服务的业务区、数据服务器区、管理区配置防火墙，实现双机热备。

b. IPS 及 IDS。

IPS 和 IDS 针对防火墙不能对应用层识别的缺点，设计的主要目的是通过深入 7 层的分析与检测，实时阻断网络流量中隐藏的病毒、蠕虫、木马、间谍软件、DDoS 等攻击和恶意行为，并对分布在网络中的各种 P2P、IM 等非关键业务进行有效管理，实现对网络应用、网络基础设施和网络性能的全面保护。

c. 网闸。

网闸只是单纯地摆渡数据，但是，网闸作为网络的互联边界，必然要支持各种业务的连通，也就是某些通信协议的通过，所以网闸上大多开通了协议的代理服务，网闸的安全性就打了折扣，在对这些通道的安全检查方面，网闸检查功效不是太理想，需要辅助于前置机等技术手段。在专网和外网双机部署 2 台网闸，实现内外网数据交换。

(2) 虚拟机安全方案

服务器虚拟化安全重点是虚拟机的隔离和防护，以保障安全隐患不会在整个网络中蔓延。

①虚拟机的安全配置。

a. 虚拟机业务和管理流量隔离，同时严格管理员授权。

b. 虚拟机安全组，一个虚拟机安全组（VM Security Group）是一组虚拟机的集合，也是关于这组虚拟机的网络安全规则的集合。同一个虚拟机安全组中的虚拟机可能分布在多个物理位置分散的物理机上。

c. 虚拟机安全组支持的操作包括定义虚拟机安全组、安全组的成员虚拟机，还有安全组的网络安全规则。每个虚拟机安全组包括一组虚拟机实例、一组网络安全规则。用户可以基于虚拟机安全组批量定义虚拟机的网络安全策略。缺省情况下，虚拟机安全组组内互通，组间由配置决定是否互通。

②虚拟机间流量的监控。

使用软件监控虚拟机之间的流量，防止产生虚拟机安全问题。

③恶意虚拟机的防护。

a. 实现防地址欺骗功能，限制虚拟机只能发送本机地址的报文。

b. 支持对 VM 端口扫描、嗅探等行为的检测和阻断。

④虚拟机文件扫描。

(3)用户终端管理

配置 1 套终端安全管理系统,部署在终端用户区,通过网络身份识别、准入控制、终端安全加固、行为管理、网络防护、数据保护、桌面管理等技术,提升终端安全防御能力,从而降低病毒、木马、间谍软件以及其他恶意软件感染入侵机会,降低信息泄密风险,确保人员合法使用网络资源,提升办公效率,节约 IT 预算,保证遵从性。同时以技术手段降低部署成本和复杂性,为内网终端安全管理提升效率并减轻压力。

(4)风险评估

风险评估是为确保 IT 系统符合制定的安全准则,及时发现数据中心中存在的诸如系统漏洞、配置错误、文件变更、违背安全策略的情况并加以矫正,为全面发现在技术和管理上存在的缺陷与风险,并提供相应的补救措施。

采用主机和网络安全漏洞扫描工具,用于评估各种网络设备(包括交换机、路由器、应用服务器、终端等)、多种操作系统平台和应用系统的安全性,同时检查这些系统是否符合业界最佳的安全实践和规范。

(5)统一安全管理平台

部署安全集中管控平台,主要包含数据采集层、分析处理层、安全呈现层三大功能模块,实现数据中心安全总体展现和安全知识库的形成。交通数据中心统一安全管理平台如图 5-31 所示。

(6)身份认证

为了保证有相应权限的用户才可以进行相应操作,数据中心部署了基于数字证书的身份认证系统。在数据传输过程中,服务端系统与身份认证服务器之间采用加密通信隧道,保证了数据在传输过程中的安全性。服务端系统在认证过程中,不影响原系统业务逻辑,更不会影响原系统的数据安全。身份认证服务器群不暴露在公共网络链路中,与应用服务器之间的通信过程中采取双向身份认证的机制,能够保证整个认证过程不被绕过。如图 5-32 所示为交通数据中心身份认证系统架构图。

身份认证系统可提供以下认证服务,包括:虚拟机登陆、VPN、网络访问、操作系统登录、应用软件登录、中间件认证。

(7)其他安全措施

完整的安全平台建设还应该包括病毒防护、VPN、网络及数据库审计等内容。具体为:为各主要服务器部署防病毒软件,提供对主机的安全防护,防止病

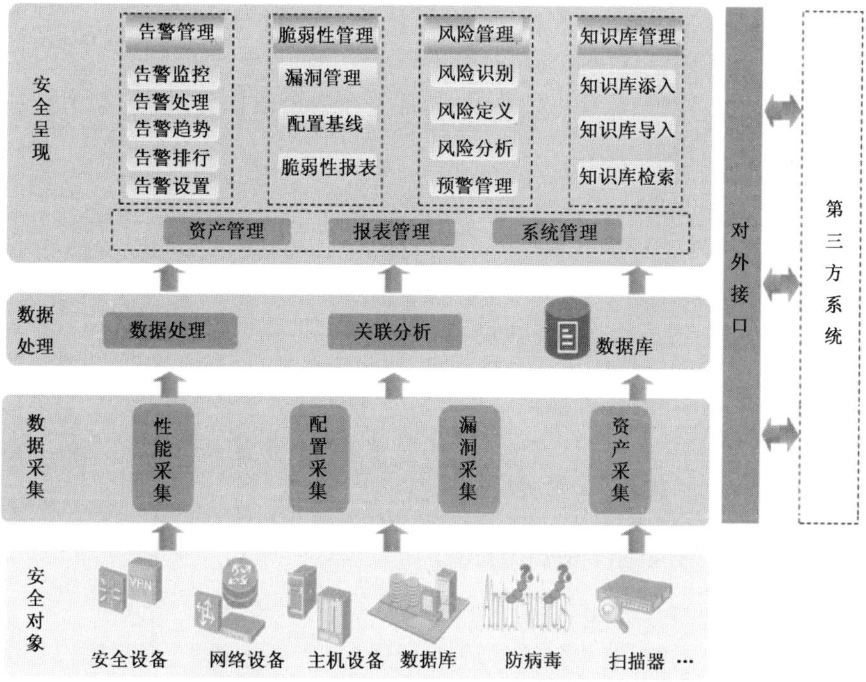

图5-31 交通数据中心统一安全管理平台

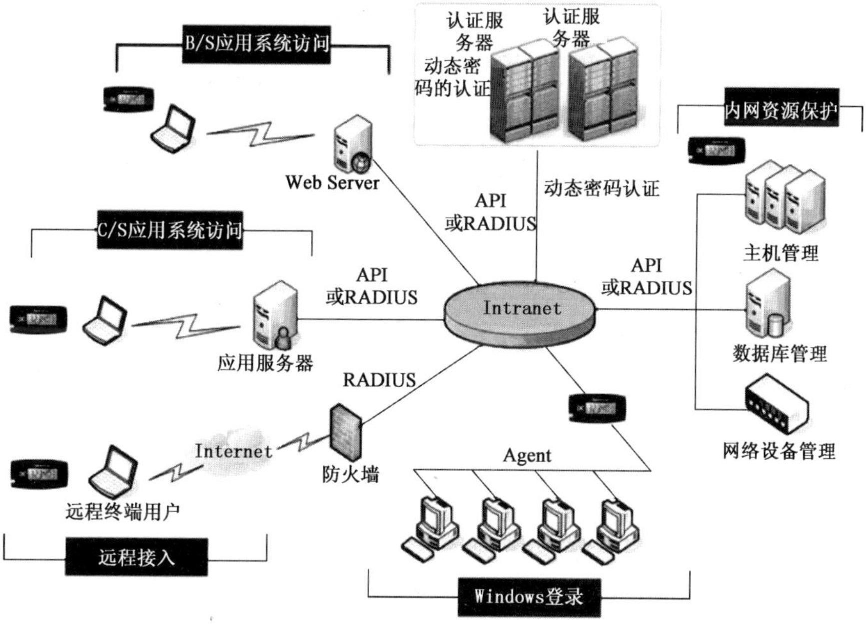

图5-32 身份认证系统

毒入侵。部署VPN,用于外部用户的远程登录。部署网络审计系统,部署在核心交换机旁,用于对流经网络流量进行审计。

在重要区域部署数据库审计系统,如部署在数据服务区、北斗应用区,用于对数据库操作进行审计。

5.9 行业数据中心服务应用

交通运输行业的信息化正在向集约化、体系化的方向发展,原先以各职能部门、行业主管单位等开展的单项系统建设,逐步走向整合、集成,以形成整体优势来为管理助力。由于建构在数据中心基础之上的软件系统服务应用,主要体现在软件工程系统的架构、规划、分析中,需要实现与各个业务归口的对接,有必要针对于行业的数据中心应用展开分析。

5.9.1 服务应用体系研发原则

(1)以实际需求为出发点的原则

交通运输行业涉及社会经济领域的方方面面。一方面,交通运输部数据中心服务对象多样,不仅包括国家各级政府部门、各级交通行业主管部门,还包括企事业单位、社会公众,而且随着时间的推移以及全球一体化的推进,中国交通信息必将越来越受到国际上的关注,服务对象、服务内容以及提供服务的方式也相应地越来越复杂。另一方面,随着交通信息化快速发展,交通信息资源数量、质量均发生了质的变化,人们也越来越依赖信息改变工作、生活质量,对交通信息服务也提出了越来越多的需求。因此,服务对象的需求是服务应用体系建设技术方案的基础,在研究设计服务体系时,要坚持以服务对象实际需求为出发点的原则,保证服务应用体系的设计要“来源于需求,同时亦要高于需求”。

(2)先进性与稳定性相结合的原则

交通信息资源中车辆、人员、流量等各类信息的持续更新与实时特性对服务应用体系的建设中涉及的海量数据采集、处理、存储和传输等多个方面提出了更高的要求。因此在研究设计数据中心服务应用体系时,要紧密结合现有的先进技术,采用最符合交通运输行业实际的海量数据传输、处理、存储技术,以满足日益增长的要求,确保坚持先进性与稳定性相结合的原则。

(3)易用性与扩展性相融合的原则

交通运输数据中心服务对象种类繁多,因此在研究设计服务应用体系时应尽量全面考虑各类服务对象的使用习惯,保证各类服务对象都能很容易地享受到数据中心提供的服务。

交通业务的变化，如交通税费改革的实施、城市公交管理的介入等必然要求数据中心服务应用体系能够在尽量减少程序变动的前提下方便地进行扩展，在扩展的同时又不影响已有功能的正常使用，因此，在对服务应用体系进行研究设计时，既要考虑服务的易用性，同时也不能忽略对可扩展性的考虑。

（4）可维护与可管理性并举的原则

由于数据中心服务应用体系是一套复杂的系统，涉及信息通信技术、信息处理技术、Web 技术等多种技术，所以服务应用体系的研究设计需要充分考虑可维护性与可管理性，尽量实现分级管理维护、委托管理维护、集中管理维护的功能，提高服务应用体系的可维护性与可管理性。

（5）开放性与安全性并重

交通运输数据中心是交通运输信息的汇聚中心、存储中心，其价值必然超越了一般业务系统的业务管理功能，而服务应用体系是对外服务的窗口，所以服务应用体系需要能提供多种方式的接入用于与其他系统的交互，同时要提供大量的服务功能以满足各类用户的要求，必然使得系统在技术路线、传输协议、接口等方面向外部公开，开放部分功能以方便用户调用，因此要尽量选择业界公认的开放的技术规范，如 WSDL、SOAP 等。

但开放的规范由于种种原因可能还不够完善，会存在一定安全隐患，在研究设计服务应用体系时对开放的技术规范的选择要注重规范中的安全部分内容，两者要并重。

5.9.2　服务对象分析

交通运输数据中心不同于普通业务系统，作为全国交通运输行业数据的集散中心与存储中心，其包含公路、运输以及港航等各类与交通行业相关的数据。在现代信息即财富的社会，交通运输数据中心的巨大信息量也极大地提升了交通运输数据中心的服务能力，使其服务内容、服务范围以及服务对象等都远远超越了普通业务系统。简单而言，交通运输数据中心的服务对象可粗略划分为部门用户、行业用户及业务系统用户三大类。

（1）部门用户

部门用户顾名思义即同一部门的用户，即交通行业内的用户，其包括交通运输部，省交通运输厅，市、州交通运输局以及公路、高管、港航、运管业务局等交通行业内用户，服务应用体系为此类用户提供的服务访问方式包括 Web 浏览器、FTP 客户端以及中间件软件等多种方式。依照数据用途与数据的使用方式不同,此类用户又可细分为交通运输部机关、省交通运输厅和二级业务局、交通运输行业企事业单位、交通运输企业以及交通运输行业从业人员五类。

(2)行业用户

行业用户是相对于交通运输行业而言,其是指交通运输行业外的用户,包括公众、企业、铁路、航空以及行业协会等各类用户,服务应用体系为此类用户提供的服务访问方式包括 Web 浏览器、FTP 客户端以及中间件软件等多种方式。依照数据用途与数据的使用方式不同,此类用户又可细分为行业外政府用户、行业外企事业单位用户、行业外科研单位用户以及公众用户四类。

(3)业务系统用户

业务系统包括行业内以及行业外的各类业务系统,例如:交通公众出行信息服务系统、交通行业综合运行分析系统、商业旅游网站等。服务应用体系为此类用户提供的服务访问方式是业务系统通过定义接口调用的程序实现服务接口调用和服务访问。对于数据量较大或者特殊需求的服务还可以通过中间件提供 FTP 甚至数据交换的服务。

5.9.3 服务应用体系总体设计

交通运输数据中心作为交通运输部交通信息资源数据库,其服务对象应当面向全国,所以在对服务应用体系进行设计时,应当全面发掘数据中心的潜力,建立较为完整的数据中心服务功能体系。服务应用体系总体设计包括总体应用架构研究与总体技术架构研究两方面内容。

(1)总体应用架构

服务应用体系的应用架构主要分为接入层、应用层、数据层、安全防护体系以及政策法规与技术标准体系五个层次,框架结构如图 5-33 所示,其中:

①接入层主要负责为不同服务对象提供不同的接入方式,其是服务应用体系的窗口,主要的方式包括通过信息资源管理系统或门户网站访问、中间件访问以及编程访问。

②应用层分为三个部分:服务应用体系分系统、服务应用体系分系统实现的主要业务逻辑以及支撑这些流程的关键组件(从应用角度看)。

③数据层是服务应用体系的最底层,其为系统提供数据环境的支撑。

④安全防护体系是服务应用体系正常运行的保障,其包括安全运行规章制度与安全防护措施等多方面内容。

⑤政策法规与技术标准体系是服务应用体系的约束力之一,通过政策法规与技术标准体系的约束,服务应用体系的服务内容、服务设计需要符合政策法规

与技术标准体系的要求。

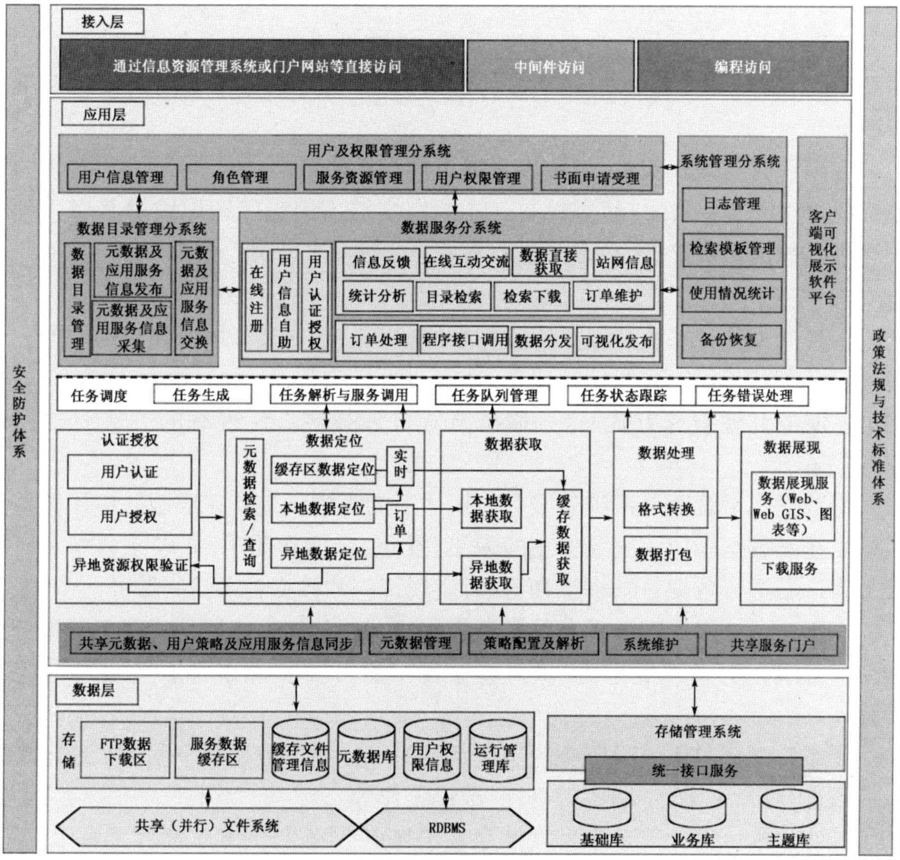

图 5-33　总体应用架构

在上述服务应用体系的五层架构基础上，可以将服务应用体系细化为七个部分：①服务接入；②服务分系统；③服务实现的业务逻辑；④支撑服务的关键组件；⑤数据存储与管理；⑥安全防护体系；⑦政策法规与技术标准体系。

(2)服务接入

信息资源管理系统与门户网站以 HTTP 方式为最终用户提供基本的交通运输信息共享服务，通过用户登录及权限认证的用户可以获得更多优质的交通运输信息服务，此种接入服务可以分别为不同类用户建立独立的数据共享服务门户，提供的服务有所区别。

中间件访问包含数据交换中间件访问与多维分析中间件访问两种方式，其中数据交换中间件用于为行业内或行业外各类系统提供数据交换服务，此种方式屏蔽了数据库的异构,可以通过简单的方式实现异构数据库的数据交换与共享,适用于定期的、大批量的数据交换;多维分析中间件访问是通过预设的具有交通特色的CUBE及分析模型对数据中心的数据进行统计分析,然后将访问的结果以图表的形式在前端对用户进行展现,此种访问多用于辅助决策等多维分析系统。

可编程数据访问服务,为业务系统用户提供采用Socket/Soap方式实现的可编程数据访问服务,用户使用封装API的客户端应用程序调用数据共享服务系统提供的数据访问接口,检索并获取数据。

(3)应用分系统

①数据服务分系统是服务应用体系的核心。数据共享服务提供的服务方式包括:程序调用服务、数据信息展现、数据直接获取服务、数据检索下载服务、数据分发服务五种服务方式,这些服务方式可依托接入层现有的方式对外提供服务。

②数据目录管理分系统是服务应用体系的支撑。主要完成服务应用体系涉及的交通元数据和应用服务信息的采集、发布、交换和使用,并以元数据及应用服务为核心进行数据目录组织和管理,实现统一的数据目录访问服务。

③用户及权限管理分系统是服务应用体系的基础。依据共享服务数据分级和用户分级分类管理规定,提供对整个用户服务流程和多种服务资源的统一管理。

④系统管理分系统是服务应用体系的保障。提供数据共享服务系统各类日志的管理、日常维护、定期备份管理、统计工作等。

⑤客户端可视化展示平台软件是基于客户端的设计,基于插件式技术,主要提供与交通运输信息有关的可视化功能,如:数据加载、空间分析、查询检索、专题图制作、动画显示、三维动画显示、统计分析等。

(4)应用实现的业务逻辑

应用实现的业务逻辑从流程上来讲分为用户认证、数据定位、数据获取、数据处理、数据展现五个部分,由任务调度统一管控。

①用户认证。对用户的身份进行认证,并赋予相关使用权限的功能。当用户使用已建立的服务应用体系访问数据时,首先要进行身份验证。

②数据定位。通过对元数据的检索对数据资源进行定位,并通过实时/订单判断机制确认数据资源的展现方式。

③数据获取。根据用户的请求以及数据定位,从异地、本地或缓存区中获取相应的数据,进入本地缓存。

④数据处理。适用于以订单方式展现的数据请求,对已获取到的数据进行数据打包、格式转换等处理,最终形成符合用户要求的数据格式。

⑤数据展现。将经过数据处理的资料通过特定的方式进行展现,主要包括数据展现服务(如 Web、Web GIS、图表等)和下载服务两种形式。

⑥任务调度。负责后台业务处理,提供业务支撑,整体管控业务流程,包括任务的生成、解析,相应服务的调用,任务队列管理,任务状态跟踪以及错误处理。

(5)五个关键组件

服务应用体系提供五个关键组件:①共享元数据、用户策略及应用服务信息的同步;②元数据管理;③策略配置及解析;④系统维护;⑤共享服务门户。其中,共享元数据、用户策略及应用服务信息的同步组件为元数据及应用服务信息、用户信息的采集、发布和交换提供支撑;元数据管理组件基于数据分类编目规则建立交通运输元数据目录树,完成各个目录项的组织、著录;策略配置及解析组件提供对后台业务处理的策略配置与解析;系统维护组件负责整个数据服务应用体系外实现系统的运维管理,包括日志管理、检索模板管理、使用情况统计、系统备份恢复等;共享服务门户组件根据需求编排业务流程,处理用户请求,展现交通运输数据及其产品等。

(6)数据环境的支撑

数据中心服务应用体系的存储与数据存储管理系统共同构成了数据共享服务系统的数据支撑。其中,存储分为两个文件系统(FTP 数据下载区、服务数据缓存区)和四个关系型数据库(缓存文件管理信息、元数据库、用户权限信息、运行管理库),分别采用并行文件系统及 RDBMS(关系型数据库管理系统)进行管理。数据存储管理系统的三大库:基础库、业务库及主题库,通过其统一服务接口为数据共享服务系统的应用层提供支撑。

(7)安全防护体系

数据中心服务应用体系的安全防护体系不能脱离数据中心的安全防护体系,也不能依靠单独的某个安全产品,还要依托整个网络中各部件的安全特性。系统安全级别的高低取决于系统安全管理最薄弱的环节。要增强服务应用体系的总体安全级别,必须从网络、计算机操作系统、应用业务系统甚至系统安全管理规范,使用人员安全意识等各个层面统筹考虑。

(8)政策法规与技术标准体系

政策法规与技术标准体系包括一揽子与数据中心建设相关的标准体系,例如:《交通信息基础数据元　第1部分:总则》《交通信息基础数据元　第2部分:公路信息基础数据元》《交通信息基础数据元　第 3 部分:港口信息基础数据元》等,从某种程度上说,政策法规与技术标准执行情况可以衡量数据中心建设质量的高低,作为数据中心窗口的服务应用体系建设中更需要注意政策法规与技术标准的遵守执行情况。

5.9.4　服务的内容和形式

数据中心服务对象繁多,服务应用体系极为复杂,不同服务对象的服务内容与服务形式也多种多样,结合实际用户需求分析,总结出交通运输数据中心服务内容主要体现在如下十一个方面:数据存储服务、基础数据查询、数据订阅服务、数据上传与下载服务、数据接口服务、数据交换服务、数据分析服务、决策支持服务(DSS)、数据归档服务、移动数据核对服务、数据导出发布服务。

(1)数据存储服务

建设完成后的交通运输数据中心提供了完备的存储设备,同时还具有较完备的备份策略、容灾体系以及良好的网络安全平台,在这个基础上,该中心需要能按照实际需求为省级交通部门或部各司局提供数据存储服务,以减少信息化建设中的重复投资。具体服务的内容如下:

①建设完成交通运输数据中心后已有的软件硬件设施,部机关各司局或各省厅都可直接在统一规划的前提下按需申请所用。特别是部机关各司局在建设业务系统时可以考虑将数据库直接建立在数据中心上,此举可以减少投资,也有利于机房内的维护管理,并且从大局上利于交通行业的数据集中处理。

②从调研结果看,由于各类原因,省厅数据中心基本都尚未建立独立的异地备份体系,部级数据中心建设完成后可以按需为省厅数据中心提供异地备份场所,或为部机关业务系统提供安全备份服务。

③部机关可充分利用数据中心现有的机房管理、网络设备以及技术人员,将其业务系统服务器托管在数据中心,从而减少部机关司局计算机技术人员及辅助设备方面的投资,有助于部机关司局更专注于业务的研究。

数据存储服务的服务方式是:数据中心存储服务理念落实的基础是现有的硬件设备,同时借助前沿的服务器虚拟化与云计算技术,数据中心的存储服务质量将得到质的提高,当前情况下,实现上述三项服务内容的方式如下:

方式一:可为需要存储服务的部门创建独立的数据库实例,业务系统数据库直接建立在交通运输数据中心上,利用了数据中心已有的存储设备,对于部分已有的数据可以直接从数据中心进行抽取。

方式二:省级数据中心或部机关业务系统数据安全备份(参见数据归档

服务)。

方式三:服务器托管。

(2)基础数据查询服务

交通运输数据中心数据来源广泛,既包括了业务系统的结构化数据,也包括规章、法规等非结构化数据。这些数据经过交换、清洗、标准化等一系列操作后集中到数据中心,交通运输数据中心按主题对数据进行划分,建立了数据目录库,完备严格的权限管理机制,提供统一的基础数据查询访问,进一步消除信息孤岛,分等级为不同类型用户便捷地查询到所需要的数据提供服务。

基础数据查询服务的服务方式是:交通运输数据中心数据查询服务的服务方式包括全文检索、按元数据或按数据目录检索等多种方式,同时用户亦可以通过时间、地区等关键条件对数据进行筛选。

(3)数据订阅服务

根据相关的获取策略,某些数据的下载请求不能达到实时响应(如数据量过大,在线无法获取或请求的数据离线存储等,或者有些数据需要通过付费才能获取),则需要进行数据订阅。

数据订阅的服务方式是多样的,包括在线生成数据资源订单、传真、电子邮件、邮寄、电话、个人上门获取等。其中数据资源订单是需要通过在门户填写订单而实现的。无论是数据检索下载服务方式中的数据订单还是数据接口服务中的数据订阅,都是需要在线填写数据订单。

数据订阅服务方式如下:

①有定期的数据服务需要的用户,可以针对某些主题进行产品的订阅,用户向数据共享服务系统发起 Web 请求,通过数据/产品检索功能,查找自己需要的主题进行数据/产品的订阅。

②交通运输信息资源管理系统或门户网站根据用户的需求和订阅情况,生成数据/产品的订阅任务。当交通信息资源库中有相应主题的数据/产品生成后,系统将数据产品文件存放在指定的文件发送目录中。同时,交通运输信息资源管理系统或门户网站对文件发送目录进行周期性轮询,根据订阅任务的文件主题规则,对文件目录中的文件进行查阅。当有需要进行发送的文件时,根据订阅用户的情况,将主题数据产品文件推送到 FTP 目录,并通过 E-mail 等方式通知用户。

(4)数据下载服务

数据检索下载服务是基于交通运输信息资源管理系统或门户网站的浏览、检索、下载、数据订单等一站式服务,授权用户可以在系统或门户网站进行数据浏览、检索,然后可以对需要的数据进行下载,此种服务方式适合于数据量不大或需求频率不高的情况。

数据下载服务的服务方式如下:

①有数据/产品需求的用户向数据共享服务系统发起 Web 请求,通过数据导航功能和数据检索功能,查找所需要的数据产品信息,并提交数据服务请求。

②系统接收用户请求,根据服务分级策略,生成服务订单;并按照用户请求的形式、种类和内容,编排进行用户请求处理的工作流/业务处理流程;在交通信息资源库中生成数据产品。

③用户订单处理完成后,系统对处理结果数据进行临时存储管理。生成的数据产品以文件方式存储,存放在指定的文件目录当中。

④生成的数据和产品文件通过 HTTP 服务的方式向用户提供,系统将数据产品文件放置在指定的目录中,该目录可以是普通的文件目录或者是 FTP 的文件目录。然后,系统根据用户申请时填写的 E-mail 地址,向用户发送邮件通知。在邮件中,向用户说明生成的数据产品可访问的下载链接。用户可以通过 IE 进行远程下载,或者登录到信息资源管理系统的 FTP 服务器上进行下载。

(5)数据接口服务

针对实时性要求较高、数据请求服务频繁的用户,例如:业务系统,本服务应用体系提供了数据接口服务以满足此类需求。此种数据接口服务是通过 API 调用实现,其能提供的服务主要内容包括:

①API 调用访问的方式在于给用户提供可编程的客户端函数库,在提供基础的数据访问、数据检索、数据下载功能的同时,保障在大并发大数据量传输时的数据可靠和高效。

②向用户提供具有业务功能的客户端类库,提供用户所需的数据功能。服务端程序为数据/产品服务程序,与交通运输信息资源库进行数据库层的交互,处理各客户端发送的数据请求。

API 调用作为实现交通运输数据中心,实时为业务系统提供服务的最合理方式,其服务方式如下:

①用户业务系统调用客户端函数库发起数据/产品的业务请求,客户端类库进行请求的处理后,调用相应的数据/产品服务程序与数据库交换,进行请求业务的处理。请求处理完成后,将请求结果包括数据产品文件进行请求的应答。

②客户端接收到服务端应答后,按照相应规则对数据产品文件进行处理,最终将适用信息资源反馈给用户业务系统。

(6)数据交换服务

数据交换服务是交通运输数据中心的核心,其可以为行业内、外授权用户提供稳定可靠的数据交换功能。此种服务适用于数据量大、时效性要求不太高的情况,例如:行业统计分析辅助决策类系统。

数据交换服务的服务对象是授权用户,其交换路径是从数据中心到目的数据库(Oracle、Sybase、DB2、MS SQL、SQL Server 等),交换方式如下:

①用户首先需要对其感兴趣的信息资源发出订阅请求并提供目的数据库相关连接信息。

②用户订阅请求通过相关管理人员审批后,交通运输数据中心运维管理人员就可以依据用户需求配置数据交换任务信息,配置完成的任务在适当时候会自动触发。任务可以配置为定时任务或循环任务,定时任务是每月/周/日固定时间对数据中心进行扫描,如存在与订阅任务相关数据则触发数据交换任务;而循环任务则为每隔固定时间间隔对数据中心进行扫描,如存在与订阅任务相关的数据则触发数据交换任务。

(7)数据分析服务

通过建立多维 OLAP 服务器,建立具有代表性的交通特色的主题的 CUBE 及分析模型,数据中心可以从用户常用的多种分析角度,事先计算好一些辅助结构,以便在查询时能尽快抽取到所要的记录,并快速地从一维转变到另一维,将不同角度的信息以数字、直方图、饼图、曲线等方式展现在用户面前。简单而言,交通运输数据中心可以对交通行业的数据提供一定的数据分析功能,对分析结果以图表形式进行展现,发挥数据中心的潜在应用能力。比如从时间、地域来看同一类业务的总额。

数据分析服务是交通运输数据中心的重要服务,其主要服务对象为行业内相关业务人员与管理人员,其提供的服务方式包括专项报告定制、数据分析以及图形分析等,此种服务借以灵活定制的分析指标以及灵活定制的展现方式来满足各类不同用户的需求。

①专项报告定制是指利用交通运输数据中心服务应用体系中现有的或用户自定义的模板为特殊用户定制报告,定制后的报告可以通过应用权限分配功能方便地共享,分发给其他用户。

②数据分析是指利用统计方法对数据进行统计分析,包括一般统计方法:最小值、最大值、平均值、合计、小组合计等;现状分析:绝对值分布分析、中心趋势分析、离散趋势分析、比重分析、异常值分析、强度分析、平衡性分析;发展分析:基比分析、环比分析、增长率分析等。支持 OLAP 分析功能,可提供前期值、前期

比、同期值、同期比等功能。

③图形分析是指交通运输数据中心服务应用体系利用现有数据提供的更直观的分析图形，服务应用体系能提供的除2D柱图、3D柱图、饼图、堆积图、散点图、线图、区域图等基本图形外，系统还应能支持流行的仪表盘、动态地图、雷达图、瀑布图、基准线图、交通灯、三维图形等。同时，服务应用体系还应能支持各种图形之间的组合应用，即通过将不同图形叠加到一起产生千变万化的效果。

(8)决策支持服务

数据中心建立后，如果没有一个很好的决策支持服务，会出现"数据丰富、知识贫乏"的问题。但数据中心的建成也仅仅是为决策支持系统提供了一个很好的数据基础，决策支持服务质量的高低更多的是取决于分析角度的准确度，也就是业务人员对决策支持服务的参与程度。

决策支付服务与数据分析服务有一定类似，但它不同于数据分析服务，它建立于数据分析服务之上，能依据用户需求将多种数据分析服务的结果进行综合展示，从而为决策提供全方位、多层次的辅助依据。

从服务形式看，决策支持服务的服务方式与数据分析服务极为类似，但决策支持服务更具有随机性，其对数据的使用是非结构化的，它的一次查询操作要涉及上百张表的上千行数据，复杂的表连接会严重影响系统的性能，而且用户仅在分析时才查找有关数据，查找条件是随机的，因此传统事务性事务型数据库对于决策支持服务而言数据分析能力很有限。目前，基于数据仓库和各类数据仓库工具，按照业务处理的要求，建立各类决策模型是一种较好的处理方式。在此基础上，可以通过对主题的分析，建立全方位、多层次的OLAP例程，完成某些关键业务的分析处理和决策。

(9)数据归档服务

鉴于当前各省数据中心绝大部分都尚未建立异地备份中心，而建设完成的交通运输数据中心具有完备的备份与安全防护体系，利用交通运输数据中心现有的存储与网络设备可为各省厅数据中心或部机关司局业务系统提供数据归档服务，将重要数据在数据中心进行归档，有利于数据的集中存储和安全管理，发挥数据中心的作用，有助于推动各级部门的使用数据中心的积极性和主动性。

数据归档服务流程如图5-34所示，其包含的服务方式包括数据归档请求受理服务、归档数据获取服务、归档数据删除请求服务、归档空间数据警告服务以及数据归档日志服务。

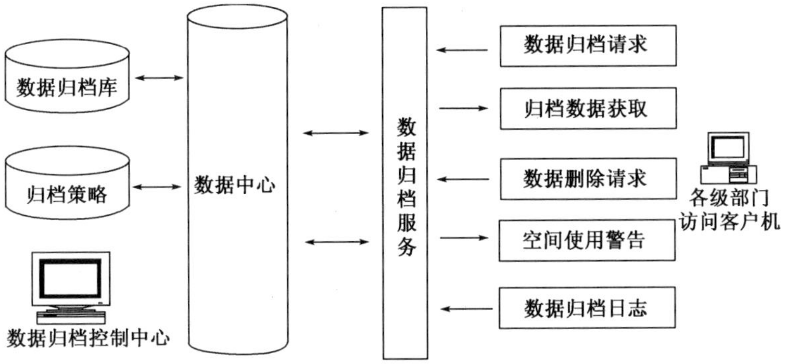

图5-34 数据归档服务

①数据归档请求受理服务是由授权用户对交通运输数据中心发出数据归档请求,再由服务应用体系中的权限验证组件对用户权限进行验证,如确为授权用户,则由服务应用体系中的归档服务执行数据归档操作。

②归档数据获取服务是由授权用户对交通运输数据中心发出归档数据的请求,再由服务应用体系中的权限验证组件对用户权限进行验证,如确为授权用户,则从数据归档库中提取相关数据返还给该用户。

③归档数据删除请求服务是由授权用户对交通运输数据中心发出删除数据的请求,再由服务应用体系中的权限验证组件对用户权限进行验证,如确为授权用户,则由数据中心数据归档服务从数据归档库中删除对应数据并记录日志。

④归档空间数据警告服务是当某一用户在数据归档库中的已用空间达到预设阈值后引起的警告,用户收到此警告后可以酌情执行删除或扩展等操作。

⑤数据归档日志服务是由授权用户发起,通过此服务,数据中心服务应用体系在完成用户身份验证后会返回用户请求的日志信息。

(10)移动数据核对服务

此服务的主要服务对象包括外出稽查人员、外出领导以及社会用户,该服务的主要内容为提供短信接口用于对交通运输数据中心中数据的查询。

此服务方式如图5-35所示,其通过短信服务平台对移动手机等终端提供数据查询服务,而数据中心则为短信平台提供底层数据支撑。

(11)数据导出发布服务

对部机关某部门需要对外发布的数据(如车辆统计数据,包括一些体现政务公开的分析经营决策性的数据,运营企业及人员的诚信数据、催收征交数据等,以及对于单一型对外业务不能做到的综合分析数据),数据中心提供向外发布接口服务，利用该服务，可消除数据发布前的各独立业务部门间的数据不一致性，做到发布的数据全面性、快捷性、便利性及权威性，对树立交通运输厅的形象及增加交通部门在社会上的透明度起到较好的作用。

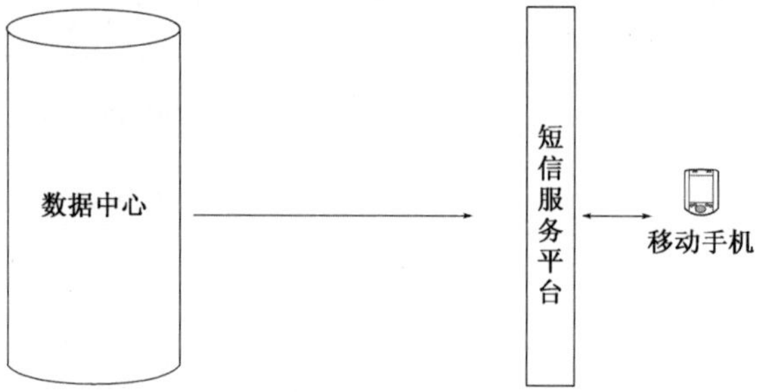

图 5-35　移动数据核对服务

数据中心该服务的服务方式如图 5-36 所示，当部机关某部门需要对外发布数据时，首先需要由其部门对导出数据提出要求，再由技术人员按要求对此数据进行业务处理，最后再将数据进行导出操作并发布到相应网站用于社会人员查询。

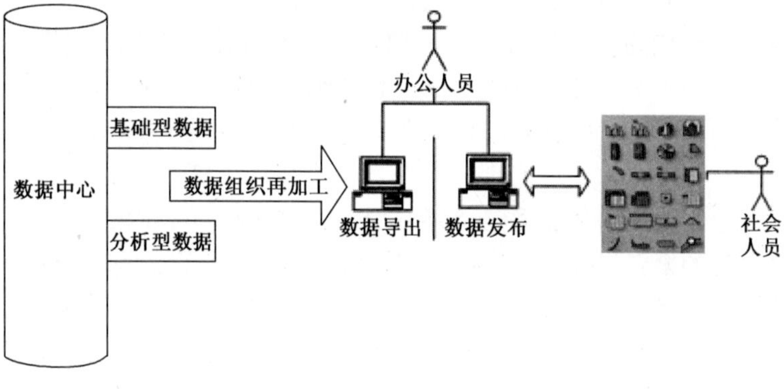

图 5-36　数据导出发布服务

5.9.5　服务支撑技术

交通运输数据中心服务对象繁多，服务内容多种多样，其对应的整个服务应用体系之中的各个组成部分也相互关联、互为作用。在整个服务应用体系中，支撑技术是基础，其包含有全局用户认证与授权技术、多线程并行任务调度技术、全局用户及共享元数据同步技术以及全网数据定位与获取技术等，这些技术互相作用、互相影响，共同为服务应用体系的正常运行打下基础。

1) 全局用户认证与授权技术

交通运输数据中心作为全国交通系统总的数据中心，其数据来源为部业务系统或各省数据中心。从系统执行效率与经济性角度分析，其不便于包含全国交通系统所有的明细数据，所以当数据中心用户进行数据查询或请求时，不可避免地需要与各省数据中心或部司局业务系统发生数据交互。为了保证数据交互的安全性，全局用户认证与授权则显得极其重要。

全局用户全网认证的技术实现架构原理如图 5-37 所示。全网认证包含两个层面的认证，一方面是访问主节点时的认证，另一方面是通过主节点的全网认证对其他分节点进行的认证。当某个节点的全局用户要在全网进行用户认证时，认证原理如下：

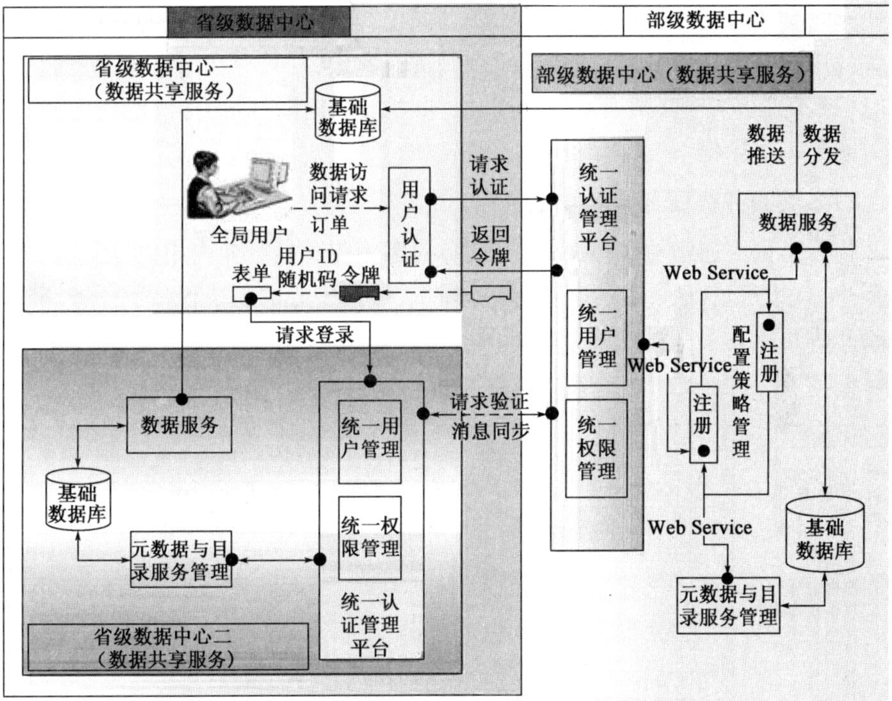

图 5-37　全局用户认证与授权

(1) 主节点服务的身份认证

该全局用户首先由本地分节点对该用户进行身份认证，认证通过后由本地分节点的用户认证模块将该全局用户登录请求发送至主节点的统一用户管理平台，主节点统一用户管理平台的全局认证服务模块对其再进行身份验证，如果验证通过，则主节点全局认证服务模块会通过文档形式建立该用户的临时令牌（令牌内容含有用户 ID 和一个动态生的随机码，同时记录下该用户此次操作的动作类型和动作时间），并向分节点返回该用户的 ID、随机码、用户权限、表示登录成功。该用户的临时令牌的生命期为以此次动作时间为始点的定长时间段。

（2）其他分节点服务的身份认证

如果该全局用户需要访问其他分节点的共享服务资源，则必须先通过主节点的认证并拿到临时令牌，该用户通过网页链接，以表单的形式自动向另一分节点网站提交该用户的临时令牌，提供的 ID 和随机码作为请求登录的验证信息。另一个分节点收到该全局用户的表单信息后，由用户认证模块向主节点认证应用服务模块提交请求，请求对该全局用户进行认证。主节点全局认证应用服务模块接收到该分节点的用户认证请求，访问保存有用户临时票据的文档，将需要认证的用户 ID 和随机码与用户临时令牌进行鉴定，如果存在与该用户认证请求信息一致的临时令牌，则表示认证通过，同时更新该用户临时令牌动作类型和动作时间为本次操作。

2）多线程并行任务调度技术研究

作为全国交通运输数据中心，其服务对象不仅包括行业内用户，还包括行业外用户，其用户量巨大。为了保证服务质量，数据中心的多线程并行任务调度则显得尤为重要。多线程的并行任务调度原理如图 5-38 所示。

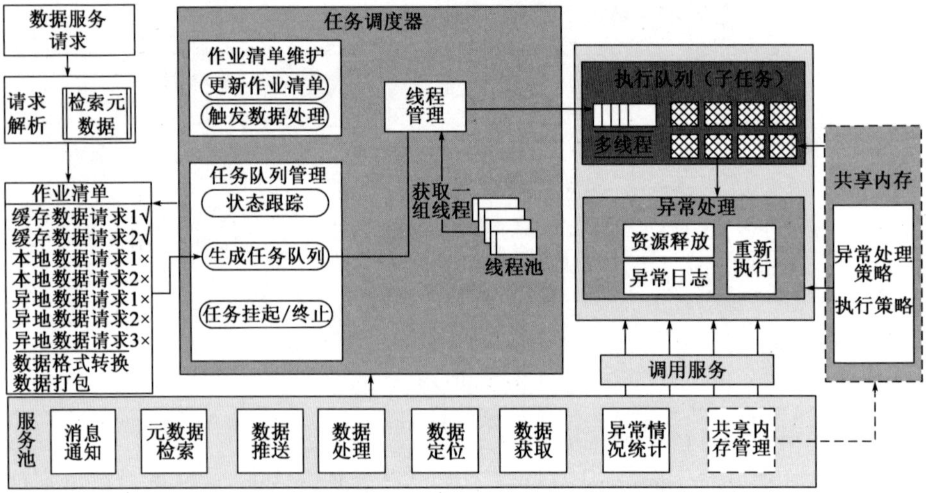

图 5-38　多线程任务调度技术

任务调度是用户请求的控制中枢，负责接收来自用户的各类数据请求后完成请求的解析，生成作业清单，进入任务调度器，为各项作业分配线程并完成各项任务的调度。数据共享服务系统设计了多线程、并行的任务调度机制，主要包括请求解析、任务调度器与处理以及异常处理。

(1)请求解析

用户向数据共享服务提交的请求，经由请求解析模块拆解，根据元数据检索的结果，分析成作业清单。作业清单由数据获取作业清单和数据处理作业清单两部分组成，数据获取作业清单是请求解析模块对请求的数据资源进行定位的结果，其内容形成一个列表结构，如表 5-9 所示。

数据获取作业清单 表 5-9

资源	目标节点	存储目录	数据量	是否到达本地缓存
×××.txt	本地缓存	../../../	10kB	是
×××.txt	本地存储管理系统	../../../	20MB	是
×××.txt	湖南	../../../	10kB	否

数据处理作业清单描述了数据资源全部获取以后需要对数据资源进行的处理操作，包括数据格式转换、数据打包、消息通知以及其他处理项。请求解析模块在构建作业清单完成后，向任务调度器提交作业，进入任务调度处理。

(2)任务调度及处理

任务调度器是任务调度的总中心，实现作业到任务的转化，控制作业清单的维护，提供任务队列的管理以及线程池的管理。

任务调度器在接收到作业清单以后，对作业清单进行分解，首先执行数据获取任务，依次将作业加入任务队列进行处理，在任务完成后，更新作业清单。若请求中所涵盖的所有数据获取任务已全部完成，则触发数据处理任务，在本地对所获取的数据按照数据处理清单进行执行。

任务调度器负责对任务队列的管理，包括任务队列的生成、挂起、停止和对任务执行状态的跟踪，同时也包括对线程池的管理、线程的获取与归还。任务队列读取共享内存中的执行策略，完成每一个任务的执行。在任务执行过程中，任务调度器需调用服务池中的各项系统服务，如消息通知服务、数据推送服务、数据处理服务、数据定位服务等。

(3)异常处理

当任务出现查询、统计或某种异常情况而无法完成任务时，由任务队列向异常处理模块抛出异常，异常处理模块接收异常并记录日志，同时释放线程资源以避免产生线程死锁并对异常进行重新执行处理，任务的重新执行次数可配置。

3）全局用户及共享元数据同步技术研究

交通运输数据中心服务对象遍布全国，其与省厅数据中心以及部机关业务系统有着广泛的联系，全局用户与共享元数据的全网同步，是支撑共享服务数据快速定位与获取的基础，同时也是数据共享服务实现全网数据共享与管理的保障。在交通运输数据中心数据共享服务中，全局用户与共享元数据是全网性的共享信息，是实现全网服务数据共享与管理的核心资源。为保证最大范围最大限度的全网数据共享与管理，依托现有网络通信技术和分布式环境下的数据同步技术，实现全局用户数据与共享元数据的全网同步。其原理如图5-39所示。

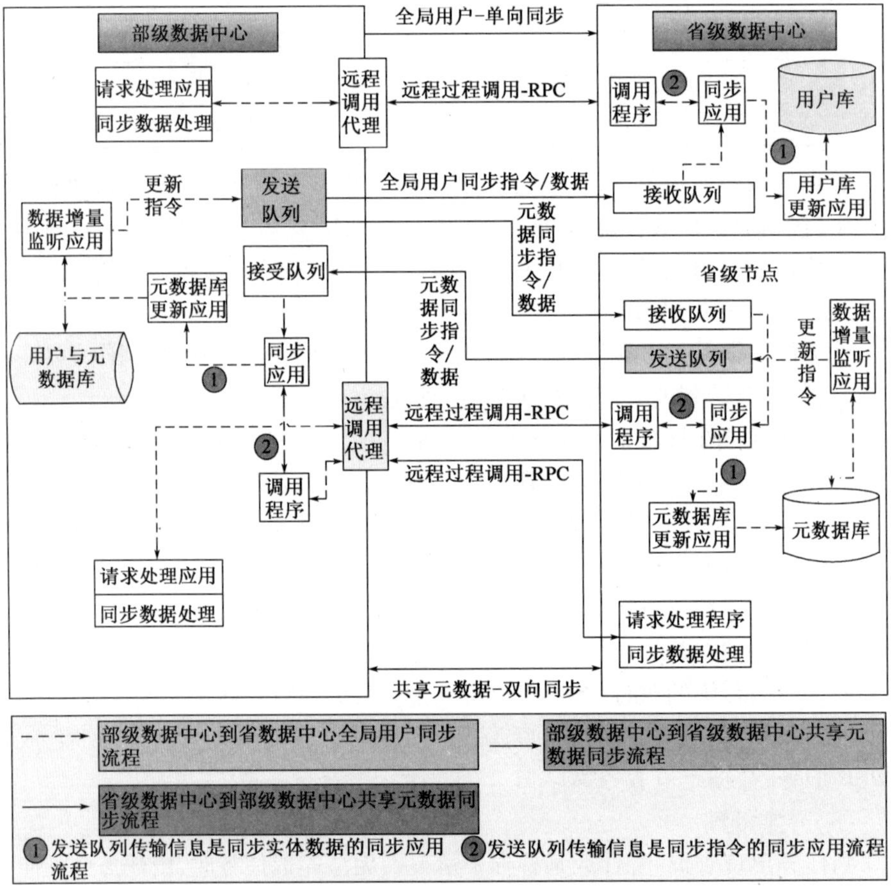

图5-39　全局用户及共享元数据同步

数据共享服务系统对数据同步技术实现包括两部分：一是全局用户从部数据中心到省级数据中心的单向同步；二是共享元数据在部级数据中心与省级数据中心之间的双向同步。

(1)全局用户单向同步

全局用户是由部级数据中心进行统一注册管理，因此全局用户信息的同步只需要进行由部级数据中心到省级数据中心的单向同步。单向同步的技术实现具体步骤如下：

①更新监听、同步指令或同步数据发送：由部级数据中心数据共享服务系统设计一个针对用户库的数据增量监听应用，当用户库的数据有更新变化时，数据增量监听应用立刻会产生一个更新指令，然后将指令写入发送队列，由发送队列将指令或者同步数据转发到需要同步的省级数据中心接收队列。其中由共享写入发送队列的指令和信息包括同步指令或者指令附带实际的同步数据。

②同步指令或同步数据接收、同步方式确定：省级数据中心的同步应用会定期地监视接收队列动态，当接收队列有同步指令时，同步应用会读取接收队列的同步指令和信息，然后对同步指令和信息进行判断，确定全局用户同步的方式。

③同步数据更新入库：当同步指令附带有实际的同步数据时，省级数据中心数据共享服务的同步应用将读取接收队列的实际同步数据，然后将同步数据封装推送给用户库更新应用做用户库的数据同步更新。

④同步指令解析、同步远程调用代理、同步数据更新入库：当接收队列只有同步指令时，省级数据中心数据共享服务系统的同步应用将调用程序通过远程调用代理服务发送数据同步调用请求，部级数据中心接收同步调用请求后由数据同步请求处理应用进行同步数据的封装，然后将封装好的同步数据传输给省级数据中心，再由省级数据中心的同步应用调用用户库更新应用做用户库的数据同步更新。

(2)共享元数据双向同步

共享元数据的来源包括部级数据中心的共享元数据和省级数据中心的共享元数据，这些共享元数据需要在全网内进行同步共享。因此共享元数据需要在部级数据中心与省级数据中心之间进行双向同步。共享元数据双向同步的技术实现具体步骤如下：

①部级数据中心到省级数据中心的共享元数据同步。

第一步，由部级数据中心数据共享服务提供一个针对元数据库的数据增量监听应用，当元数据库的数据有更新变化时，数据增量监听应用立刻会产生一个更新指令，然后将指令写入发送队列，由发送队列将指令或者同步数据转发到需要同步的省级数据中心接收队列。其中由共享写入发送队列的指令和信息包括同步指令或者指令附带实际的同步数据。

省级数据中心的同步应用会定期地监视接收队列动态，当接收队列有同步指令时，同步应用会读取接收队列的同步指令和信息，然后对同步指令和信息进行判断，确定共享元数据同步的方式。

第二步，当同步指令附带有实际的同步数据时，省级数据中心数据共享服务的同步应用将读取接收队列的实际同步数据，然后将同步数据封装推送给元数据库更新应用做元数据库的数据同步更新。

当接收队列只有同步指令时，省级数据中心数据共享服务系统的同步应用将调用程序通过远程调用代理服务发送数据同步调用请求，部级数据中心接收同步调用请求后由数据同步请求处理应用进行同步数据的封装，然后将封装好的同步数据传输给省级数据中心，再由省级数据中心的同步应用调用元数据库更新应用做元数据库的数据同步更新。

②省级数据中心到部级数据中心的共享元数据同步。

第一步，由省级数据中心数据共享服务系统设计一个正对元数据库的数据增量监听应用，当元数据库的数据有更新变化时，数据增量监听应用立刻会产生一个更新指令，然后将指令写入发送队列，然后由发送队列将指令或者同步数据转发到部级数据中心接收队列。其中由共享写入发送队列的指令和信息包括同步指令或者指令附带实际的同步数据。

部级数据中心的同步应用会定期地监视接收队列动态，当接收队列有同步指令时，同步应用会读取接收队列的同步指令和信息，然后对同步指令和信息进行判断，确定共享元数据同步的方式。

第二步，当同步指令附带有实际的同步数据时，部级数据中心数据共享服务的同步应用将读取接收队列的实际同步数据，然后将同步数据封装推送给元数据库更新应用做元数据库的数据同步更新。

当接收队列只有同步指令时，部级数据中心数据共享服务的同步应用将调用程序通过远程调用代理服务发送数据同步调用请求，省级数据中心接收同步调用请求后由数据同步请求处理应用进行同步数据的封装，然后将封装好的同步数据传输给部级数据中心，再由部级数据中心的同步应用调用元数据库更新应用做元数据库的数据同步更新。

4)全网数据定位与获取技术

在交通运输数据中心的多种服务中，数据查询服务是基础服务，其是数据订阅服务、数据下载服务、数据接口服务、数据交换服务、数据分析服务以及决策支持服务等多种服务的基础,而数据查询的关键在于数据的定位与获取技术。全网数据的定位与获取保障了共享服务数据在全网内的快速定位和顺利获取。在服务过程中,全网数据定位是响应用户数据请求的第一步。它以元数据为核心,进行请求数据的快速定位,实现用户数据请求服务的快速顺利反馈。全网数据定位与获取数据定位原理如图5-40所示。

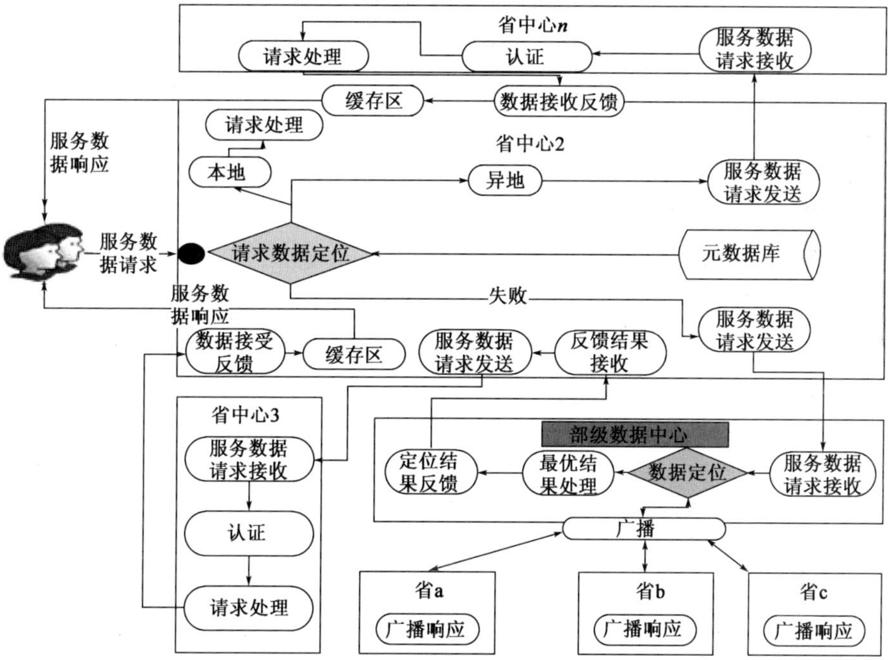

图5-40 全网数据定位与获取

全网数据定位与获取的技术实现设计分为两部分,一是数据本地定位,二是部级数据中心定位。具体的技术实现步骤如下:

①服务请求本地数据定位:用户发起服务数据请求,本地节点接收请求后依据本地元数据库的元数据服务在本地进行数据定位。服务数据定位的结果划分为两种情况,第一种情况是请求数据本地能准确定位,第二种情况是本地无法对请求数据进行准确定位。

②数据本地定位请求处理响应:当请求数据本地能够定位时,本地定位有两种可能。一是请求数据定位在本地,此时,本地数据共享服务根据数据服务请求做响应的处理,然后将结果反馈给请求用户;二是请求数据定位在异地,此时,本

地数据共享服务将数据服务请求转发给异地数据共享服务进行请求处理，根据请求的要求封装好处理结果反馈给本地数据共享服务，本地数据共享服务将反馈的结果反馈给请求用户。同时，根据需要将异地反馈的处理结果在本地缓存区进行缓存管理。

③数据广播异地定位：当请求数据本地无法定位时，本地节点将数据定位请求转发给部级数据中心，部级数据中心根据请求在全网内进行广播，各个节点接收广播后进行请求结果反馈，广播的反馈可能包括有多个节点定位结果，此时，需要对定位结果进行最优结果选择处理。

最优结果的选择通过最优选择算法进行最优结果的唯一定位，最优选择的算法需要根据算法因子进行计算，如宽带、链路状态、数据物理存储位置、系统负载状态等。最后的结果将是一个指标值，指标值最大的确定为最优定位结果的唯一选择。

④数据异地定位请求处理响应：部级数据中心数据定位后将定位结果反馈给本地节点，本地节点根据定位信息将服务数据请求转发给最优定位节点，由最优定位节点根据请求的要求封装好处理结果并反馈给本地数据共享服务，本地数据共享服务将反馈的结果反馈给请求用户。同时，根据需要将异地反馈的处理结果在本地缓存区进行缓存管理。

5.9.6 服务应用系统技术要求

服务应用系统是数据中心服务内容与服务方式的载体，是服务应用体系的外在表现形式。根据国家电子政务总体构架模型及要求，交通数据中心应用系统应能满足灵活的信息基础架构和应用架构，并为未来的扩充建设奠定基石的可扩展和开放性的架构。据此，服务应用系统的建设应在基础软硬件环境建设与应用软件开发建设两方面严格要求。

1）基础软硬件环境建设技术要求

基础软硬件环境是应用系统稳定正常运行的基础，其包含有主机、基础软件以及网络等。作为全国交通运输数据中心的服务应用系统，其后台应用和前台展示程序都是比较复杂的，由于其承担了交通运输数据中心的集中查询、检索、发布、展示等应用，因此对系统的运行环境和支撑环境要求极高，对程序的稳定性、可靠性、安全和可扩展性以及性能都非一般的共享门户系统可比。其建设应遵守如下要求：

①在基础软硬件产品选型上，首先考虑其产品的成熟性和稳定性，要求有国

内相关行业的成果应用案例,成功的应用案例可以为产品在应用系统建设中的应用提供一定的实践经验,有助于项目的顺利实施。

②在基础软件的通用技术选择上,支持 AIX、HP-UX、Solaris、RedHat Linux、SUSE Linux、Windows 等主流的操作系统;支持与 Oracle、DB2 等主流数据库的集成;支持与 Web Sphere、Web Logic、普元等主流中间件的集成。

③采购的设备必须满足工程建设设计文件提出的相关技术指标,同时设备要求具备良好的扩充和升级特性。

④选择采购的设备所提供的外部接口应该符合相应的接口规范,设备的电磁指标及对环境的应用也应该符合国内的相关规范和标准要求。

⑤在网络建设过程中,充分考虑安全性、稳定可靠性和可管理性,交通运输数据中心服务应用系统的建设对网络的整体安全性有较高的要求,系统安全建设应同步建设;提供强大的网络管理工具与手段,确保系统性能充分发挥,系统运行可靠、稳定;设计时采用可靠的技术,系统各环节具备故障分析与恢复和容错能力,在安全体系建设、复杂环节解决方案和系统切换等各方面考虑周到、切实可行,建成的系统安全可靠,稳定性强,从而把各种可能存在的风险降至最低。

2)应用软件开发建设技术要求

应用系统建设中除了应关注软硬件环境的技术要求,还应关注应用软件开发建设本身的技术要求,交通运输数据中心应用系统软件技术开发建设技术要求如下。

(1)基于 J2EE 技术框架及三层结构开发应用系统

为了保证交通运输数据中心服务应用系统的通用性与可移植性,交通运输数据中心建设中在技术体系上应选用 J2EE 体系结构。

为了保证交通运输数据中心服务应用系统的灵活性,服务应用系统的软件体系结构模式可选择“层模型”,而鉴于两层结构(C/S)在设计和应用的局限性,需要采用灵活性更强的浏览器 Browser/Web 服务器 Server/数据库服务器 Database 三层结构,Browser/Web Server/Data Base Server 结构指硬件的体系结构,也有相应的逻辑的体系结构相对应,即表示层、商业逻辑处理层和数据处理层三层结构。在 Browser /Web Server/Data Base Server 计算模型中,要完成的功能在浏览器、Web 应用服务器和数据库服务器之间进行划分。该结构的实质是将复杂的业务数据处理提出,将系统的逻辑结构和物理结构分离,形成三层结构,从而实现数据与应用逻辑分离。

该结构是解决公共信息服务以及交互相应动态服务最适用的一种应用模型,实现了真正意义上的瘦客户,大大简化了应用系统的分发、配置管理和版本管理工作。

(2)以SOA体系结构和组件化的设计为主要技术路线

交通运输数据中心服务应用系统整体架构设计与建设是整个系统的中枢,是保证系统建设成功的关键所在。应用系统合适的、全面整体架构设计有益于系统的扩展,面向今后业务及分析发展的要求,可以逐步完善工程建设中的信息服务功能,符合了数据中心整体设计、分步实施的原则。

采用面向服务的架构(SOA)有利于项目的建设,它可以根据需求通过网络对松散耦合的粗粒度应用组件进行分布式部署、组合和使用。因此,服务应用系统的设计与建设应该基于SOA思想和方法进行建设。尽量使应用功能模块化,做到高内聚、松耦合,系统构架层次化,降低信息数据层、业务应用层、用户交互层资源间的耦合度(同层间及不同层间),成为松耦合的三个层面,打破以前业务应用系统铁板一块的设计模式,使得任何资源的变化(数据、处理逻辑、展示)不会影响到系统中其他模块,从而使应用功能能够灵活地被组合和封装,摆脱面向技术的解决方案的束缚,轻松应对业务服务的变化、发展需要。

基于SOA思想和方法,通过多层次的整合技术和方法,满足应用系统对数据时效性和准确性、灵活适应业务变化能力的要求,使客户专注于业务逻辑的开发,而无需考虑各层次资源整合、交换(数据、应用等)的问题,可以保证整个系统运行的高可用性、可扩展性、灵活性、安全性、易维护性等。

同时,系统的松耦合架构可以从容应对各方面变化(内部、外部)的影响,并且可以规范应用的开发,保证系统应用资源的可重用和灵活性,它可以根据具体需求通过网络对松散耦合的粗粒度应用组件进行分布式部署、组合和使用。服务层是SOA的基础,可以直接被应用调用,从而有效控制系统中与软件代理交互的人为依赖性。

在基于SOA架构的系统中,具体应用程序的功能是由一些松耦合并且具有统一接口定义方式的组件(也就是Service)组合构建起来的。SOA架构模型如图5-41所示。

(3)采用组件式开发技术框架来进行业务应用的快速开发

基于组件开发是构建应用系统的基石,也是实现面向服务SOA的基础。组件、中间件是继面向对象技术之后发展起来的新的软件工程技术,是面向对象技术的延伸,又是面向服务SOA的基础。它的基本思想是将应用软件分解成为一个个独立的单元,将软件开发的过程转变成为类似于“搭积木”的搭建过程。通过组装不同的软件组件单元来实现软件的集成。按照组件技术的观点,应用软件的开发就成为各种不同组件的集成过程,而组件将作为 SOA 中服务所封装的原子功能的实现实体。

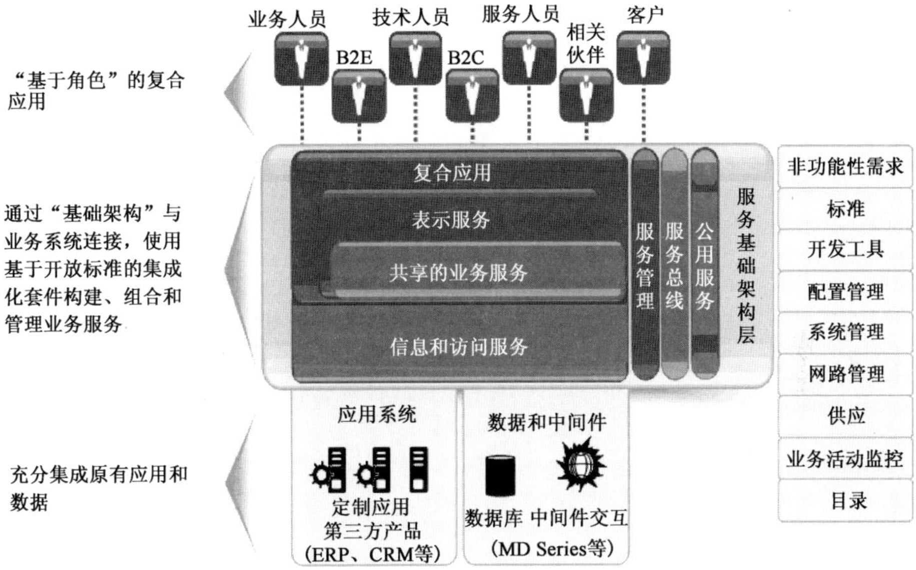

图 5-41　SOA 架构模型图

(4)构建总线式的应用系统集成环境

服务总线是一种体系结构模式,支持虚拟化通信参与方之间的服务交互并对其进行管理。它提供服务提供者和请求者之间的连接,即使它们并非完全匹配,也能够使它们进行交互,此模式可以使用各种中间件技术和编程模型实现。另外,连接到 ESB 是集成部署决策,应用程序源代码不会受到影响。

如图 5-42 所示,在总线模式中,服务交互的参与方并不直接交互,而是通过一个总线交互,该总线提供虚拟化和管理功能来实现和扩展 SOA 的核心定义。因此 ESB 模式使请求者不用了解服务提供者的物理实现——从应用程序开发人员和部署人员的角度来看均是如此。

总线负责将请求交付给提供所需功能,提供者接收他们要响应的请求,而不知道消息的来源。企业服务总线本身对使用它的服务请求者和提供者均不可见。应用程序逻辑可以使用各种编程模型和技术调用或交付服务,而无需考虑是直接连接还是通过总线传递的。数据共享服务系统所提供的应用组件和应用功能可根据各类用户的需要,按照统一的规范包装成 Web Service 注册到总线上,由企业服务总线统一管理,统一编排,统一提供外部服务。

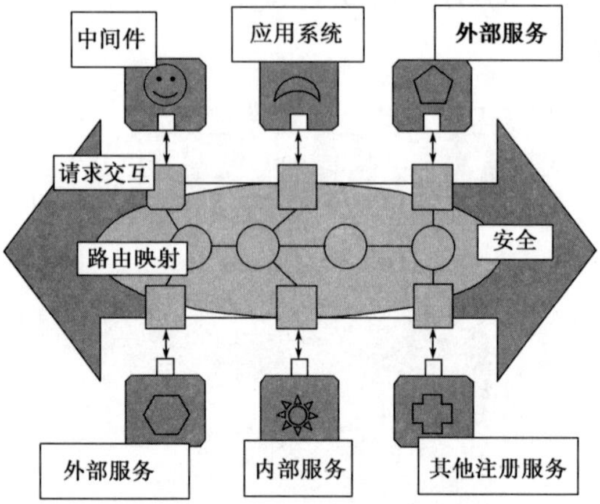

图 5-42　OA 架构中的总线集成模式

第6章　行业数据中心发展趋势

6.1　面向“四个交通”服务的数据中心

交通运输部综合分析形势任务，立足于交通运输发展的阶段性特征，更好地实现交通运输科学发展，服务好“两个百年目标”，由部党组研究提出的当前和今后一个时期的战略任务，即全面深化改革，集中力量加快推进“综合交通、智慧交通、绿色交通、平安交通”的发展，简称“四个交通”。总之，综合交通是核心，智慧交通是关键，绿色交通是引领，平安交通是基础，“四个交通”相互关联，相辅相成，共同构成了推进交通运输现代化发展的有机体系。

四个交通与交通数据中心建设的关系，主要体现在围绕着智慧交通，通过对各类交通数据的标准化建设，完成多系统数据综合与分析，实现对综合交通的数据深入挖掘分析，实现对综合交通有效指挥和管理，保障绿色交通和平安交通服务能力。

6.1.1　服务综合交通

数据中心服务综合交通是从基本国情和国家战略出发，顺应新型工业化、信息化、城镇化、农业现代化同步发展的新需求，关键是利用数据中心的信息化手段，统筹各种运输方式在区域间、城市间、城乡间、城市内的协调发展，发挥组合效率和整体优势，实现各种运输方式从分散、独立发展转向一体化、集约化发展，加快构建网络设施配套衔接、技术装备先进适用、运输服务安全高效的综合交通系统（图6-1）。

交通数据中心，是采集、存储、分析、挖掘、发布多种类型交通出行综合信息的核心。利用交通数据中心，可以实现对公交出租、客运车辆、危货车辆、执法车辆、航运信息、航班信息等综合交通内容的动态时时管理和监管；通过交通数据中心对数据的分析和挖掘，向公众提供道路交通运行状况、交通事故信息、交通管制信息、公共交通出行信息等动态交通信息数据。

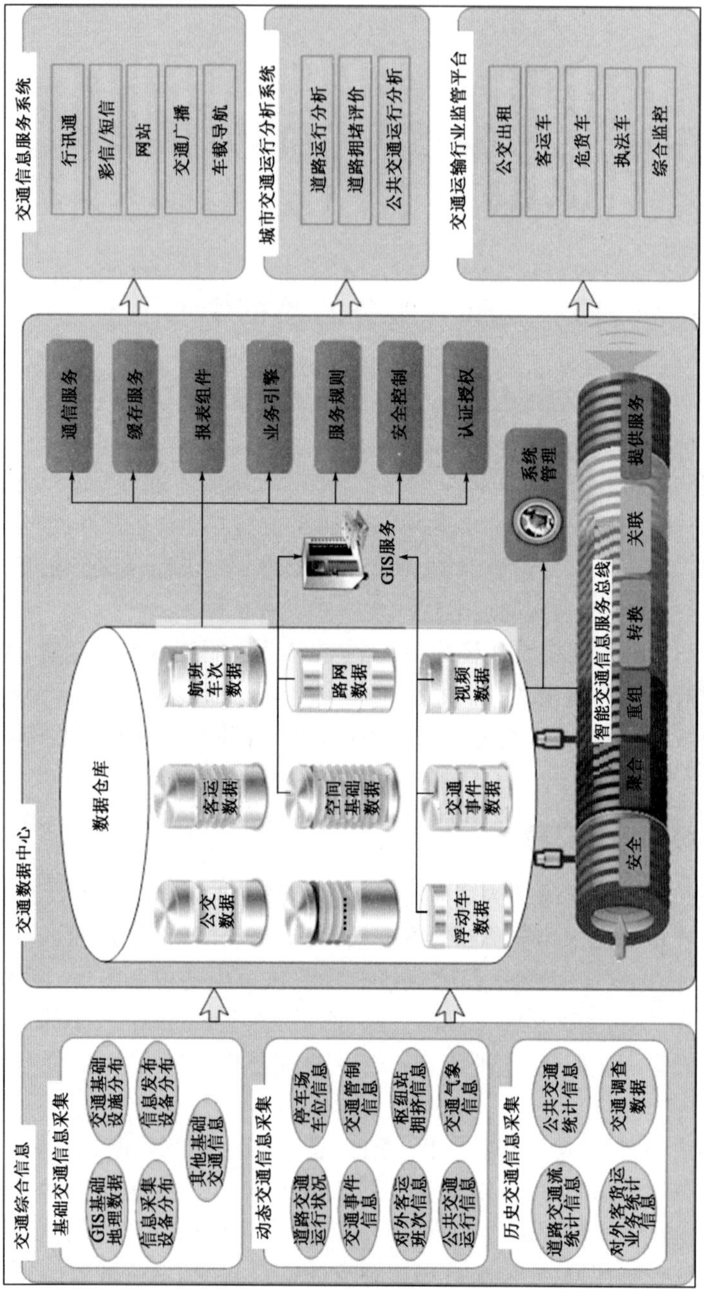

图6-1　数据中心服务综合交通

交通数据中心对综合交通的功能定位主要在于五个方面:信息共享交换平台、数据分析处理中心、数据应用支撑平台、公众信息服务平台、交通数据资源发布平台。

(1)信息共享交换平台

信息平台应当成为交通运输行业的综合信息枢纽,通过其实现交通运输行业各相关部门间的信息共享和交换,并为各相关应用系统的信息集成提供支持。

(2)数据分析处理中心

信息平台应当在整合交通运输相关数据资源的基础上,成为交通运输行业全面、权威、综合的数据中心,对多源数据进行规范化和融合处理,并进行深层次加工、挖掘和分析。

(3)数据应用支撑平台

信息平台应当根据各相关部门(包括政府部门、交通运输运营企业、科研机构等)行使职能和完成业务的实际需求,为其提供所需的相关数据,为政府部门的行业管理、交通运输企业的运营组织、科研机构的科研工作,提供辅助决策的数据支持。

(4)公众信息服务平台

信息平台应当成为面向社会公众展示交通运输行业信息资源的窗口。以整合的交通运输行业数据资源为依托,在不违反数据保密规定的前提下,面向社会公众展示交通信息资源、提供交通信息服务。

(5)交通数据资源发布平台

信息平台应当为直观、动态、全面展示交通运输系统资源(包括建设成就、基础信息、运行状况、统计数据、分析结果等)提供展示发布平台。

6.1.2　服务智慧交通

信息化智能化水平是衡量交通运输现代化发展水平的重要标志,也是交通数据中心的最终的应用服务目标。

1)智慧交通的概念

智慧交通系统(Smart Transportation System,STS)已经成为世界交通领域的热门话题,随着先进科学技术的成熟,智慧交通逐渐波及各个行业领域,如图6-2所示。

智慧交通系统是对通信、控制和信息处理技术在运输系统中集成应用的统称,这种集成应用产生的综合效益主要体现在挽救生命、时间和金钱的节省、能耗的降低以及改善环境。它是将先进的信息技术、数据通信传输技术、电子传感技术及计算机软件处理技术等有效地集成运用整个地面交通管理系统而建立的一种在大范围内、全方位发挥作用的高效、便捷、安全、环保、舒适、实时、准确的综合交通运输管理系统,是一种提高交通系统的运行效率,减少交通事故、降低环境污染、信息化、智能化、社会化、人性化的新型交通运输系统。它将有助于最大限度地发挥交通基础设施的效能,提高交通运输系统的运行效率和服务水平,为公众提供高效、安全、便捷、舒适的出行服务。

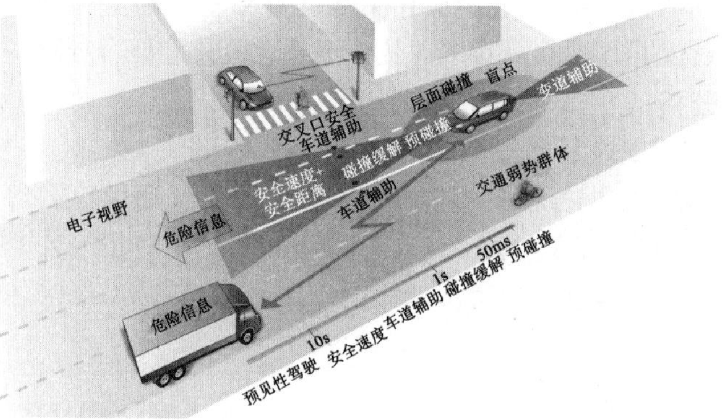

图 6-2 智慧交通应用示意图

2)智慧交通的主要内容

STS 的基本功能模块包括:先进的出行信息系统(ATIS)、先进的交通管理系统(ATMS)、先进的公共交通系统(APTS)、先进的车辆控制系统(AVCS),以及商用车运营管理系统、先进的乡村运输系统、自动公路系统等。

(1)先进的出行信息系统(ATIS)

先进的出行信息系统(Advanced Traffic Information System,ATIS)主要是通过交通数据中心对实时数据的综合处理后,向交通出行者提供及时的信息服务。在出行前,通过计算机终端(PC、手持移动智能手机、PAD 设备等),向出行者提供当前的交通和道路状况以及服务信息,帮助出行者选择出行方式、出行时间和出行路线;在出行途中,通过车载信息单元或路边动态信息显示板,向出行者提供道路条件、交通状况、车辆运行情况、交通服务等实时信息,通过路径诱导系统对车辆定位和导航,使汽车始终行驶在最佳路线上,使出行者以最佳的出行方式和路线到达目的地。

(2)先进的交通管理系统(ATMS)

先进的交通管理系统(Advanced Traffic Management System,ATMS),是智能

交通系统中一个基本的应用领域。ATMS最主要的特征就是交通数据中心各个应用系统的高度集成化。它利用先进的通信、计算机、自动控制、视频监控技术，按照系统工程的原理进行系统集成，使得交通工程规划、交通信号控制、交通检测、交通电视监控、交通事故的救援及信息系统有机地结合起来，通过计算机网络系统，实现对交通的实时控制与指挥管理。

ATMS的另一特征是信息高速集中与快速处理。ATMS由于运用了先进的网络技术，获取信息快速、实时、准确，因而提高了控制的实时性。城市ATMS的应用使交通管理系统中交通参与者与道路以及车辆之间的关系变得更加和谐，缩短了旅行时间，使城市的交通变得更加有序。

(3)先进的公共交通系统(APTS)

先进的公共交通系统(Advanced Public Transportation System，APTS)主要是采用各种智能技术以促进公共运输业的发展，它包括：公共车辆定位系统、客运量自动检测系统、行驶信息服务系统、自动调度系统、电子车票系统、响应需求型公共交通系统等。如利用全球卫星定位系统和移动通信网络对公共车辆进行监控和调度，采用IC卡进行客运量检测和公交出行收费，通过个人计算机、闭路电视等向公众就出行时间和方式、路径及车次选择等提供咨询，并在公交车辆上和公交车站通过电子站牌向候车者提供车辆的实时运行信息、提供电话预约公共汽车的门到门服务等，最终实现提高公共交通吸引力的目标。

(4)先进的车辆控制系统(AVCS)

先进的车辆控制系统(Advanced Vehicle Control System，VCS)主要是指智能汽车的研制。先进的车辆控制系统包括事故规避系统和监测调控系统等。智能汽车具有道路障碍自动识别、自动报警、自动转向、自动制动、自动保持安全车距、车速和巡航控制功能。安装在车身各部位的传感器、盲点监测器、微波雷达、激光雷达、摄像机等设施由计算机控制，在易发生危险的情况下，随时以声、光形式向驾驶员提供车体周围必要信息，并可自动采取措施，从而有效地防止事故的发生。

3)智慧交通系统的发展方向

下一代智慧交通的发展将加强交通数据中心以下基础信息系统的建设：

(1)城市道路桥梁隧道管理信息共享系统

构建集数据采集、传输、存储、处理、发布、备份功能于一体，具有数据更新维护机制的数据平台。建立快速、安全、高效、横向到边、纵向到底的网络平台，实现交通系统内部及与外部相关单位的互联互通，在整体上提高网络运行的效率，降低管理成本。

(2)车辆信息等交通运行要素信息采集

运用卫星定位(浮动车)、地感线圈、雷达、视频、手机等信息采集技术实现车流量、车速、客流的信息采集,通过RFID射频技术等车辆电子标签标识及识别技术,实现对车辆身份信息的识别和处理。

(3)城市人口及建筑物数据库

了解人流、车流等基本特征与规律,掌握交通需求与供给的相互关系,实现对城市人口及出行规律与交通管理关系的分析与研究;建筑规划是交通规划的基础,两者需要综合而均衡发展,通过建立建筑物数据库,分析建筑规划与交通规划的关系,达到优化交通规划的目的。

未来的智慧交通系统(图6-3)将依靠物联网技术、交通云计算数据中心、移动通信技术等先进技术手段,让公众出行、企业经营、政府管理能够及时、准确地感知到实时的交通信息,最终实现各种交通需求信息和供给信息在人、车、路之间快速、准确地相互传递。改变以往交通信息推送式服务模式,实现交通信息"无处不在、无时不有、所想即得"的目标。

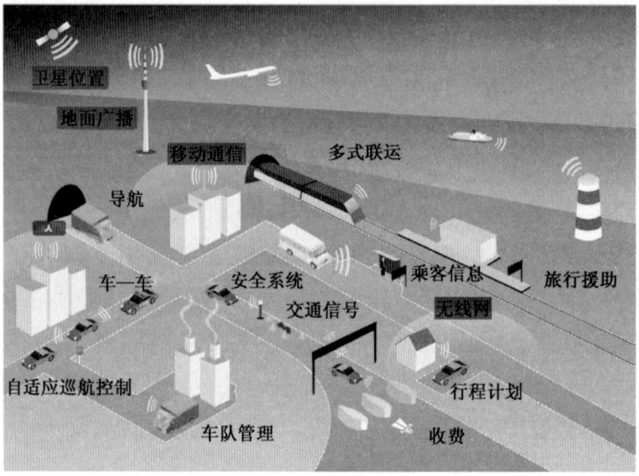

图6-3 未来的智慧交通系统示意图

6.1.3 服务绿色交通

交通运输是国家节能减排和应对气候变化的重点领域之一。交通数据中心的建设,将很大程度上优化公众出行方式,减少机动车辆的无效行驶过程,减少城市拥堵现象,提高公共交通利用率,增强行业政府对综合交通的管理和控制能力,最终实现以低消耗、低排放、低污染、高效能、高效率、高效益为主要特征的绿色交通系统。

6.1.4　服务平安交通

交通数据中心对平安交通的服务能力，主要表现在对交通运输生产过程、公共交通出行监管环节、"两客一危"的运输监管能力、海洋搜救指挥能力、船舶及人员的遇险救助能力等方面。以通常的道路交通事故救援为例，交通数据中心的建设可以通过智能感知终端，实现对交通救援信息数据的采集，通过网络数据信道，由交通数据中心进行存储和分析。与道路救援有关的数据内容包括：救援数据、辅助预案支持数据、救援资源调度系统数据等。实现对事故的分析，通过救援预案和管理体系完成对事故车辆和人员的救助工作。道路交通事故救援数据库建设如图 6-4 所示。

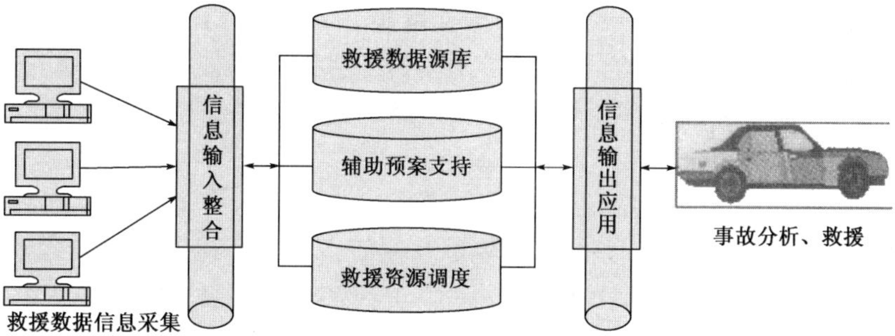

图 6-4　道路交通事故救援数据库建设

6.2　面向行业信息化服务的数据中心

6.2.1　概述

近年来，围绕交通运输行业信息化建设，交通运输行业启动了部分信息化系统建设，如全国重点营运车辆联网联控系统、全国 12328 交通运输服务监督电话、全国道路客运联网售票系统、网约车监管信息交互平台、全国驾驶培训数据交换与服务平台等信息系统，更好地开展了交通运输服务信息化工作。

6.2.2　全国重点营运车辆联网联控系统

近年来，我国地方各级交通主管部门陆续建设基于卫星定位技术的车辆动态监控系统，在加强区域内重点营运车辆的监控，减少道路交通事故中发挥了重要作用,提高了运输车辆监管能力,保障了公路交通和道路运输安全。但是由于车辆管理采用属地管理方式,各省(区、市)监控平台各自独立,缺乏统一的建设标准,无法实现平台间的信息共享,造成无法对外来车辆进行监控,存在较大的安全隐患。

为更好地适应道路运输安全发展的新形势和新要求,解决各省(区、市)道路运输管理部门对外省(区、市)车辆无法监管的问题,为营运车辆跨区域、跨部门的联合监管提供有效的技术手段,交通运输部决定启动建设全国重点营运车辆联网联控系统。

1)联网联控系统现状

自2010年重点营运车辆联网联控系统运行以来,特别是《道路运输车辆动态监督管理办法》(中华人民共和国交通运输部令2014年第5号)自2014年7月1日生效后,在公安、安监部门的大力支持下,在各级交通运输主管部门和道路运输管理机构的大力推动下,道路运输车辆动态监督工作有了根本性的变化。

目前部、省、市、县四级监管体系初步形成,全国31个省份全部接入联网联控系统。截至2015年4月底,联网联控系统部级平台接入省级平台31个,入网车辆约达430万辆,其中"两客一危"车辆67万辆,包括班线客运车辆33万辆、旅游包车客运车辆10万辆、危险货运车辆24万辆。联网联控系统平台的建设、车载终端和系统平台标准符合性技术审查工作的开展,为联网联控系统的全面覆盖和有效运行夯实了基础。

各地道路运输企业以5号部令颁布实施为契机,建立动态监控制度,配备专职监控人员,建立监控平台,安装符合标准的卫星定位车载终端,对车辆运行情况进行实时监控,初步落实了企业动态监控主体责任。

联网联控系统采用纵向分级、横向对接的总体结构(图6-5)。纵向分级是指系统纵向分为部级公共交换平台、省级/地市级监管平台、企业级监控平台;横向对接是指不同级别的平台对接公安、安监、环保等政府部门和相关企业的信息资源,实现信息共享与联合监管。

一是联网联控系统充分整合现有各省级道路运输监控系统资源,完成重点营运车辆各省(区、市)间信息互联互通,数据共享。它一方面实现了重点营运车辆动态信息的跨区域交换体系,使跨地区联合监管成为可能。另一方面,它作为一个全开放系统,建立了数据交换通道,实现了同一地区不同政府管理部门之间的信息沟通。为多部门协同办公、应急联动等方面的应用奠定了基础。

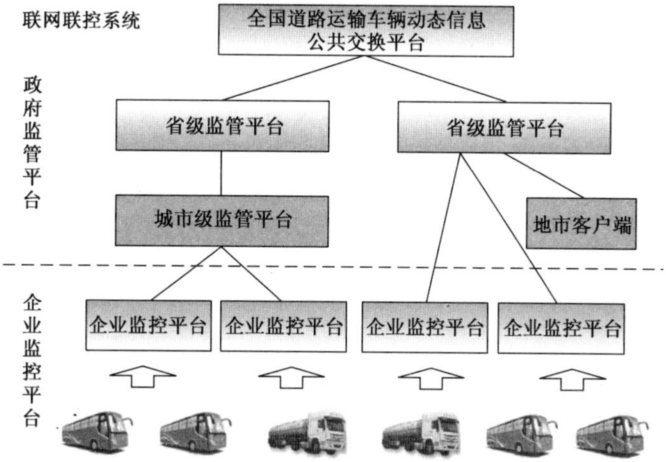

图 6-5 联网联控系统总体结构

二是联网联控系统实现了车辆动、静态信息的有效结合。传统道路运输信息的收集均是静态数据的汇总,无法为管理者提供实时信息。通过联网联控系统,可以将车辆动态位置信息、车辆运政信息等实时转发给相应省级监管平台,使该省(区、市)可以清晰地掌握车辆的行驶轨迹、车辆基础属性信息。

三是联网联控实现了数据在部级层面的统一集中,可以有效掌握全国道路运输行业的总体运行情况,加强了道路运输行业监管,提升道路运输行业信息化管理水平和决策分析能力,能为应急指挥系统、路网拥堵情况分析、交通经济运行分析等多个方面提供数据支撑。

2)联网联控数据资源规划

全国重点营运车辆联网联控系统实现了车辆动态定位数据、车辆运政静态数据、车辆货物运输数据、从业人员基础数据、电子地图数据的有效整合。联网联控数据资源规划如图 6-6 所示。

基础数据库主要包括经营业户基本信息、从业人员基本信息、营运物理线路信息、道路运输管理机构信息、营运车辆基本信息、货运车辆基础信息、客运车辆基础信息、危险品运输车辆基础信息、平台信息、平台查岗基础信息表、接入平台信息表、终端信息表、终端制造商信息表等信息。

业务数据库主要包括车辆动态信息、向下级平台发送的车辆应急监管信息、向下级平台发送的车辆报文信息、下级平台发送到车辆行驶记录仪基础信息、向下级平台发送的车牌单向监听请求信息、向下级平台发送的车辆拍照请求信息、向下级平台发送的报警督办信息、接收下级平台发送的报警信息、向下级平台发送的报警信息、接收下级平台上传定位数据量发送信息、向下级平台请求车辆驾驶员身份识别信息、向政府平台注册驾驶员信息、向政府平台注册车辆信息、预警计划表、刷卡信息记录表、拍照信息记录表、视频资源目录信息、视频时效口令信息、包车信息、包车线路牌信息、交通安全事故信息、接驳运输点信息、接驳运输行车单、客运线路信息、公安限行管制数据、公安事故信息、安监数据、短信认证信息、政策文件、通知公告等信息。

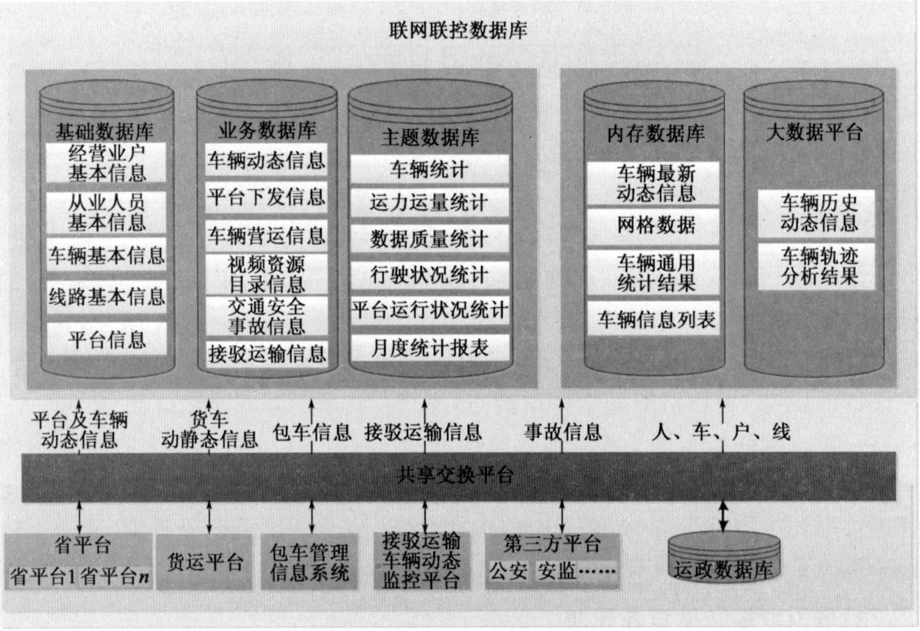

图 6-6 联网联控数据资源规划

主题数据库主要包括车辆在线统计表、车辆入网统计表、车辆上线统计表、车辆实时在线统计表、运力运量统计表、行驶车辆实时分布表、运行时段统计表、里程统计分析表、运行线路统计表、超速报警记录表、超速报警统计表、行驶速度统计表、疲劳驾驶记录表、疲劳驾驶统计表、异地经营记录表、异地经营统计表、不按规定线路行驶记录表、不按规定线路行驶统计表、不按规定时段行驶记录表、不按规定时段行驶统计表、不按规定接驳点接驳记录表、不按规定接驳点接驳统计表、平台断线日统计表、平台断线月统计表、同比环比分析表、数据不合格记录表、数据不合格统计表、数据不合理记录表、数据不合理分析表、月报统计表、月度考核评分表、年报记录表、年度考核评分表、交换数据统计表、事故信息统计表、旅客运输区域特征分析表、货物运输区域特征分析表、线路特征分析表、节假日特征分析表、季节特征分析表、时段特征分析表、安全预警分析表、跨域特征分析表、里程特征分析表、规范性分析表、运输路网分析表、旅客实时流向分析表、货物运输实时流向分析表、实时路况分析表、数据质量分析表、异常车辆轨迹表、异常车辆实时展示记录表、异常车辆视频记录表、专题分析表等信息。

3)联网联控服务应用

联网联控系统的数据即将到达PB级别,传统的数据处理方式已经无法满足统计分析的需要,迫切需要使用大数据技术对联网联控系统的海量数据进行存储和分析,提升数据分析效率,扩展分析内容,丰富分析主题。随着联网联控系统接入的数据类型越来越多,数据处理分析的工具逐步强大,系统的分析功能已经不限于平台考核和"两客一危"车辆本身,而是能够服务于整个交通运输行业,从社会热点、交通经济运行、道路运输规律、国家战略发展方向等多个角度进行数据挖掘,提高数据服务能力,为行业和社会经济发展提供更多的价值。

联网联控服务应用主要包括道路旅客运输区域特征分析、道路货物运输区域特征分析、道路运输运力运量分布分析、道路运输线路特征分析、道路运输节假日特征分析、道路运输季节特征分析、道路运输时段特征分析、道路运输安全预警分析、道路运输跨域特征分析、道路运输里程特征分析、道路运输规范性分析、道路运输路网分析、道路运输旅客实时流向分析、道路货物运输实时流向分析、站点分布特征分析、实时路况分析、数据质量分析、异地经营分析等行业发展特征分析,以及"一带一路"运输专题分析、"京津冀一体化"运输专题分析、"长江经济带"运输专题分析、"自贸区"运输专题分析等热点专题分析。

4)联网联控数据交换共享

重点营运车辆联网联控信息交换主要用于保证重点营运车辆联网联控系统、各省级交通主管部门、相关直属机构、科研院所、行业相关企业间以及与行业外的数据交换共享服务要求。交换共享平台除了与联网联控省级平台进行数据交换以外,还应该实现如下功能:

(1)共享数据加密传输

通过动态密钥加密的方式,从平台通用接口传输营运车辆动态数据、历史轨迹数据、行业分析报表数据。

(2)社会公众数据服务

根据社会公众不同主题需求的定制请求,通过平台通用接口传输行业分析报表数据。

(3)科研院所数据共享服务

按照合作科研院所的数据分析和数据挖掘需求,通过平台通用接口传输营运车辆动态数据、历史轨迹数据以及行业分析报表数据。结合科研院所新方向、新思路、新算法,可分析出新的主题内容服务与平台。

(4)公安数据交换共享服务

根据公安信息需求,通过平台通用接口提供车辆动态数据、历史轨迹数据、车辆超速报警统计、车辆疲劳驾驶统计以及其他分析报表等数据,为公安系统提供可靠的数据。也可调用公安系统提供的接口获取道路限行管制信息和安全事故信息,实现数据交换共享。

(5)安监数据交换共享服务

根据安监事故信息需求,通过平台通用接口提供车辆动态数据、历史轨迹数据、车辆超速报警统计、车辆疲劳驾驶统计以及其他分析报表等数据。也可通过安监系统提供的接口获取安全生产数据,实现数据交换共享。

(6)运政数据采集服务

通过与运政系统对接,获取全国道路运政系统提供的从业人员基础数据、营运车辆基础数据、经营业户基础数据、营运线路数据及运力等各类运政数据。

(7)货运数据采集服务

通过与货运平台对接,获取全国重载普货动态数据和车辆历史轨迹数据。

(8)包车数据采集服务

通过与各省(区、市)包车管理信息系统对接,实现包车数据采集。

(9)接驳数据交换服务

通过与接驳运输车辆动态监控平台系统对接,实现接驳运输数据采集。

(10)预留数据服务

通过平台通用接口,提供重点营运车辆主题分析报表服务。

6.2.3 全国12328交通运输服务监督电话

全国12328交通运输服务监督电话系统是人民群众反映合理诉求的重要途径,是交通运输主管部门联系人民群众的桥梁和纽带,是发扬民主、体察民情、接受群众监督的重要渠道。

1)12328电话系统建设情况

全国12328交通运输服务监督电话系统建设总体情况良好。目前,全国各地级市以上城市开通了12328电话,逐步实现了12328电话的人工响应或者自动响应。部分省(区、市)开通了12328微博、微信公众号、短消息平台,进一步拓展了12328业务的受理渠道。通过微博、微信、移动客户端等互联网渠道受理的业务量增长迅速，社会公众对12328电话的认知程度和接受程度逐步提高。

2017年上半年全国12328电话系统共受理有效业务1527.53万件。其中，投诉举报、信息咨询、意见建议三类业务分别为58.49万件、1448万件和21.04万件，分别占业务总量的3.83%、94.79%和1.38%（图6-7）。

从业务领域看，2017年上半年涉及公路、城市客运和道路运输领域的业务量分别为1191.73万件、281.49万件和53.84万件，分别占业务总量的78.02%、18.43%和3.52%；涉及水路、海事、海上搜救、救助打捞等领域的电话业务量共计4682件，占业务总量的0.03%（图6-8）。与2016年同期相比，公路领域业务量增长52.46%，道路运输领域业务量下降28.98%，城市客运领域业务量基本持平。

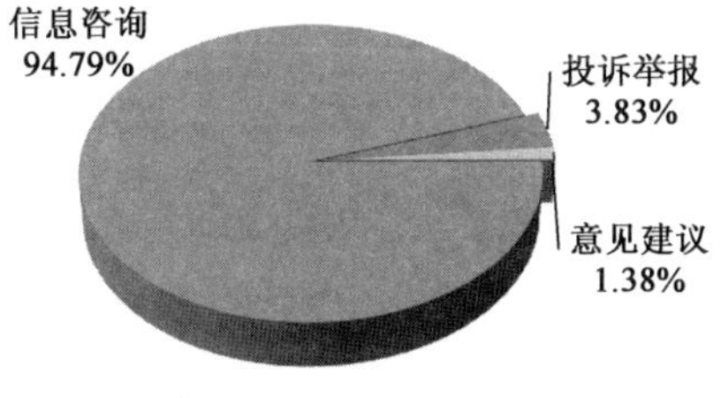

业务类型	件数（万件）
投诉举报	58.49
信息咨询	1448
意见建议	21.04
总计	1527.53

图6-7　2017年上半年12328电话业务类型分布

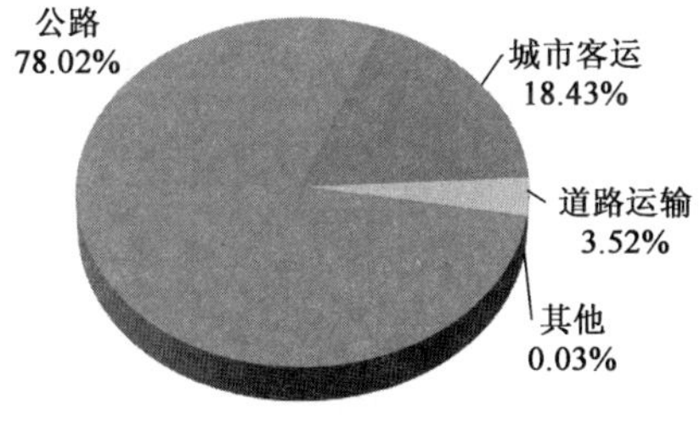

业务领域	件数（万件）
公路	1191.73
道路运输	53.84
城市客运	281.49
其他领域	0.47
总计	1527.53

图6-8　2017年上半年12328电话业务领域分布

2）数据资源规划

根据应用系统所需数据资源的属性和使用要求，全国12328交通运输服务监督电话系统数据资源分为业务数据、知识库数据。

业务数据由静态业务数据和动态业务数据组成。静态业务数据包括交通运输主管部门及其内设机构、直属单位、派出机构，以及相关企事业单位信息，为工单流转、服务跟踪、自动呼出等功能实现提供基础数据依据。动态业务数据包括业务工单、电话记录等事件数据和操作日志等运行管理数据，事件数据为统计分析提供数据依据，运行管理数据为系统运行监控、运行管理和绩效考核提供数据支撑。

知识数据由基础知识数据和特色知识数据组成。基础知识数据主要包括公路、水路、道路运输（含城市客运）、海上搜救、海事、救助打捞等业务领域的政策、行政法规、行政执法，以及与交通运输行业相关的法律、行政法规、标准规范。政策法规数据由政策法规条文、拆分解释、问题解答、实用案例等构成；行政审批数据由行政审批流程原文、行政审批知识点、行政审批典型问题及问题解答等构成；行政执法数据由行政执法流程原文、行政执法知识点、行政执法典型问题及问题解答等构成。

业务数据与知识数据横向协同，知识数据为业务系统提供实时信息咨询支撑，业务系统形成的业务数据也可以通过审核后生成有效的知识数据。业务数据和知识数据在部、省、市之间纵向贯通，资源共享。业务基础数据自下而上逐级汇聚，为统计分析提供支撑。知识数据自上而下逐级汇聚，部级生成全国共性基础知识库，将全国共性知识分享给省级；省级汇聚全国共性基础知识和省级特色知识生成省级共性基础知识库，并将省级共性知识分享给本行政区内的地市使用。地市知识库形成的新知识数据，经审核后上报至省级共性基础知识库，再由省级共性基础知识库审核后上报给部级共性基础知识库，经审核后形成全国共性基础知识供全国使用。业务数据库分为基础数据库和业务处理数据库。

数据资源总体结构如图 6-9 所示。

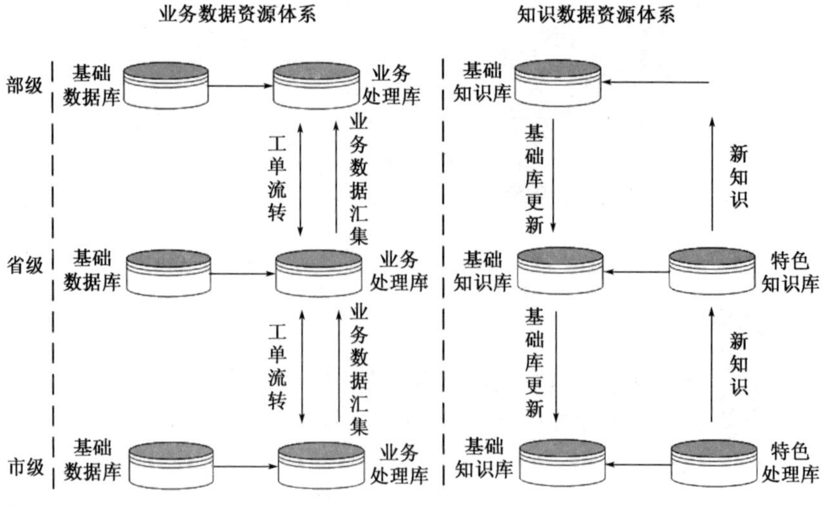

图 6-9　数据资源总体结构图

3)12328 电话系统服务应用

全国 12328 交通运输服务监督电话系统包括业务处理系统、决策分析系统、知识库应用系统、运行管理系统和门户网站等应用系统。业务处理系统实现部级业务处理、跨省(区、市)业务流转、部省数据交换等功能;决策分析系统基于全国 12328 电话系统业务数据库,实现针对特定主题的关键字段搜索、分类整理,并以报表或者图形的形式展现,实现特定类型数据时空分布特点分析以及热点、难点、焦点问题分析;知识库应用系统实现知识库管理与更新;运行管理系统包括绩效考核子系统、培训考试子系统、运行监控子系统和管理维护子系统;门户网站能够及时发布 12328 交通运输服务监督相关信息。

交通运输服务监督电话系统通过数据分析和挖掘手段,实现对各业务领域的行业热点、难点、焦点问题进行多维度专题分析,为行业发展政策和发展规划制定提供信息支撑。

(1)行业热点

实现对各业务领域的行业热点进行分析,根据 12328 系统的数据统计和分析,进行深入挖掘,找出行业的热点和行业的发展方向,为领导的决策提出可行性建议。

(2)行业难点

实现对各业务领域的行业难点进行分析,根据 12328 系统的工单信息,对交通运输的问题和难点进行更合理的分析和统计,找出难点,有效地解决。

(3)焦点问题

实现对各业务领域的焦点问题进行分析,根据 12328 系统的数据分析,找到业务领域的焦点问题。

4)12328 电话系统数据交换共享

数据交换包括 12328 电话系统部、省、市之间的内部数据交换和 12328 电话系统与其他系统之间的外部数据交换。

部级系统向省级系统交换的数据内容包括全国共性基础知识数据和转交办工单数据;省级系统向市级系统交换的数据内容包括全国共性基础知识、省级特色知识和转交办工单数据。地市级系统向省级系统交换的数据内容包括新知识数据、转交办工单反馈和本市电话业务基础数据(受理记录、办理反馈等),省级系统向部级系统交换的数据包括新知识、转交办工单反馈(主要包括跨省域、跨部门、跨行业类以及属部级层面工作职责、需部级研究处理的转交办工单反馈)和本省(区、市)的电话业务基础数据。

6.2.4 全国道路客运联网售票系统

(1)概述

道路旅客运输(简称道路客运)是综合运输体系的重要组成部分,是保障人民群众便捷出行的基础性服务行业。近年来,全国道路客运行业每年完成客运量约200亿人,解决320余万人的就业,年产值超过4000亿元,为保障经济社会发展和人民群众出行发挥了重要作用。当前,我国经济发展进入新常态,全面建成小康社会进入决定性阶段,全面深化改革进入攻坚期,都对道路客运发展提出了更高要求。

我国道路客运目前仍存在服务水平不高、便捷性不足、安全保障能力不强等问题。而随着信息技术的快速发展,开展跨区域联网售票、电子客票、联程运输、实名制身份查验等相关技术已经成熟,为解决上述问题提供了一定基础条件。《国务院关于印发"十三五"现代综合交通运输体系发展规划的通知》(国发〔2017〕11号)提出,"提升客运服务安全便捷水平,推进旅客联程运输发展,促进不同运输方式运力、班次和信息对接,鼓励开展空铁、公铁等联程运输服务。推广普及电子客票、联网售票,健全身份查验制度,加快完善旅客联程、往返、异地等出行票务服务系统,完善铁路客运线上服务功能。推行跨运输方式异地候机候车、行李联程托运等配套服务,鼓励第三方服务平台发展'一票制'客运服务。"

全国道路客运联网售票系统将实现对道路客运行业各类信息的整合,规范信息发布渠道与内容,以网站发布、短信服务、投诉电话等方式为公众出行提供全面、准确、及时的信息服务,提升面向社会公众的交通信息服务水平,联网售票数据库总体架构见图6-10。实名制售票支持自助取票与刷身份证直接乘车,为乘客提供了更为便捷、舒适的体验。

全国道路客运联网售票系统可以使交通运输部、全国各省(区、市)各级交通行业主管部门及时监管各客运站的经营活动,监管跨区域客运的运营线路、发班情况、车辆安全等运行动态,实时掌握跨区域客运线路流量与实载率,为客运市场的资源及运力投放提供可靠的决策依据,为宏观调控、局部调整提供第一手的准确数据。

通过道路客运电子客票、实名制推广及与公安机关的身份信息共享,可以有效对乘客身份进行识别和监控,对于打击犯罪与恐怖主义,加强推进维稳工作行为有着重要的意义。同时,道路客运电子客票和实名制售票还可减少黄牛倒票等扰乱道路客运秩序的行为,提升旅客购票体验。

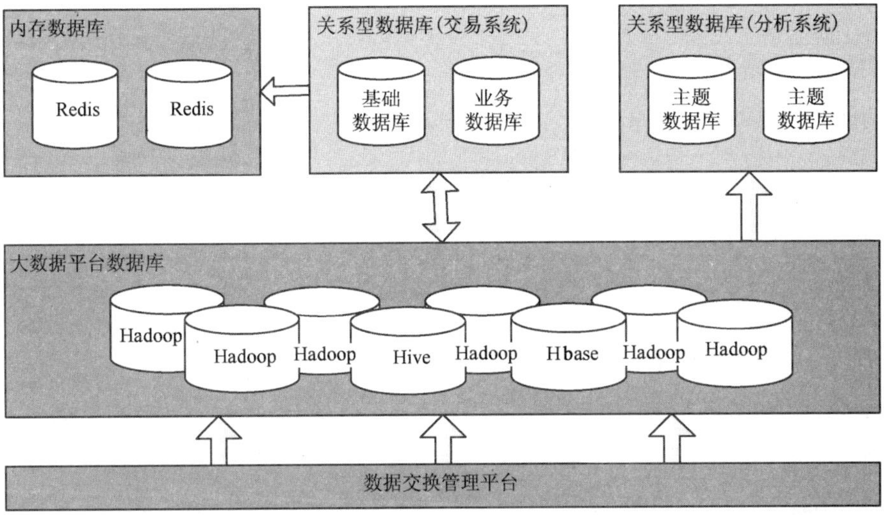

图 6-10　联网售票数据库总体架构

全国道路客运信息联网服务工程的建设,为道路、水运、铁路、民航联程联运提供了数据基础,充分发挥道路运输在综合运输网络中的基础性和先导性作用,为推进综合运输体系发展打下坚实基础。

(2)数据资源规划

建设全国道路客运信息联网数据中心,汇总全国道路客运信息和电子客票信息,支持对全国跨省域站际互售服务实时交易数据、清分结算数据进行实时处理,提升交通运输部、各省级运管部门在道路客运方面的动态监测、综合分析及辅助决策能力,以及支持对全国跨省域站际互售服务实时交易数据、清分结算数据进行实时处理。

全国道路客运信息联网数据中心建设三大类数据库,包括关系型数据库、大数据平台数据库、内存数据库,如图 6-11 所示。

其中,大数据平台存储业务数据以及部分基础数据,包括 HDFS 存储完整的全国道路客运信息联网服务平台动态数据,供离线大数据分析。Hbase 存储大数据实时流处理产生的动态数据的关键信息,以提供查询。

(3)服务应用

依托全国道路客运信息资源,建设全国道路客运电子客票系统、全国道路客运数据应用服务系统、全国道路客运业务综合应用系统、全国道路客运信息联网评价系统、全国道路客运信息与交易接入系统等应用系统。

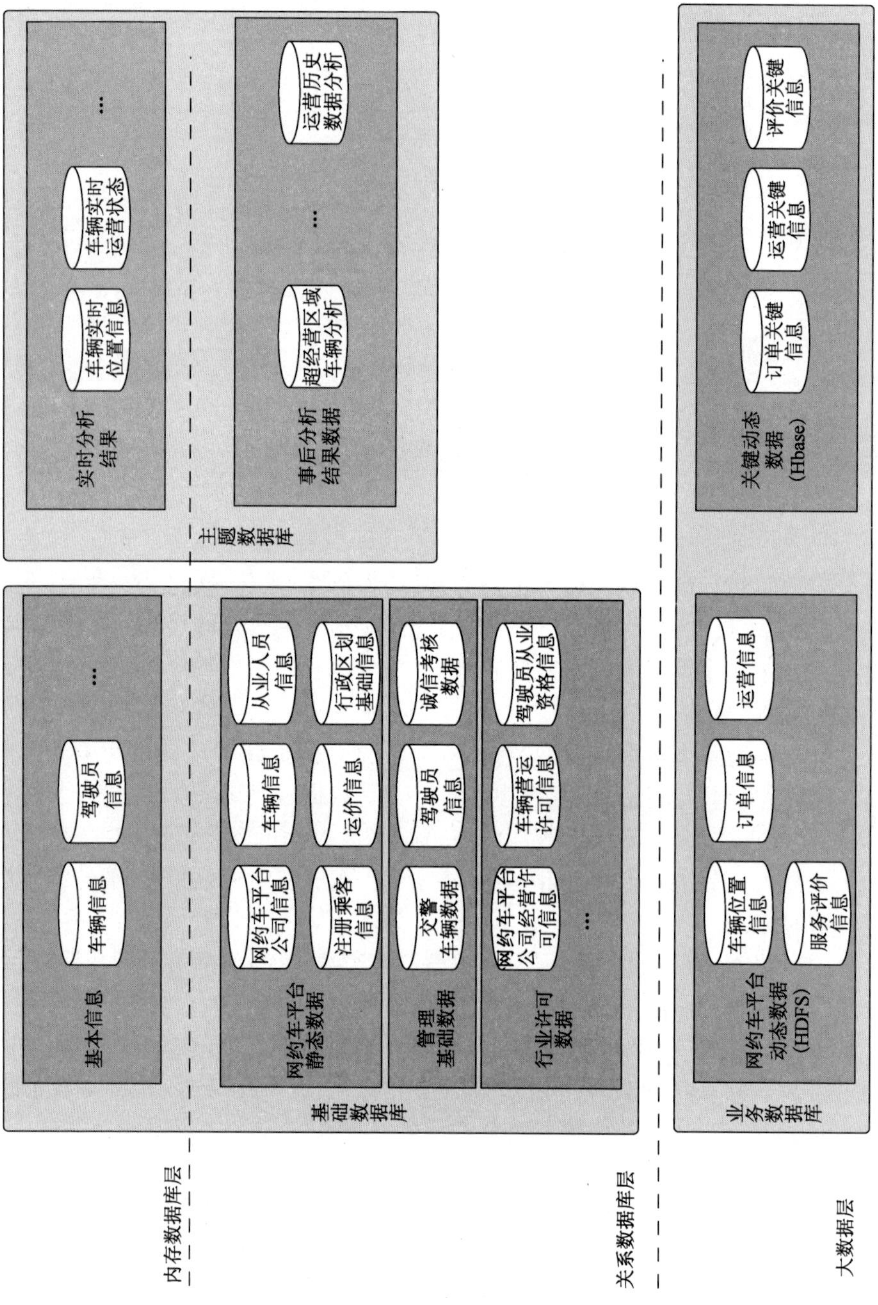

图6-11　数据资源总体架构

全国道路客运电子客票系统可实现无纸化、电子化的订票、退票、改签和安检、乘车等全过程，实现电子客票票证管理、电子客票业务使用、电子客票信息服务等，给旅客带来诸多便利，为道路客运行业管理部门提供精准的道路客运数据支撑。

全国道路客运业务综合应用系统将全国道路客运信息联网服务工程数据与运政基础数据及业务数据、全国重点营运车辆联网联控系统中车辆轨迹数据、接驳运输线路数据等进行结合分析，生成业务综合分析报告，对行业管理及企业运营提供支持。

全国道路客运数据应用服务系统面向交通运输部运输服务司、规划司，各省级交通运输管理机构等，提供行业综合数据分析以及安全预警功能，服务于交通运输行业决策。对于交通运输部运输服务司，本系统除提供所有分析功能以外，还提供与业务处室相对应的业务定制分析功能。

全国道路客运信息联网评价系统对各个省级联网售票系统的整体评价与评价管理，促进道路客运数据质量和监管水平的提升，加强和规范全国道路客运信息联网售票工作，提升监控数据质量，保障系统稳定可靠运行。

全国道路客运信息与交易接入系统实现数据采集接入、数据转换存储等功能。数据采集分为两个部分，一是通过接口实现和各省平台的数据交换，二是通过统一接口实时或批量采集全国运政系统、联网联控系统等其他系统数据。数据转换存储是通过数据清晰、转换等处理各省(区、市)道路联网售票系统数据，并分主题存储到大数据系统里。

(4)数据交换共享

全国道路客运联网售票信息交换共享主要用于保证全国道路客运联网售票系统、各省级联网售票系统、全国道路运政管理信息系统、全国重点营运车辆联网联控系统、其他部级行业信息系统、各省级交通主管部门、相关直属机构、研究机构、行业相关企业间以及与行业外的数据交换共享服务要求。

6.2.5 网约车监管信息交互平台

1)概述

深化出租汽车改革和发展是推进城市交通供给侧结构性改革和提升服务水平的重要工作内容，需要统筹解决打车难和出行难的问题，要促进城市交通供给侧结构性改革，要提升城市的公共交通等公共服务的供给水平，使城市交通出行结构更加合理，更好地满足社会公众的出行需要。深化出租汽车改革和发展工作,要兼顾公众的当前利益和行业的长远发展,既要满足公众个性化出行的需求,也要保障公众的出行安全,一旦发生事故等纠纷能够得到妥善处理,此外也要解决市场公平竞争问题,保障行业健康可持续发展。

出租汽车改革和发展的导向有两个方面:一是要提升传统出租汽车行业的服务水平,更好满足人民群众多层次、差异化的出行需求。20 世纪 90 代,我国的出租汽车经历了快速发展,在缓解出行难方面发挥了极为重要的积极作用,随着时间的推移,近年来陆续出现了很多新的情况和问题,打车难、服务意识差、行业服务和管理水平难以提升、政府管理没有切实可行的抓手等问题相继出现,同时行业不稳定的问题有时也较为突出,这些都迫切地需要对出租汽车管理体制机制进行改革,改进和提升服务水平。二是鼓励网约车新业态的创新和规范发展,这也是为了更好地满足人民群众的需求。近年来,网约车等新业态的兴起确实给乘客带来了新体验,同时也导致新旧矛盾交织,利益关系碰撞,甚至也引发了一系列行业问题。在发展的过程中,在乘客的安全保护、市场公平竞争等方面的突出问题都亟待解决。在鼓励创新的同时,必须趋利避害,规范其发展。

网约车是交通运输行业的一种新业态,世界各国对网约车一直争议不断,对其监管也没有成熟的经验可以参考,可以说是一个世界性的政府管理难题。我国对于网约车的监管和服务,主要坚持鼓励网约车新业态的创新和规范发展的原则,核心要解决乘客的安全保护和市场公平竞争的问题。网约车的监管和服务工作,是在国家和省级交通运输主管部门指导下,城市交通运输管理部门具体开展相关监管工作。网约车平台公司主要运用互联网、云平台、大数据等技术为用户提供网约车服务。全国网约车监管服务平台将网约车平台公司纳入行业管理体系,提升服务的规范性和发展的有序性,满足各级管理部门的管理需求。

2)数据资源规划

网约车平台是通过对各种数据进行分析,进而提供业务查询、分析、管理等功能,因此需要建设基础信息数据库、运营信息数据库、订单信息数据库、定位信息数据库、服务质量信息数据库和执法稽查信息数据库 6 种类型数据库。

3)信息服务

建设动静态信息交换平台、网约车行业运营监管系统、网约车数据查询统计系统和大数据分析与处理系统 4 个系统,初步实现数据的接收、交换和转发,为城市行业管理部门提供基本行业数据查询和行业监管服务。

(1)动静态信息交换平台

动静态信息交换平台用于建立部平台与各网约车平台公司的数据对接通

道，实时采集各网约车公司的运营、运行等业务数据，并通过部平台向各省级网约车平台和网约车平台转发，同时汇聚并整理由市、省级平台上传的基础业务数据。

(2) 网约车行业运营监管系统

网约车行业运营监管系统为行业监管部门提供运行监控服务，包括企业系统在线监控、车辆在线监控、历史轨迹回放、特殊车辆查找、非法营运车辆预警、车辆非法聚集预警等功能。

(3) 网约车数据查询统计系统

网约车数据查询统计系统为部省行业管理部门提供各网约车平台公司基本静态数据的统计查询功能，实现对企业情况、车辆营运状态、驾驶员基本信息和预约服务等情况的初步统计掌握。

为部省两级行业管理提供基础数据宏观分析和动态数据的查询统计等功能，包括企业及车辆在线情况查询、营运数据查询统计、服务评价数据查询统计、驾驶员上下班数据查询统计、驾驶员违规投诉查询统计、其他在线信息查询。

(4) 大数据分析与处理系统

大数据分析与处理系统主要包括数据在线计算系统、数据分析应用系统、数据可视化系统、数据分析业务模型、云资源管理系统等，为网约车监管服务平台的应用系统建设提供应用支撑和大数据分析服务。

4) 数据交换共享

在分析行业管理需求的基础上，提炼行业管理涉及的数据内容，制定部级平台与各网约车平台公司间的数据接口及传输协议；确定部级平台与各级行业管理部门以及部与其他部委间的交换内容，满足各级管理部门对行业管理数据共享和转发的需求。

6.2.6　全国驾驶培训数据交换与服务平台

1) 概述

随着我国经济社会的快速发展，机动车驾驶已从专业技能转变为日常生活技能，与广大人民群众的生产生活和生命财产安全密切相关。截至 2016 年年底，全国机动车保有量达 2.9 亿辆，其中汽车 1.94 亿辆；机动车驾驶员 3.6 亿人，其中汽车驾驶员超过 3.1 亿人，预计 2020 年将达到 4.7 亿人。面对新常态，现行驾驶员培训模式表现出诸多不适应，应试教育现象普遍存在，教学大纲规定学时难以落实，行业服务质量普遍偏低，受到了社会各界的诸多诟病。同时，行业监管手段缺乏，事中事后监管能力不强，市场预警机制仍不健全，信用体系尚未建立，亟须转变管理方式，促进行业规范化发展。

建设全国驾驶培训数据交换与服务平台，实现与各省级驾培监管服务平台的互联互通，实现与公安交管部门的数据共享。通过整合全国驾培行业数据资源，丰富行业决策统计分析功能，强化行业管理部门事中事后监管手段，强化对驾培机构、教练员的社会评价体系，构建行业信用体系，提升行业管理部门对社会公众及驾培机构的服务能力，为落实培训学时促进行业由应试教育向素质教育转变提供技术支撑，为落实行业先培训后付费服务模式提供信息化基础。

本系统由交通运输部组织建设，用户对象为部级行业管理部门、各省级道路运输管理机构、行业从业者及社会公众。

①部级行业管理部门：为其提供全国驾培行业发展动态信息，满足全国驾培机构、教练员、安全员、考核员、学员等信息查询服务功能；拓展分析主题，建立学员学车周期、行业景气指数分析、跨省（区、市）异地培训分析等主题分析功能，为行业管理部门宏观决策提供依据；实现与公安考试系统的数据共享，建立驾驶员培训与交通安全影响分析体系。

②省级道路运输管理机构：为其省级驾驶培训机构监管平台提供基础支撑服务，提供省级平台与全国平台的数据共享接口服务，提供学员跨省（区、市）培训情况统计服务，为建立教练员黑名单及跨省（区、市）跨驾校培训奠定基础。

③社会公众及行业从业者：为其提供国家相关政策信息查阅渠道，提供合法驾培机构、教练员信息、行业景气指数、分区域学员学车服务，推动行业信息公开透明，满足学员学车需求，为社会公众提供信息查询渠道。

2）数据资源规划

使交通信息资源系统化、有序化，便于共享、检索与扩展，采用面分类方法，按照物理对象和事件对象进行重新归类，并进行汇总和融合，将驾培所需数据资源分为3类，分别为：驾培行业基础数据库、驾培交换协同数据库、驾培监测分析数据库。

驾培行业基础数据库主要实现对满足驾培机构相关基础信息数据的管理，主要包括驾培机构信息、教学区域信息、教练员信息、教练车信息、考核员信息、安全员信息、收费标准信息、学员报名信息、电子教学日志信息、有效学时信息、阶段培训信息、学员结业信息、车辆位置信息、车辆培训信息、过程照片信息、分钟学时信息等信息。

驾培交换协同数据库主要满足全国驾驶培训数据交换与服务平台与外部系

统数据交换共享的需求,主要包括学员考试合格率信息、教练员机动车驾驶证记满分记录名单信息、学员考试报名预录信息、考试预留学员照片、学员约考信息、学员考试及考试通过信息、教练员黑名单信息、教练车黑名单信息、星级驾培机构信息、星级教练员信息等信息。

驾培监测分析数据库主要满足全国驾驶培训数据交换与服务平台监测学时信息有效性以及对行业数据统计分析的需求,主要包括抽检区域信息、抽检时间段信息、抽检日志信息、抽检统计信息、计时平台信息、平均学时信息、培训周期信息、统一编码统计信息、驾培机构等级信息、教练员排名信息、教练车排名信息、新增学员排名信息、结业学员排名信息、教学区域个数信息等信息。

3)服务应用

全国驾驶培训数据交换与服务平台建设了驾培行业相关应用系统,主要包括驾驶培训行业监测分析系统、驾驶培训数据交换共享系统、驾驶培训行业公共服务系统。其中:

(1)驾驶培训行业监测分析系统主要面向部级行业管理部门,整合相关数据资源,辅助行业决策分析。驾驶培训行业监测分析系统通过大数据分析等统计工具,实现对驾培行业数据进行统计汇总和趋势分析;同时,根据不同的学时类型,设定相应的判定以及抽检抽查配置,可对上传的学时信息进行随机抽检,提高学时的有效性;主要包括驾培行业基础数据统计分析、学员培训过程数据分析、培训周期数据分析等功能。

(2)驾驶培训数据交换共享系统主要为行业管理部门提供监管服务支撑,实现部级层面驾培数据与考试数据的交换共享、省部驾驶培训数据互联互通、省域之间业务协同功能等,实现数据互联互通,达到业务协同。

(3)驾驶培训行业公共服务系统主要为计时培训企业、社会公众等提供相关服务,建立驾培机构、教练员评价体系,加强行业数据流通的标准化和唯一性,提高信息公开透明程度。

6.3　面向交通旅游服务的数据中心

6.3.1　概述

旅游与交通密不可分,交通是旅游的基础支撑和先决条件,旅游是交通难以或缺的业务领域,两部门的融合发展具有客观必然性。随着大众旅游时代的来临,交通为旅游带来了便利,旅游为交通创造了新的发展空间,旅游与交通融合发展的趋势越来越强劲。

交通运输行业数据中心拥有全面的、权威的、公众旅游出行所需的交通运输数据资源,交通运输行业与旅游行业的数据交换共享通过将公众需要的数据资源整合,通过先进的技术、可靠的服务将这些资源服务社会公众,进一步提高交通运输行业和旅游行业的社会影响力。

交通旅游数据中心将支撑建设公众旅游出行,通过区域内民航、铁路、长途公路客运以及城市客运等多种运输方式、重点城市路况、高速公路信息的交换共享,实现区域内综合交通运输数据的集中,为区域内社会公众出行提供自驾、道路客运、城市客运、民航、铁路等多种出行方式的综合查询及规划,提供高速公路路况信息的统一发布以及高速收费综合查询等服务。

6.3.2 服务公路旅游交通

面向公路旅游出行的行业数据中心信息服务本质是运用各种技术使出行者在出行的全过程中能够及时、准确、方便地掌握影响其出行行为的信息,为出行者提供多方位、高质量的出行服务,提高交通安全水平,缩短出行时间,使得交通出行更加顺畅、平稳。

面向公路旅游出行的信息服务通过进一步加强交通系统人、车、路、环境等各交通要素之间的联系,可以有效地改善现有路网的运行状况,提高道路有效利用率和交通流量,减少道路的交通拥挤程度、交通事故的发生率及因交通拥挤、事故等造成的出行时间延长,降低油耗、减少废气排放污染,有利于提高高速公路的整体服务水平,实现可持续发展。

6.3.3 服务水上旅游交通

面向水上旅游交通的行业数据中心信息服务可实现水运船舶、船员、船公司、港口等基本信息的共享以及对通航环境信息的共享,可为面向水上旅游交通的用户提供以下信息服务:

航次查询和管理:船舶在航行前将计划航次上报,为出行公众提供基本信息查询,为管理部门提供监管支撑。

船舶位置监控:可利用国际海事卫星系统在全球范围内实现船舶位置实时跟踪和监控。

气象预报:提供海上气象预报信息,内容包括气压、能见度和冰情等和海上相关的预报信息。

台风预报及预警：提供国内外各权威台风发布机构发布的台风预报信息。

6.3.4　服务综合交通旅游

面向综合交通的信息服务通过整合民航、铁路、长途客运，以及城市公交、出租车等交通运输信息，加强各种交通方式接驳能力，减少出行者出行的时间消耗和空间距离，实现在各种交通方式间的高效换乘，推进不同交通方式运行管理的衔接与协同效率提升。

1）多种交通方式信息互通共享需求

城市综合交通运输数据交换试点通过整合民航、铁路、长途运输、出租、轨道交通、公共汽车的运营及调度信息，并进行综合分析与预测，实现对城市交通重要节点（如机场、火车站、长途车站等）客流量的预测，将相关分析数据提供给各种运输方式的运营管理部门，为实现多种运输方式间的协调调度提供支持。

2）各种运输方式协调调度与联动支持

多种运输方式联动是指城市地面公交、长途客运和轨道交通、出租车等运输方式、多家运营企业（公交集团、长途客运运营公司、轨道交通运营公司）在日常运营时进行协调调度，实现机场、火车站等交通枢纽历史客流情况、历史运营信息和实时调度信息的采集、汇总、查询和分析，建立日常运营情况下基于客流情况的协调调度和联动方案，将统计分析结果提供给地面公交、长途客运和轨道交通运营机构，为各种运输方式的协调运力、合理进行运输组织和运力调配提供数据支持。

6.3.5　服务交通旅游出行

通过整合交通基础信息、交通动态信息、交通旅游信息，为用户提供了"一站式"的出行策划功能，包含了"行前"的出行方式选择、"行中"的出行辅助信息、"行后"的信息反馈等与交通旅游出行相关的所有信息为一体的综合出行策划服务功能。

1）最佳路径规划

路径分析服务为旅游公众提供最优路径的分析，基于出行的起、终点，公路及交通状况、行驶时间、里程、收费情况、换乘次数等多方面因素，为公众提供出行最佳路径辅助决策。包括：

时间最短路线：综合考虑路况、距离等多个因素考虑的时间最短路线。

路程最短路线:仅从行驶距离上考虑的最佳路线。

费用最少路线:主要面向货车驾驶员和自驾者提供道路、桥梁收费最少路线。

换乘最少路线:面向公共交通出行的大众提供从起点到终点换乘最少的路线。

2)出行方式选择

出行方式分为两大类,分别为传统出行方式和自驾出行方式,通过不同方式的比较和甄选,用户在行前可以更好地确定自己的出行方式。

传统出行方式,包括汽车、火车、飞机、航运等出行方式,提供车船票费、所需时间、路程长度、班次、交通工具类型等信息,以供用户选择。

自驾出行方式,提供行车的最佳路径分析结果、行车里程及通行费、所经公路的基本信息等信息,以供用户选择。

3)出行辅助信息

提供与行中有关的辅助信息,如实时路况信息;公路路段气象信息;途经的公路附属设施信息(如收费站、出入口等信息),服务设施信息(如维修点、服务区、加油站等信息),为用户出行过程提供更好的保障。

6.3.6 服务交通旅游信息查询

1)电子地图服务

交通旅游电子地图服务主要面向旅游出行者提供公路交通、交通动态信息、旅游、交通气象等信息,向用户全方位展示交通信息。

可通过信息检索和查询功能,获取公路基本信息、服务设施信息和附属设施信息。公路基本信息包括编号、名称、里程、起止点、途经地市、主要技术指标(技术等级、车道数、路面类型、限高)等;公路服务设施信息包括服务区、加油站、维修站、停车场、紧急电话等的名称、类型和位置信息;公路附属设施信息包括收费站、收费标准、出入口、立交桥、隧道、桥梁等的名称和位置信息。

可为自驾车出行者提供通行里程、通行费用等信息查询服务,同时以本地区骨干交通网络为基础,提供基于最小距离、最短时间或最少费用的静态路径规划服务,为用户提供出行参考。同时,为用户提供在任意时间和地点的路径导航。

2)交通信息查询

公路通行费用查询,查询得到所需费用和里程,并提供关于车型的帮助说明。

(1)客运场站、路况文字播报。将客运站的流量、拥挤度信息以及公路实时路况(包括拥堵、速度、事故、施工、毁损等)等信息以即时滚动新闻的形式在网站上发布。

(2)客运站、收费站、道路监控视频。定时发布客运站、高速公路收费站、重点路段等的监控信息和查询,以辅助出行者进行出行决策。

3)票务信息

为长途客运旅客提供全省(区、市)各地区各公路客运站、火车站、飞机场的地理位置,道路客运的班线、班次、临时车次、车票余票及票价等信息。

4)公路交通气象服务

公路交通气象服务为出行者提供不同地区和主要道路沿线的气象状况及预报。当发生或即将发生对公路交通影响较大的雨、雪、雾等不利气象时,可通过出行网站图形化示意、图片和发送手机短信等形式,为出行者给予必要的提示。

5)旅游交通信息

向游客提供本地主要旅游景点的交通信息服务,包括:向自驾车出行者提供的旅游景点路径规划服务、向公共交通方式的游客提供到达景点所在或临近城市的客运班次信息以及景区旅游客运班次信息或公交换乘信息、景点景区信息、酒店宾馆信息、旅游动态热点信息、娱乐购物信息、出行常识。

6.4 行业大数据应用

6.4.1 概述

随着经济社会的发展,城市人口持续增长,持续增长的车辆及居高不下的出行者给交通基础设施通行能力带来极大压力,交通拥堵、交通事故、环境污染及能源短缺已成为目前面临的重要问题。

在工业化进程中,最初解决交通问题的办法是通过大规模改扩建交通基础设施以满足人民日益增长的需求,但是,土地、水域、岸线等资源日益紧张,用于修建交通基础设施的空间越来越小,同时,交通在快速发展过程中所带来的负面效应日益显现。

因此,解决交通问题开始从改扩建基础设施向高效精准管理转变,即利用先进的传感技术、网络技术、计算技术、控制技术、智能技术,对道路和交通进行全面感知,从而实现对每一条道路实时监控,对每一辆车进行控制,这些位于智慧交通建设模型前端采集和处理端的物联网相关技术及设备使交通信息化达到"中枢神经”的感知层面，但是还远没有发挥“大脑”的智慧。

在云计算时代，大数据下的智慧交通，就是要融合传感器、监控视频和卫星定位等设备产生和采集到的海量数据，甚至与气象检测设备产生的天气状况等数据相结合，对海量数据进行实时快速分析处理，实现“大脑”的“思考”过程，从中提取出我们真正需要的信息并及时准确推送，提高交通的科学管理和组织服务水平，同时提高交通运输效率、安全性、整体效益，切实解决出行难等迫在眉睫的交通问题。

大数据的核心是发现和预测，利用其这个特点，可以提升交通运输行业的服务水平。例如，全国高速公路收费数据，结合重点营运车辆联网联控信息和交通流量调查信息，就可以获知某一时刻、某一区域的车流量、人员流量，甚至是物流信息（车联网），从而预测未来30分钟甚至更长时间内的路网交通状况，一旦有突发事件，也可以实时判定对区域交通的影响趋势，并及时采取措施。

6.4.2 大数据技术与智慧交通

社会经济的快速发展促使城市机动车辆的数量大幅增加，城镇化的加速打破了城市道路系统的均衡状态，传统的交通系统难以满足当前复杂的交通需求，交通堵塞成为棘手问题。用大数据技术可促进交通管理模式的变革。

大数据技术的主要特点及其对传统交通的改变集中在以下方面：

（1）大数据的虚拟性可以解决跨越行政区域的限制。

行政区域的划分是国家为了有效统治和管理，而将一个国家划分不同行政区域。这个划分在促进各个行政区域自治的同时，也导致各个地方政府追求各自辖区利益的最大化，而对地方政府之间边界区的交通基础设施建设、过境交通线路等漠不关心。交通大数据的虚拟性，有利于其信息跨越区域管理，只要多方共同遵照相关的信息共享原则，就能在已有的行政区域下解决跨域管理问题。

（2）大数据具有信息集成优势和组合效率。

我国大部分城市的各类交通运输管理主体分散在不同主管部门，呈现出条块分割的现象。涉及交通的“有关部门”超过10个，每个部门都有自己的信息化系统，但这些数据信息只存在于垂直业务和单一应用中，与邻近业务系统缺乏共通联动。这种分散造成交通管理的碎片化，如交通信息分散、信息内容单一等问题。大数据有助于建立综合性立体的交通信息体系，通过将不同范围、不同区域、不同领域的“数据仓库”加以综合，构建公共交通信息集成利用模式，发挥整体性交通功能，这样才能发现新价值，带来新机会。例如气象、交通、保险部门的数据结合起来，可高效率地研究交通领域防灾减灾；IC卡数据结合抽样调查，能更快捷、更精确地测得城市交通流分布状况。

(3)大数据的智能性能较好地配置交通资源。

传统的交通管理主要依靠人工的方式进行规划和管理，难以实现交通的动态化管理。通过对大数据的分析处理，可以辅助交通管理制订出较好的统筹与协调解决方案。一方面减少各个交通部门运营的人力和物力，另一方面可有效提升道路交通资源的合理利用。如根据大数据结果确定多模式地面公交网络高效配置和客流组织方案，多层次地面公交主干网络绿波通行控制以及交通信号自适应控制。

(4)大数据的快速性和可预测性能提升交通预测的水平

用传统的思维来改善交通拥堵，一般是通过加大基础设施投入，即加宽道路、增加道路里程来提高交通通行能力。但这种做法不仅会受到土地资源的限制，而且规划的方案是否能满足远景需要也有待商榷。在对各个部门的数据进行准确提炼和构建合适的交通预测模型后，可以有效模拟交通未来运行状态，验证技术方案的可行性。而在实时交通预测领域，大数据的快速信息处理能力，对于车辆碰撞、车辆换道、驾驶员行为状态检测等实时预测也有非常高的可靠性。

6.4.3　大数据在智慧交通上的应用

(1)提高交通运行效率

大数据技术能提高交通运输效率、道路网的通行能力、设施效率和调控交通需求分析。交通的改善所涉及的工程量较大，而大数据的大体积特性有助于解决这种困境。例如，根据美国洛杉矶研究所的研究，通过组织优化公交车辆和线路安排，在车辆运营效率增加的情况下，减少 46% 的车辆运输就可以提供相同或更好的运输服务。伦敦市利用大数据来减少交通拥堵时间，提高运转效率。当车辆即将进入拥堵地段时，传感器可告知驾驶员最佳解决方案，这大大减少了行车的经济成本。如图 6-12 所示为公交出行数据通报及交通诱导示意图。

图 6-12　公交出行数据通报及交通诱导

大数据的实时性,使处于静态闲置的数据能够被智能化利用,使交通运行更加合理。大数据技术具有较高预测能力,可降低误报和漏报的概率,随时针对交通的动态性给予实时监控。因此,当驾驶员无法预知交通的拥堵可能性时,大数据亦可帮助用户预先了解。例如,在驾驶员出发前,大数据管理系统会依据前方路线中导致交通拥堵的天气因素,判断避开拥堵的备用路线,并通过智能手机告知驾驶员。

(2)提高交通安全水平

主动安全和应急救援系统的广泛应用有效改善了交通安全状况,而大数据技术的实时性和可预测性则有助于提高交通安全系统的数据处理能力。在驾驶员自动检测方面,驾驶员疲劳视频检测、酒精检测器等车载装置将实时检测驾车者是否处于警觉状态,行为、身体与精神状态是否正常。同时,联合路边探测器检查车辆运行轨迹,大数据技术快速整合各个传感器数据,构建安全模型后综合分析车辆行驶安全性,从而可以有效降低交通事故的可能性。

在应急救援方面,大数据以其快速的反应时间和综合的决策模型,为应急决策指挥提供辅助,提高应急救援能力,减少人员伤亡和财产损失。

(3)提供环境监测方式

大数据技术在减轻道路交通堵塞、降低汽车运输对环境的影响等方面有重要的作用。通过建立区域交通排放的监测及预测模型,共享交通运行与环境数据,建立交通运行与环境数据共享试验系统,大数据技术可有效分析交通对环境的影响。同时,分析历史数据,大数据技术能提供降低交通延误和减少排放的交通信号智能化控制的决策依据,建立低排放交通信号控制原型系统与车辆排放环境影响仿真系统。

6.4.4 大数据在交通运输上的应用案例

1)全国重点营运车辆联网联控系统

随着我国交通运输事业快速发展,道路运输事故也呈上升趋势,道路运输安全问题已经成为社会关注的热点。由于危化品引发重、特大事故和环境污染事件,给人民群众生命财产安全造成严重损失,甚至影响社会稳定。如何提高重点营运车辆监管水平,减少人民群众生命财产损失,成为亟待解决的重要问题。

2010年,以上海世博会公路交通和道路运输安全保障为契机,中国交通通信信息中心承担建设了重点营运车辆动态信息公共交换平台工程项目。通过整合各省(区、市)车辆动态信息监控资源,实行统一的信息交换标准,建设统一的全国重点营运车辆动态信息公共交换平台(图6-13),实现全国范围内重点营运车辆动态信息的跨区域、跨部门信息交换和共享。建设重点营运车辆动态信息应用系统，为道路运输管理部门实施车辆动态监管提供手段，为车辆动态分析和辅助决策提供数据基础。全国重点营运车辆联网联控系统总体布局如图 6-14 所示。

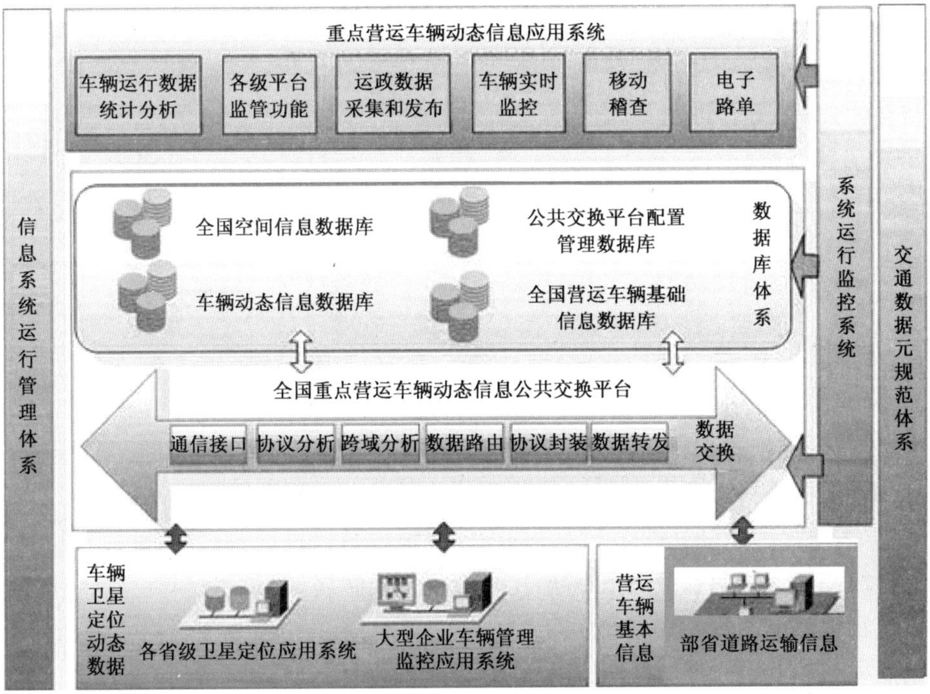

图 6-13　全国重点营运车辆动态信息公共交换平台

项目在关键技术上创新性地解决了跨区域跨部门重点营运车辆大数据交换共享、车辆动静数据整合应用、车辆动态运行和分布情况全面掌握的技术问题：

(1)联网联控系统充分整合现有各省级道路运输监控系统资源，完成重点营运车辆各省(区、市)间信息互联互通，数据共享。它一方面实现了重点营运车辆动态信息的跨区域交换体系，使跨地区联合监管成为可能，另一方面作为一个全开放系统，建立了数据交换通道，实现了同一地区不同政府管理部门之间的信息沟通，为多部门协同办公、应急联动等方面的应用奠定了基础。

(2)联网联控系统实现了车辆动、静态信息的有效结合。传统道路运输信息的收集均是静态数据的汇总，无法给管理者提供实时信息。通过联网联控系统可以将车辆动态位置信息、车辆运政信息以及车辆货物运输信息实时地转发给相应平台，使接收平台不但可以清晰地了解车辆的行驶轨迹，还可以对车辆的货物信息、属性信息了如指掌。

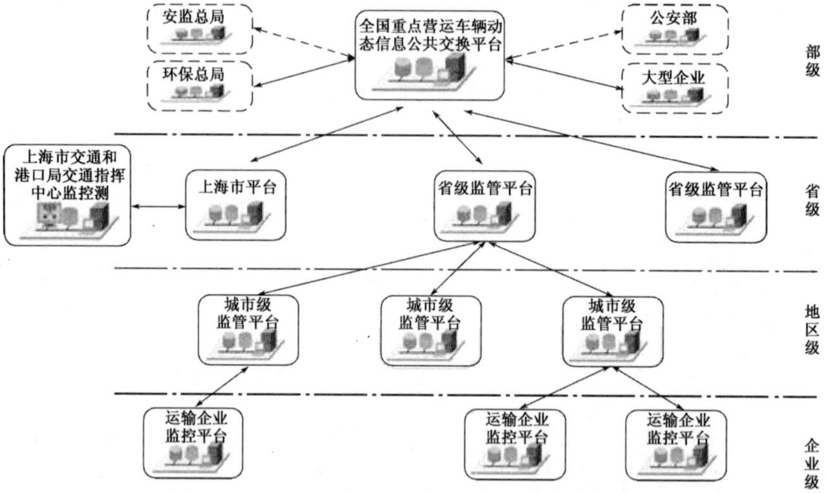

图6-14　全国重点营运车辆联网联控系统总体布局图

(3)实现了重点营运车辆大数据在部级层面的统一集中,可以有效掌握全国道路运输行业的总体运行情况,加强道路运输行业监管,提升道路运输行业信息化管理水平和决策分析能力,能为现代物流业、应急指挥系统、路网拥堵情况分析、交通经济运行分析等多个方面提供数据支撑。

2)交通运输部智慧海事系统

智慧海事于2011年由部海事局启动,其建设的目的和意义是解决制约海事信息化科学发展的全局性、系统性、结构性问题。

具体内容概括为"一个目标、两个模型、四套体系"。其核心是建设"一系统、两平台",即中国船舶动态监控系统、海事协同管理平台、海事综合服务平台。

(1)一系统:数据的集成、共享与交换,业务系统的互联互通。

(2)两平台:统一门户、统一认证、跨系统的业务协同与综合服务。

系统的总体目标要求:以"感知船舶"为主线,建立全面感知、广泛互联、深度融合、智能应用、安全可靠和机制完善的信息化体系,构建"智慧海事"。

基于云计算智慧海事是在上海建立部海事局一级云数据中心,在广东试点直属海事局二级云数据中心。

(1)云数据中心:搭建云数据中心的软硬件基础设施环境。

(2)一系统:基于主题数据库与SOA服务总线等技术组件建设一系统。

(3)两平台:基于流程管理、统一认证与门户技术组件建设两平台。

(4)综合业务试点:在"一系统、两平台"上试点电子签证,并提供相应的应用终端,同时,通过试点进行架构验证。

通过智能海事的分批分期建设，逐渐形成了智慧海事综合门户，完成了对天津海事、广州海事、上海海事以及其他区域海事部门的协同统一管理。

利用智慧海事大数据中心的数据挖掘、分析和报表系统，实现了海事系统管理和业务集成，针对海事业务流程协同管理、船舶/船员基础数据、证书管理、海事业务智能搜索等功能，可以在智慧海事协同管理门户平台完成数据的大集中与智能分析（图 6-15、图 6-16）。

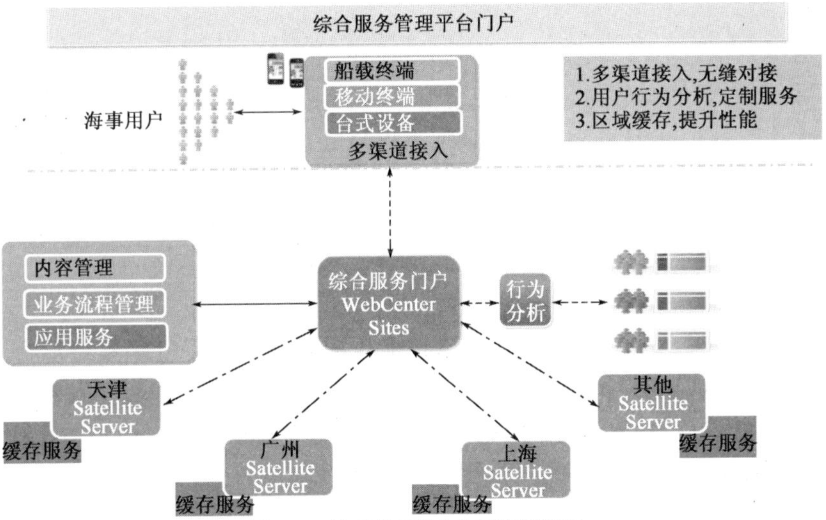

图 6-15　海事部门综合协同管理门户

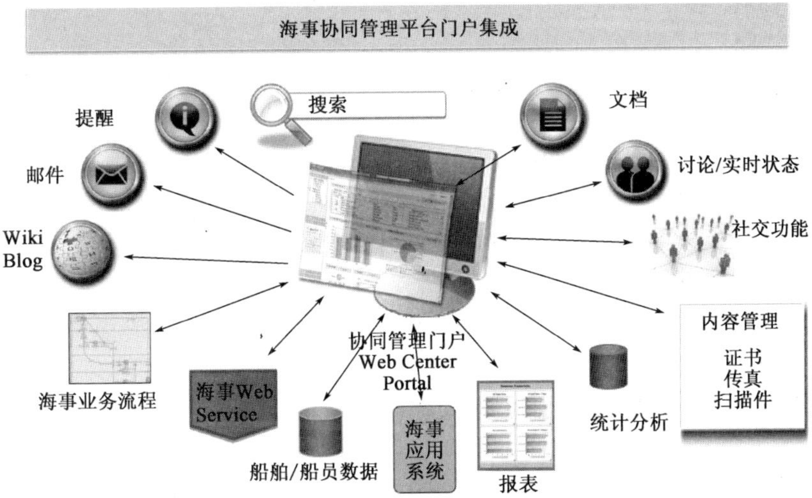

图 6-16　海事部门协同管理门户业务功能集成

参 考 文 献

[1] 陈美. 大数据在公共交通中的应用[J]. 图书与情报,2012(06):22-28.

[2] 张国伍. 智能交通物联网与综合交通信息服务——"交通 7+1 论坛"第三十次会议纪实[J]. 交通运输系统工程与信息,2013(02):1-8.

[3] 何飞,季金震. "互联网+"时代公交出行信息服务需求分析[J]. 合作经济与科技,2017(22):28-33.

[4] 郭迟,方媛,刘经南,等. 位置服务中的社会感知计算方法研究[J]. 计算机研究与发展,2013(12):2531-2542.

[5] 孟小峰,慈祥. 大数据管理:概念、技术与挑战[J]. 计算机研究与发展,2013(01):146-169.

[6] 任国卉. 电力企业大数据应用分析[J]. 电力大数据,2018(10):45-50.

[7] 温慧敏,等. 大数据时代城市智能交通系统发展方向[J]. 城市交通,2014,25(4):713-730.

[8] 史其信. 中国智能交通系统(ITS)发展战略[J]. 道路交通与安全,2000(01):19-24.

[9] 张晓玲,刘晓青. 我国智能交通系统概况与展望[J]. 综合运输,2000(04):9-10.

[10] 邓维,等. 云计算数据中心的新能源应用:研究现状与趋势[J]. 计算机学报,2013,(03):582-598.

[11] 张广明,等,数据中心基础设施设计与建设[M]. 北京:电子工业出版社,2012:89-95.

[12] 林予松,李润知,刘炜. 数据中心设计与管理[M]. 北京:清华大学出版社,2017:78-89.

[13] 林小村,等. 数据中心建设与运行管理[M]. 北京:科学出版社,2010:367-389.

[14] 李劲. 云计算数据中心规划与设计[M]. 北京:人民邮电出版社,2018:135-137.

[15] 李丹,陈贵海,等.数据中心网络的研究进展与趋势[J].计算机学报,2014(02):259-274.

[16] 眭建新,陈毅波,胡其辉.大规模数据中心迁移关键技术研究[J].中国管理信息化,2018(19):142-144.

[17] 吴小东,韩建军.云数据中心基于阈值的虚拟机迁移节能调度算法[J].华中科技大学学报(自然科学版),2018(09),56-59.

[18] 张伟,等.面向 Internet 数据中心的资源管理[J].软件学报,2012(02):179-199.

[19] 覃明贵.城市道路交通数据挖掘研究与应用[D].复旦大学,2010(11).

[20] 徐卫,等.城市多源交通数据分析处理关键技术研究[J].浙江工业大学学报,2018(03):38-45.